쉽게 이해하는
메타버스

한국메타버스연구원 강경희 권미령
공 저 기효선 김영호 남기경 이은형
이혜진 임양선 정순철 조현숙
감 수 김진선

META
VERSE

미디어북

쉽게 이해하는 메타버스

초 판 인 쇄	2022년 5월 10일
초 판 발 행	2022년 5월 18일
공 저 자	한국메타버스연구원, 강경희, 권미령, 기효선, 김영호, 남기경, 이은형, 이혜진, 임양선, 정순철, 조현숙
발 행 인	정상훈
디 자 인	신아름
펴 낸 곳	미디어북

서울특별시 관악구 봉천로 472
코업레지던스 B1층 102호 고시계사

대 표 02-817-2400   팩 스 02-817-8998
考試界 · 고시계사 · 미디어북 02-817-0418~9
www.gosi-law.com
E-mail : goshigye@chollian.net

판 매 처	미디어북 · 고시계사
주 문 전 화	817-2400
주 문 팩 스	817-8998

정가 20,000원   ISBN 979-11-89888-28-2   03320

미디어북은 고시계사 자매회사입니다

메타버스 이보다
더 쉬울 수는 없다.

코로나19가 이제 '위드 코로나' 시대로 접어들었다. 그러나 바로 얼마 전까지만 해도 코로나19로 인해 인류의 모든 삶 자체가 큰 변화를 겪어야 했다.

대면으로 이뤄지는 인류의 모든 삶이 비대면으로 전환되면서 큰 혼란을 겪어야 했고 반면 비대면으로 인해 새로운 문화도 자리매김하기 시작했다.

바로 '메타버스(Metaverse)'가 그것이다. 메타버스라고 하면 많은 사람들의 기억 속 젊은 층들의 게임문화를 떠올릴 것이다. 그러나 비대면 시대에 접어들면서 회사 업무조차도 비대면으로 재택근무가 시작되면서 메타버스의 활약 또한 같이 시작됐다.

메타버스는 특히 교육 분야에서의 활용성이 크게 대두되기 시작했다. 코로나19로 인해 학교 등교를 할 수 없는 상황에 놓이게 되면서 줌을 통한 비대면 교육이 시작됐다. 이로 인해 교사들은 서둘러 줌에 대한 교육을 받기 시작했고 이것이 마치 비대면 시대 교육의 해결책인 듯 많은 학부모들의 가슴을 진정시키게 했다.

그러나 이것조차도 얼마 가지 않아 단점들이 대두되면서 교육계에서는 우려의 목소리가 들려오기 시작했다. 즉 줌으로 교육을 했을 경우 아이들의 집중도 저하, 참여도 및 몰입도 저하, 교육의 효과 절감 등 문제들이 튀어나오기 시작했다.

더 이상 줌을 통한 교육이 만족할 만한 교육의 효과를 가져 오지 못하는 상황에 처하면서 아이들은 이제 모니터에서 점점 멀어지기 시작했다. 그 대안으로 떠오른 메타버스가 이를 통한 교육의 시작이 됐다.

거리두기 제한으로 경제도 바닥으로 내려갔고 청년들의 취업문제는 더 큰 경제위기로 몰아넣기 시작했다. 실업자들이 속출했고 폐업의 위기에 처하거나 서둘러 가게 문을 닫기 시작했다. 경제는 이제 더 이상 숨을 쉴 여력이 없어졌다.

그러나 메타버스는 이와 같은 경제 위기 속에서도 싹이 트기 시작했다. 젊은 층들을 중심으로 메타버스 크리에이터라는 신 직업이 활성화되기 시작했다. 정부에서도 메타버스와 관련해 신 직업군을 발표하면서 막대한 자금지원과 연구개발을 약속하기에 이르렀다.

나아가 이제 메타버스는 우리 생활이나 교육은 물론 사회 전 분야에 걸쳐 활약이 눈부시다. 의료, 국방, 교육, 산업, 문화, 엔터테인먼트, 스포츠, 게임, 전시 및 공연 등 이제 메타버스가 적용되지 않는 분야가 없을 정도로 메타버스 시대가 본격적으로 열렸다.

이제 메타버스는 전 세계를 무대로 그 영역을 넓혀가고 있는 가운데 한국메타버스연구원의 「쉽게 이해하는 메타버스」는 책 이름에서 알 수 있듯이 메타버스 활용을 이론과 실전 두 파트로 나눠 쉽게 다가갈 수 있도록 길을 열고 있다.

저자에는 강경희·권미령·기효선·김영호·남기경·이은형·이혜진·임양선·정순철·조현숙 연구원이 참여해 이론과 실전으로 나눠 구성했다.

먼저 이론 분야에서는 기효선의 메타버스 전 산업분야의 활용 사례와 퍼스널 브랜딩 방안을 시작으로 임양선의 방구석에서 하는 메타버스 여행(랜선 여행) 날아가자! 제페토 월드의 세계로!!, 김영호의 메타버스를 활용한 제조 산업의 미래, 이혜진의 NFT와 메타버스, 정순철의 메타버스가 밥 먹여준다!, 이은형의 메타버스와 함께 하는 미래교육이다.

실전 분야는 남기경의 제페토에서 놀아보자, 조현숙의 멋지게 제페토 월드 개설하기, 권미령의 누구나 만들 수 있는 게더타운 완전정복, 강경희의 너와 내가 만나는 메타버스 세상 속으로 이프랜드(ifland)와 함께이다.

그리고 이제 거리두기 제한이 해제 됐고 마스크 의무 착용도 일부 풀어지기 시작했다. 그러나 코로나19로 인해 시작된 비대면 문화는 다시 대면으로 돌아갔다고 해서 뒷걸음치지 않을 것이다. 문화는 앞으로 진보할 뿐 퇴보하지 않기 때문이다.

거기에 메타버스가 가져다주는 유용함, 편리함, 경제성 등은 이제 한번 맛을 본 이들이라면 한번만 맛보려 하지 않기 때문이다. 메타버스와 관련한 연구와 개발은 더더욱 박차를 가할 것이며 이로 인해 인류의 삶 자체가 새로운 패러다임으로 달려갈 것이다.

자, 아직도 메타버스에 대해 모른다면 혹은 젊은이들의 게임으로만 알고 등한시 했다면 이제 경제의 한 축을 끌어올리며 많은 이들의 삶에 에너지를 불어 넣고 있는 「쉽게 이해하는 메타버스」를 통해 메타버스에 한 걸음 다가서길 기대한다.

끝으로 이 책의 감수를 맡아 수고하신 파이낸스투데이 전문위원, 이사이며 현재 한국메타버스연구원 부원장이신 김진선 교수님께 감사를 드리며 미디어북 임직원 여러분께도 감사의 말씀을 전한다.

2022년 5월
한국메타버스연구원 **최 재 용** 원장

공저자 소개

강 경 희

현재 경북전남지역 전화번호부 발행업을 하면서 광고주에게 도움이 될 만한 홈페이지제작, 모바일 홈페이지제작, 유튜브제작 등을 진행하고 있다. 또한 메타버스를 알기 위해 한국메타버스연구원에 소속이 됐고 메타버스와 효율적인 광고진행으로 소상공인의 매출상승의 방법을 찾고 있다. (boombida@naver.com)

한국NFT교육협회 이사, 더앤에프티코리아 교수로 활동 중이자 한국메타버스연구원의 책임연구원이다. 게더타운 맵제작 및 기업 컨설팅을 위주로 하고 있다. SNS마케팅 큐레이터, 문화센터 강사, 메타버스 전문 강사이며 전직 캐주얼브랜드 패션디자이너로 활약했다. (blooming97@naver.com)

권 미 령

기 효 선

메타버스 전문 기업에서 메타버스 맵 기획자로 활약중이며, 한국메타버스연구원 지도교수&연구원, 메타크루 이사로 활동하였다. (metaversekhs@gmail.com)

현재 케이피비 대표로 제조업을 경영하고 있으며 한국메타버스연구원으로 활동하고 있다. 메타버스를 활용한 제조업의 혁신을 꿈꾸며 책을 출판하게 됐다.

(ars8377@naver.com)

김 영 호

남 기 경

양준영대표 소속 엔터테인먼트 실장이며 한국메타버스연구원 지도교수이다. 또한 '제 5회 메타버스 강사경진대회' 우수상 수상자이며 현재 한국NFT협회 지도교수로도 활동 중에 있다.

(cocoatop33@gmail.com)

한국음악감성교육연구소 소장이며 2021년 코리아헤럴드 문화경영대상을 수상한 문화예술교육전문가로 시대에 발맞춘 생애주기별 예술교육 콘텐츠들을 개발하고 있다. 5년간 매주 목요일 라이브방송을 통해 올바른 문화예술교육을 널리 알리는 동시에 27권의 교육용 교재를 집필했다. 현재 한국메타버스연구원 강사로도 활동 중에 있다. (yieunh@hanmail.net)

이 은 형

이 혜 진

한국메타버스연구원의 책임 연구원이 자 공식 파트너로 '게더타운을 활용한 내부 브랜딩 교육'이라는 주제로 메타 버스 강사 경진대회에서 대상을 수상했 다. 현재 글로벌 홈 헬스 케어 전문 기업 에서 CX교육을 맡고 있다.

(h.jinny6760@gmail.com)

25년 이상 현지(태국, 캄보디아, 러시아, 이탈리아, 베트남 등) 여행사에서 근무 했으며 현재 한국메타버스연구원 인증 강사로 활동 중이다.

(konthai324@naver.com)

임 양 선

정 순 철

한국메타버스연구소 강사이며 판도IT 문화기록연구소 대표이고 현재 국악놀 이지도사로 활동 중에 있다.

(jsc1114@gmail.com)

한국메타버스연구원 소속이며 현 오성 컴퓨터학원 대표다. 디지털배움터 전문 강사로 부산진구청 정보화교육장에서 디지털배움터 강사로 활동 중이다. 기업 출강도 나가고 있으며 메타버스 플랫폼 강의와 IT 자격증과정 등 강사로 활동하고 있다.

조 현 숙

(okosung2@naver.com)

감수자 김 진 선

'i-MBC 하나더 TV 매거진' 발행인, 세종대학교 세종 CEO 문학포럼 지도교수 를 거쳐 현재 한국메타버스연구원 부원장, 파이낸스투데이 전문위원/이사, 불교공뉴스 메타버스 자문위원으로 활동 중이다. 또한 30여 년간 기자로서의 활동을 바탕으로 출판 및 뉴스크리에이터 과정을 진행하고 있다.

Contents

PART 1
이 론

CHAPTER 1.
메타버스 전 산업분야의 활용사례와 퍼스널 브랜딩 방안

CHAPTER **2.**

방구석에서 하는 메타버스 여행(랜선 여행) 날아가자! 제페토 월드의 세계로!!

CHAPTER **3.**

메타버스를 활용한 제조산업의 미래

Contents

CHAPTER 5.

메타버스가 밥 먹여준다!

Contents

PART 2
실 전

Contents

CHAPTER **4.**

너와 내가 만나는 메타버스 새로운 세상 속으로
이프랜드(ifland)와 함께

Contents

PART
01 이 론

Chapter **1**

메타버스
전 산업분야의 활용사례와
퍼스널 브랜딩 방안

기효선

메타버스 전 산업분야의 활용사례와
퍼스널 브랜딩 방안

Prologue

코로나19 발생 이후 일상이 빠르게 비대면화 되며 메타버스 열풍이 강하게 불고 있다. 제페토, 로블록스, 포트나이트와 같은 게임을 선두로 Z세대의 놀이터로 인식되던 메타버스는 이제 모든 산업군이 올라타는 메가트렌드가 됐다. 대표적인 메타버스 플랫폼 제페토는 전세계 3억 명이 넘는 가입자를 확보했는데 이는 오징어게임으로 유명했던 넷플릭스 보다 많은 수치이다.

제페토의 무서운 성장세에 구찌, 나이키, 블랙핑크 등 패션, 명품산업 할 것 없이 글로벌 대기업들이 제페토와 콜라보를 위해 줄을 섰다. 지금 이 시각에도 제 2의 제페토를 꿈꾸는 다양한 메타버스 플랫폼들이 속속 출시되고 있다. 이제는 단순한 가상이 아닌 현실의 한계를 보완해주고 가상과 현실의 세계를 연결해주는 제 2의 세상이 된 메타버스.

새로운 세상에는 늘 기회가 넘쳐나는 법이지만 나에게 적용하지 못하면 무슨 소용인가? 모방은 창조의 어머니라는 말이 있다. 넘쳐나는 메타버스 활용사례를 살펴보며 기업과 개인이 어떻게 적용할 수 있는지 알아보자.

1. 모든 산업분야로 연결되는 메타버스

CES는 매년 초 미국 라스베이거스에서 열리는 세계 최대 IT, 가전전시회다. CES는 참가기업만 4,000여 개에 달하는 세계 최대 첨단제품 및 기술 전시회로써 그 해의 최첨단 기술의 트랜드를 파악할 수 있는 장이다. CES 2022 메인 키워드 중 하나는 단연 '메타버스 (metaverse)'였다.

2021 한 해를 살펴보면 비대면에 대한 수요가 높아지며 가상세계를 서비스하는 플랫폼이 많이 출시됐는데 대표적인 국내 성공사례가 바로 네이버 제트의 제페토(zepeto)와 SKT의 이프랜드(ifland)다. SKT의 이프랜드는 행사에 최적화된 플랫폼이란 평을 받으며 국내에서만 무려 1,500개 이상의 제휴요청을 받았다. 뿐만 아니라 글로벌 이동통신사의 콜라보 러브콜을 받아 이를 토대로 80개국에 서비스하는 글로벌 플랫폼으로 거듭나겠다는 계획을 밝혔다.

대기업들은 앞 다퉈 메타버스에 가상공간을 짓기 시작했고 중소기업 등조차 MZ 세대의 마음을 사로잡기 위해 온라인 교육, 설명회 등의 행사를 메타버스에서 진행하는 등 발 빠른 모습을 보여줬다. 메타버스 플랫폼 사용을 넘어 게임과 엔터산업을 필두로 콘텐츠 산업, 제조 산업, 유통 산업 그리고 농업 산업까지 산업계 전반으로 메타버스 서비스를 시도하려는 바람이 불고 있다. 2022는 그 시도들이 구체화돼 본격적인 메타버스의 해가 될 것이다. 우리의 삶은 이제 가상과 현실을 넘나드는 삶이 됐다.

2. 메타버스시대 기업의 외부 환경과 시장의 변화

코로나19가 3년차. 우리의 삶은 송두리째 바뀌었다. 오프라인은 장기적인 경기침체에 들어선 반면 온라인 시장은 급속도로 성장했다. 비대면 활동과 재택근무의 증가로 대부분의 소비활동은 집안에서 이뤄졌다. 식생활은 배달음식과 밀키트로 이뤄졌으며 여가생활 또한 넷플릭스, 유튜브 시청 등 디지털 콘텐츠의 소비증가로 이어졌다. 재택근무로 인해 화상회의 솔루션, 가상오피스 등 언택트 서비스를 하는 디지털 플랫폼 업체들이 크게 성장했다.

일시적인 온라인 이용 증가가 아닌 생활양식 자체가 바뀐 것이다. 유통업계 또한 오프라인과 온라인의 양극화가 심해졌다. 오프라인은 고객의 매장이용률이 급격히 감소한데 비해 온라인 쇼핑은 증강현실과 가상현실의 기술을 등에 업고 눈부신 발전을 보여줬다. 오프라인 매장에 직접 가지 않아도 집에서 증강현실 어플을 이용해 제품을 착용할 수 있게 됐으며, 감각과 촉각까지 재현해내는 가상 쇼룸도 곧 출시예정이다. 더 이상 유동인구가 많은 번화가에 비싼 세를 내며 오프라인 매장을 유지할 필요가 없어진 것이다.

미래의 소비 주역으로 집중되는 Z 세대 역시 메타버스의 주 이용자층이다. 포트나이트, 로블록스, 제페토 등 주요 메타버스 서비스 가입자는 각각 2~3억 명이며 이 중 Z 세대 가입자는 플랫폼마다 절반 이상을 훨씬 웃돈다. 이들에게 메타버스 속 아바타는 단순한 가상이 아닌 자신의 정체성이 투영된 또 다른 나이다. Z 세대는 자신의 취향이나 나다움을 표현할 수 있는 아이템이라면 거침없이 소비한다. 그것이 물성이 있든 없든 말이다.

이런 흐름을 반영해 세계적인 패션&명품 브랜드들은 발 빠르게 메타버스 플랫폼 내에 가상아이템을 출시했으며 큰 성과를 얻었다. '메타버스' 저자 김상균 교수는 "과거에는 기업들이 자본력을 바탕으로 오프라인 쇼핑몰, 생산라인 강화에 집중했다면 앞으로는 이러한 현실 공간의 비즈니스 가치를 가상공간인 메타버스를 통해 더 높일 수 있는 방법을 고민해야 한다"고 말했다. 우리 기업들은 비즈니스 형태를 떠나 메타버스가 가져올 새로운 환경변화에 대비할 역량강화를 시급히 마련해야 한다.

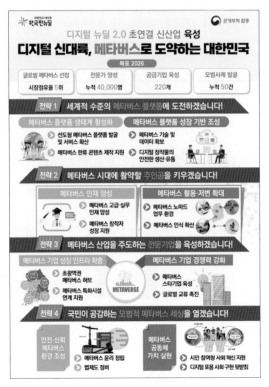

[그림1] 정부의 2022 신산업 계획(출처 : 과학기술정보통신부)

이런 시대변화에 맞춰 정부는 2022년 메타버스에만 5,560억 원을 투자하겠다고 밝혔다. 세계적 수준의 메타버스 플랫폼을 구축하고, 생태계 활성화를 위해 적극적인 인재양성과 솔루션을 발굴 및 지원할 계획이다. 실제로 CES 2022에서 메타버스 트렌드를 주도한 주인공들은 대부분 한국의 대기업들이었다.

일각에서는 메타버스 트렌드에 가장 민감하게 반응하는 국가가 미국과 한국이라는 말이 나올 정도로 우리나라는 새로운 변화기에 맞춰 발 빠르게 움직이고 있다. 이런 움직임에 정부의 지원까지 더해진다면 대한민국이 세계를 놀라게 할 메타버스 강국이 될 날은 머지않았다고 생각한다.

3. 산업별 메타버스 사례

1) 공연산업의 메타버스 사례

코로나19로 인해 많은 산업이 피해를 받았지만 그 중 공연과 행사산업의 피해는 막중하다. 많은 사람들이 모이는 곳이니 만큼 공연 관람객의 감소, 공공지원금의 중단 및 감소로 이어졌기 때문이다. 그러나 문화예술의 콘텐츠를 즐기고자 하는 인간의 욕망은 본질적으로 유효하다. 이에 '랜선 공연'이라는 이름의 온라인에서 즐기는 공연 등 새로운 형태의 콘텐츠가 탄생했다. 실시간 라이브로 송출되던 랜선 공연은 메타버스 플랫폼을 타고 확장돼 더욱 몰입감 있는 경험을 선사한다.

(1) 메타버스의 기념비적인 '트래비스 스콧'의 '포트나이트' 콘서트

2021년 4월 메타버스의 역사적인 장면이 탄생했다. 미국 유명 래퍼인 '트래비스 스콧'이 메타버스에서 콘서트를 개최한 것이다. 글로벌 메타버스 게임 플랫폼 '포트나이트'에서 열린 가상콘서트는 전 세계의 화제를 불러일으키며 대성공을 이뤘다. 총 45분 공연으로 무려 2,000만 달러(한화 약 220억 원)을 벌어들였으며 동시 접속자 약 1,230만 명에 달하는 플레이어들이 관람했다. 동시에 콘서트 이후 음원 이용률이 25% 상승하는 등 '포트나이트' 이벤트 역사상 가장 큰 성공을 거뒀다. 오프라인 공연으로 거둔 수익과 비교해본다면 정말 이례적인 수익이라 할 수 있다. 트래비스 스콧의 성과는 공연 산업과 게임 산업이 콜라보 했다는 점에서 의미가 있으며 미래 공연의 모습을 제안했다는 점에서 긍정적인 평을 받았다.

[그림2] 포트나이트에서 열린 트래비스 스콧(Travis Scott)의 메타버스 콘서트 장면

(출처 : 포트나이트)

(2) SKT 이프랜드 콘서트 'K-팝 페스티벌 위크'

SK텔레콤의 메타버스 플랫폼 '이프랜드'에서는 K팝 스타들의 공연을 실시간으로 중계하는 'K-팝 페스티벌 위크' 행사를 진행했다. 이번 행사는 이프랜드와 공식 유튜브 채널에서 동시에 무료로 생중계돼 사용자들의 접근성을 쉽게 했다. K-팝 페스티벌 위크 행사는 '싱어게인', '고등래퍼' 등 TV 오디션 프로그램 출신 인기 아티스트들의 공연으로 구성됐다. 이번 행사는 오프라인 공연 생중계와 동시에 인기 아티스트의 아바타와 함께 아바타 댄스 플래시몹, 퀴즈 이벤트, 기념사진 촬영 등 메타버스 공간에서 소통하는 방식을 구현한 것이 특징이다.

유튜브 만으로 콘서트를 생중계했다면 팬들과 채팅으로 소통했겠지만 이프랜드에서는 아바타 소통을 통해 일체감을 주는 것이 가능했다. 참여자들의 반응을 움직임이나 이모지로 즉각적으로 확인할 수 있기 때문이다. 물론 기술상의 문제로 미흡한 점도 있었지만 이번 행사를 통해 공연산업의 새로운 가능성을 보여줬다는 점에서 의미가 있다.

[그림3] 이프랜드에서 열린 'K-팝 페스티벌 위크' 플래시몹 장면(출처 : 지디넷코리아)

[그림4] 이프랜드에서 열린 'K-팝 페스티벌위크' 채팅 소통장면(출처 : 지디넷코리아)

(3) 서울아트마켓 '버추얼 팸스(Virtual Pams)'

기존 플랫폼이 아닌 메타버스 기술을 활용해 새로운 플랫폼을 개발한 사례도 있다. 예술경영 지원센터에서 2020년에 열린 '서울아트마켓'의 버추얼 팸스이다. 코로나19로 세계 공연관계자들의 참석이 어려워지자 서울아트마켓은 '버추얼 팸스(Virtual Pams)'라는 온라인 플랫폼을 개발해 화제를 모았다.

전 세계 각 국에서 관계자들은 아바타로 버추얼 팸스에 접속해 출품된 공연의 쇼 케이스를 관람했다. 공연을 보고나면 이들에 대한 정보뿐만 아니라 리플렛까지 내려 받을 수 있도록 해 연결성을 더했다. 페이스북과 인스타그램 등 소셜미디어에도 바로 접속할 수도 있다. 또한 가상공간에서 함께 공연을 관람하거나 접속돼 있는 다른 팸바타, 즉 공연 관계자들과 만나 소통도 가능하다. 상대방이 허락하면 디지털로 명함을 교환할 수도 있다. 실시간 채팅창을 통해 대화도 가능하다.

코로나19 이전 오프라인 행사에선 매년 1,500여 명이 방문했으나, 버추얼 팸스엔 3,000명이 넘는 관계자들이 참석해 2배에 달하는 성과를 기록했다.

[그림5] 버추얼팸스 접속 장면(출처 : 뉴시스)

2) 전시산업의 메타버스 사례

공연과 더불어 전시산업 역시 코로나로 인한 어려움을 겪었다. 그러나 아티스트들은 여전히 작품 활동을 진행했고, 팬과 컬렉터들은 작품을 관람하길 원했다. 아티스트와 팬, 서로의 니즈는 메타버스라는 창구로 연결됐다. 더불어 NFT 예술품에 대한 관심 증가로 메타버스 전시회는 활발히 진행되고 있다.

(1) 메타버스 갤러리 플랫폼 '스페이셜(Spatial)'

국내 스타트업 '스페이셜(Spatial)'이 가상 갤러리를 열 수 있는 새로운 플랫폼을 선보였다. 스페이셜의 플랫폼은 자유로운 전시와 소통 공간이 필요한 아티스트와 크리에이터를 위해 최적의 솔루션을 제공한다. 스페이셜에서는 몇 번의 클릭만으로 자신이 원하는 구성에 맞게 전시를 기획하고 가상 갤러리를 만들 수 있다. 이용자 모두가 관람객이면서 동시에 큐레이터가 될 수 있는 세상이 온 것이다.

작가들은 스페이셜에서 SNS를 연결하는 등 개인 홍보도 할 수 있다. 홍보의 창구가 간절한 신진 아티스트들에게는 더할 나위 없이 좋은 기회다. 더불어 전시 공간 이외에도 유저들이 소통할 수 있는 가상공간 '스페이셜 파크'를 만들어 커뮤니티의 역할도 더했다. 스페이셜은 최근 거액의 투자를 받으며 문화예술계 내에서 가상갤러리의 가능성을 인정받았다.

[그림6] 메타버스 갤러리 플랫폼 '스페이셜'의 장면(출처 : 스페이셜)

(2) 한국예술종합학교 최초의 '메타버스 아트 쇼 케이스'

국내 최고의 전문예술교육기관 한국예술종합학교(이하 한예종)이 최초의 메타버스 아트 쇼 케이스를 개최했다. 'K-ARTS 1st 애뉴얼 메타버스 쇼케이스'라는 이름의 행사는 온·오프라인에서 동시에 진행됐다.

[그림7] 'K-ARTS 1st 애뉴얼 메타버스 쇼케이스' 포스터(출처 : 한국예술종합학교)

한예종 융합예술센터 아트앤테크놀로지(AT)랩에서 주최하고 KOA(K-ARTS OPEN ARTIST) 1st에서 기획 및 전시하는 이번 메타버스 아트 쇼 케이스는 성수동 에롤파에서 오프라인 전시를, SKT의 이프랜드에서 메타버스 전시를 감상하게 했다. 관객은 오프라인 전시공간을 방문하더라도 VR 기기를 통해 가상전시를 체험할 수 있다. 이번 전시는 관객이 처한 환경과 시공간의 제약을 넘어 다양한 형태의 수준 높은 작품을 경험할 수 있다는 데에 큰 의미가 있다.

(3) 국민대, 제페토에서 전시회 '숨겨진 욕망(Hidden Desire)展' 개최

국민대 테크노디자인전문대학원 증강휴면랩이 기획전시 '숨겨진 욕망 : 당신의 모습은 무엇입니까? 展'(이하 '숨겨진 욕망')을 제페토에서 개최했다. 이번 전시는 오프라인 전시를 성공적으로 막을 내린 후 제페토로 공간을 옮겨 진행됐다.

국민대 오하령 산학협력단장은 "이번 전시를 통해 인공지능, 메타버스 및 다양한 신기술과 한계 없이 융합해나가는 국민대의 문화예술 R&D 역량이 잘 확산될 수 있기를 기대한다"라며 "앞으로 문화 부흥을 위한 산학협력과 이를 통한 지역사회 발전에 더욱 박차를 가해 우리 대학의 역할을 확대해 나가겠다"라고 전했다. 해당 전시회는 제페토 앱(https://go.zepeto.me/GXBIl9)을 통해 관람할 수 있다.

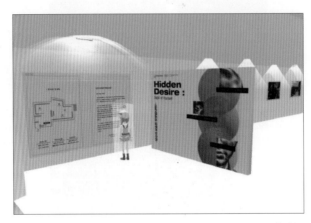

[그림8] 국민대 제페토 전시회 '숨겨진 욕망(Hidden Desire)展' 장면(출처 : 국민대)

3) 교육산업의 메타버스 사례

메타버스 초기 시장에서 교육계의 움직임은 기존의 입학식이나 행사를 가상공간에서 개최하는 수준이었다. 대표적으로 이프랜드에서 진행된 순천향대학교의 입학식을 예시로 들수 있다. 그러나 사교육계를 선두로 이제는 공교육까지 실제 교육현장에서 메타버스가 활발히 활용되고 있다.

(1) 게임하며 역사공부를, '인천크래프트 1945'

세계적인 메타버스 게임 '마인크래프트'를 활용한 '인천크래프트 1945 맵'이 탄생했다. 인천시에서 직접 개발한 인천크래프트 1945 맵은 8·15일 광복절을 맞아 인천의 대표적 독립운동 장소와 독립 운동가를 만날 수 있도록 만들어졌다. 해당 맵에서는 인천광역시와 관련된 독립운동가 백범 김구 선생, 김명진 지사, 심혁성 지사, 유봉진 지사 등을 게임 캐릭터로 만나볼 수 있으며 함께 독립운동 역사를 체험할 수 있다.

게임은 인천의 대표적인 독립운동 장소를 배경으로 했다. 황어장터, 인천창영초등학교, 강화장터, 인천감리서가 그곳이다. 유저들은 게임 속 독립운동가와 직접 대화를 하거나 장애물 달리기로 게임을 즐길 수 있다. 인천크래프트 1945 게임을 시작으로 더 이상 역사가 지루한 글자가 아닌 살아 숨 쉬는 현장으로 느껴질 수 있기를 바래본다.

[그림9] 게임으로 역사공부를 하고 있는 인천크래프트 1945 모습(출처 : 인천광역시)

(2) 웅진씽크빅, '메타버스 도서관' 오픈

업계 1위의 AI 교육기업 웅진씽크빅이 전 과목 학습 플랫폼 '스마트올'에서 메타버스 도서관을 오픈했다. 메타버스 도서관은 실제와 동일하게 구현돼 몰입감을 높였다. 학생들은 3D아바타로 변해 가상도서관을 돌아다니며 원하는 책을 마음껏 골라 읽을 수 있다. 심지어 키오스크에서 책을 검색할 수도 있으며 같은 또래의 아이들이 즐겨 본 책과 영상도 확인할 수 있다.

[그림10] 웅진씽크빅의 메타버스도서관(출처 : 웅진씽크빅)

4) 제조산업의 메타버스 사례

(1) 카이스트의 메타버스 공장 '제조AI 메타버스 팩토리 체험관' 오픈

한국과학기술원(KAIST)은 2021년 11월 제조AI 빅 데이터 센터 페어링룸 '제조AI 메타버스 팩토리 체험관'을 열었다. 제조AI 메타버스 팩토리는 제조에 특화된 AI를 메타버스 세계에서 구현한 가상 스마트공장이다. 사용자들은 메타버스 속 가상공장에서 현장과 동일한 수준으로 공정 과정을 체험하고, 제조AI 분석 시뮬레이션을 수행할 수 있다. 영업이익에 지장을 주지 않고도 공정과정을 생생하게 체험할 수 있다는 것이 메타버스 상에 만들어진 제조AI 팩토리의 가장 큰 장점이다.

또한 기존의 VR, MR 콘텐츠와 다르게 양방향 소통이 가능하다는 점이 특장점이다. 메타버스 접속기기만 있다면 시간과 공간의 제약 없이 접속할 수 있다. 기업들은 이러한 몰입형 기술을 활용해 새로운 관점으로 현장의 문제를 파악할 수 있을 뿐만 아니라 생산비용을 절감할 수 있게 됐다.

[그림11] 메타버스로 구현한 제조AI 팩토리 모습(출처 : 카이스트)

5) 관광산업의 메타버스 사례

코로나의 장기화로 발이 묶인 여행자들이 국내에 시선을 돌렸지만 강화된 거리두기로 국내여행마저도 쉽지 않은 상황이다. 이제는 메타버스를 통해 국내 우수한 관광자원을 전 세계로 알리는 시도가 이곳저곳에서 펼쳐지고 있다.

(1) 제페토에서 알리는 한국의 아름다움

글로벌 사용자 3억 명을 확보한 네이버 제트의 제페토는 홍보의 장으로 안성맞춤이다. 한국관광공사는 가장 적극적으로 관광의 디지털 전환에 앞장서고 있다. 관광거점도시 홍보를 위해 '한국의 숨겨진 보물 같은 도시'를 주제로 '제페토 크리에이터 맵 콘테스트'를 진행했다. 이에 부산, 목포, 안동, 강릉, 전주 5곳의 매력이 담긴 새로운 월드들이 제페토 곳곳에 오픈됐다.

부산의 광안대교, 감천문화마을, 안동의 월영교, 강릉의 핫플 안목 커피거리 등등을 직접 가지 않더라도 몰입감 있게 즐길 수 있다. 해당 월드들은 제페토에서 각 도시 명을 검색하면 확인할 수 있다. 한국관광공사의 이러한 마케팅은 코로나 이후 미래의 방한 관광객들에게 한국에 대한 긍정적인 이미지를 심어줄 수 있다는 기대를 심어줬다.

[그림12] 제페토에서 '안동'을 여행하는 사용자(출처 : 한국관광공사)

(2) 시흥시, '메타버스로 떠나는 시흥여행' 공개

경기도 시흥시가 메타버스를 통해 주요 관광지를 한눈에 둘러볼 수 있는 '메타버스로 떠나는 시흥여행'을 공개했다. '메타버스로 떠나는 시흥여행'은 기존의 이프랜드나 제페토 같은 플랫폼이 아닌 자체적인 웹 기반 홍보 플랫폼이라는 점과 지방정부 최초라는 점에서 의미가 있다. 사용자는 3D 아바타로 변신해 대표 관광지인 오이도 빨간 등대, 오이도 선사유적공원, 오이도 박물관, 갯골생태공원, 물왕저수지를 여행할 수 있으며 관련 영상도 시청할 수 있다.

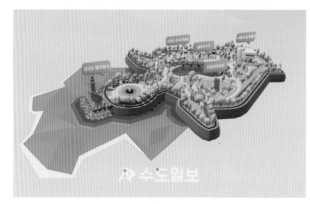

[그림13] 메타버스로 구현된 시흥시 주요관광지(출처 : 수도일보)

(3) 로블록스에서 진행된 '영덕대게축제'

경북 영덕군의 '영덕대게축제'는 경상북도의 대표 축제로 유명하다. 2021년에는 유튜브, 아프리카TV, 로블록스 플랫폼 등 다양한 채널을 활용해 대표 축제로써 위상을 높였다. 특히 3차원 메타버스 선두주자로 알려진 미국의 로블록스 플랫폼에서 게임을 통해 영덕대게축제를 즐길 수 있도록 해 국내 축제의 새로운 방향성을 제시했다.

참여자들은 로블록스에서 '영덕대게묵어봤능교' 게임, 영덕대게 줄 당기기 게임을 즐길 수 있다. '영덕대게묵어봤능교' 게임은 넷플릭스 오리지널 시리즈 '오징어게임'에 나온 '무궁화 꽃이 피었습니다' 게임을 연상하게 해 참여자들에게 재미를 안겨줬다. 이번 시도로 인해 타 온라인 축제와 차별화에 성공한 영덕대게축제 2021은 3년 연속 경북도 최우수 대표 축제로 이름을 빛냈다.

[그림14] 영덕대게축제2021 포스터(출처 : 영덕대게축제)

[그림15] 영덕대게축제2021 로블록스 모습(출처 : 영덕대게축제)

6) 금융 산업의 메타버스 사례

금융부문 역시 MZ 세대의 고객을 유치하기 위해 메타버스 형태의 새로운 서비스를 만들어 홍보에 박차를 가하고 있다. 글로벌&국내은행 모두 기존의 메타버스 플랫폼 또는 자체 플랫폼을 개발해 가상공간을 구축하고 이벤트를 진행했으나 아직 현장업무 적용은 미비하다. 그 이유에 대해 업계 관계자는 "금융권에서의 메타버스 구축은 타 분야와 달리 현금을 거래하는 플랫폼이 돼야 하기 때문에 장벽이 높지만 제대로만 구축·선점한다면 타 금융권보다 확실히 앞서 나갈 수 있을 것"이라고 설명했다.

(1) 하나은행의 메타버스 생태계

하나은행은 전략팀을 생성해 메타버스 생태계에 본격적으로 참여하고 있다. 메타버스에 대한 직원들의 관심과 이해도를 높이기 위해 본부회의를 SKT의 이프랜드 플랫폼에서 진행했다. 또한 하나금융그룹 SMART 대학생 홍보대사를 대상으로 언택트 취업특강과 멘토링을 실시했다.

또 다른 플랫폼 제페토를 활용해 가상연수원인 '하나글로벌캠퍼스' 월드를 오픈했는데 주목할 점은 이번 메타버스 연수원을 2021 하나은행 신입행원들이 주도적으로 아이디어를 내고 손수 만들었다는 점이다. 하나은행은 하나글로벌캠퍼스를 통해 MZ 세대를 응원하는 젊고 혁신적인 이미지로 자리 잡았다.

[그림16] 하나은행 디지털경험본부 유닛리더회의(출처 : 이프랜드)

[그림17] 제페토에 오픈된 '하나글로벌캠퍼스' 월드(출처 : 제페토)

(2) KB국민은행 '로블록스 지점' 시범 오픈

KB국민은행은 세계 최대 메타버스 게임 플랫폼인 로블록스에 새 지점을 열었다. 이번 시도는 핵심 고객층이 될 MZ 세대 고객을 선점하고 메타버스 내에서 금융서비스의 접목 가능성을 실험 및 검증하기 위해 실행됐다. KB국민은행은 단순히 은행이라는 가상공간을 구축한 것이 아니다. 하나의 마을을 만들고 그 마을의 부동산 매물을 구입하기 위한 대출자금을 받을 수 있도록 게임을 구성했다.

대출금을 상환하지 못하면 로블록스 내 아바타의 신용등급이 하락하는 방식이다. 사용자는 보물찾기 등을 통해 게임머니를 획득하거나 신용등급을 상승시킬 수 있다. KB국민은행은 로블록스 외에도 게더타운 플랫폼과 VR 기기를 활용하는 등 다양한 메타버스 채널에서 고객확보를 위한 실험에 도전하고 있다.

[그림18] KB국민은행 로블록스 지점(출처 : 비즈니스워치 이경남 기자)

[그림19] KB국민은행 로블록스 지점에서 대출하는 모습(출처 : 비즈니스워치 이경남 기자)

7) 의료산업의 메타버스 사례

(1) '경희의료원' 자체제작 메타버스 플랫폼 오픈

경희의료원이 직접 기획·제작한 메타버스 플랫폼 3종을 동시에 오픈하며 시범운영에 나섰다. 경희의료원의 메타버스 플랫폼은 게더타운 '경희의료원 가상 컨벤션센터', 제페토 '경희 놀이터', 가상현실 전시 공간 아트스텝스 '경희의료원 VR역사전시관'이다. 일반적인 기업이 하나의 메타버스 플랫폼을 활용한 데 비해 경희의료원은 3가지 플랫폼을 모두 활용했다는 점에서 업계의 큰 주목을 받았다. 더불어 해당 플랫폼은 자문을 받아 경희의료원 홍보실에서 직접 기획 및 제작했다는 점에서 큰 의미가 있다. 경희의료원 홍보실장 최석근 교수는 "연령대가 다양한 내원객들과의 공감대를 형성하고자 메타버스를 적극 도입했다"고 전했다.

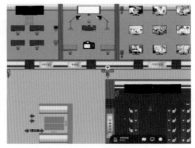

[그림20] 게더타운에 오픈된 경희의료원 가상 컨벤션센터(출처 : 경희의료원)

[그림21] 제페토에 오픈된 경희놀이터(출처 : 경희의료원)

[그림22] 아트스텝스에 오픈된 경희의료원 VR 역사전시관(출처 : 경희의료원)

(2) 메타버스 의료 교육 솔루션 '뷰라보 플러스'

재난훈련 솔루션 개발 업체 소셜벤처 뉴베이스는 의료 시뮬레이션 '뷰라보 플러스' 앱을 새롭게 선보였다. 뷰라보 플러스는 예비 간호사들이 가상 중환자실에서 디지털 환자를 처치하고 소통할 수 있는 앱이다. 교육 시나리오에 따라 가상 환자를 생성해 다양한 환자에 대처할 수 있는 능력을 기를 수 있다. 또한 기존의 실습교육은 교육 빈도가 낮아 교육효과 지속이 어려웠던데 반해 뷰라보 플러스를 이용하면 반복학습을 무제한으로 할 수 있어 교육효과를 높일 수 있다는 장점이 있다. 현재 뷰라보는 국립중앙의료원, 한양대, 호남대 간호대학 등에서 활용하고 있다.

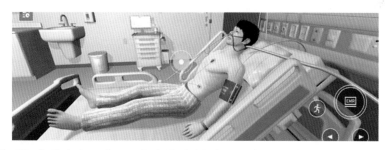

[그림23] 메타버스 의료 교육 솔루션 '뷰라보 플러스'(출처 : 뷰라보 플러스)

8) 농업 산업의 메타버스 사례

메타버스는 농업 분야에서도 적극 활용하고 있는 추세다. 주로 증강현실 기술을 활용한 '증강농업(Augmented Farming)' 형태이다. 가장 아날로그적이라 인식되는 농업에 혁신적인 메타버스가 결합됐을 때 어떤 효과가 일어날지 귀추가 주목된다.

(1) VR 기반의 체험형 농업교육 '클라우드 사스(SaaS)' 플랫폼 출시

에이콘컴퍼니가 체험형 농업교육 '클라우드 사스(Saas)'를 출시했다. 저가의 VR 장비만 있으면 어디서나 체험형 농업교육을 수강할 수 있다. '클라우드 SaaS' 플랫폼은 누구든지 콘텐츠를 제공할 수 있다. 또한 플랫폼 소셜 기능을 활용해 유저간의 정보교류를 가능하게 했다. 기존에 일 방향적이던 비대면 교육에서 벗어나 양 방향적인 교육이라는 측면에서 기대를 불러일으켰다. 농업이 아날로그적이라는 인식에서 벗어나 첨단 기술인 메타버스를 활용한 VR 기반의 농업교육은 MZ 세대에게 귀농에 대한 두려움을 줄일 수 있으리라 기대된다.

[그림24] 에이콘컴퍼니의 체험형 농업교육 '클라우드 사스(Saas)'(출처 : 클라우드 사스(Saas))

(2) 인공지능과 증강현실을 활용한 'Farm AR'

네덜란드의 컴퓨터 공학자가 인공지능과 증강현실 기반의 애플리케이션 'FarmAR'을 개발했다. FarmAR은 농지에 대한 위성 데이터를 수집한다. 농부들은 이 앱을 활용해 평소 눈으로는 확인하기 어려운 농지와 관련된 다양한 정보를 얻을 수 있다. 긴급하게 관리가 필요한 농지의 좌표를 알려주며, 농지 데이터를 바탕으로 최적의 화학비료 사용량을 알려준다. 사용자는 위성사진과 농지데이터로 과거와 현재의 농지 상태를 비교하고 원인을 분석할 수도 있다.

이처럼 메타버스는 농업에서 불필요한 노동량을 줄여주고 시간과 비용을 아껴줄 수 있다. 기후변화 등 복잡한 요소들이 영향을 미치는 농업 산업인 만큼 기존의 아바타를 활용한 플랫폼을 넘어 다층 차원의 멀티버스로 접근해야 할 것이다.

[그림25] 인공지능과 증강현실을 활용한 FarmAR 앱(출처 : FarmAR)

4. 메타버스 시대 소비자 트랜드

메타버스는 소비자들의 소통과 체험에 대한 욕구와 함께 성장했다. 장기적인 비대면 생활로 체험의 욕구를 풀 수 있는 가상공간에 집중된 것이다. 핵심은 '현실과의 접속'으로 누가 더 현실처럼 몰입하는 경험을 잘 만들 수 있는지에 따라 성패가 갈릴 것이다.

또한 메타버스의 핵심 이용자층인 Z 세대를 중심으로 가상아이템 시장이 더욱 팽창할 것으로 예상된다. 아바타 전문 메이크업아티스트, 아바타 커스텀 디자이너 등 가상세계 활동으로 현실세계의 생계를 이어나가는 신 직업들도 많이 생겼다.

네이버 제트의 제페토에서 활동하는 크리에이터만 100만 명을 넘어선 것으로 알려졌다. 수요가 그만큼 늘어나고 있다는 뜻이다. 소비자들은 플랫폼 사용자인 동시에 크리에이터로서 부가가치를 창출한다. 이처럼 메타버스 플랫폼은 놀이터인 동시에 가치창출이 가능한 커머스 역할을 하는 장으로 변화할 것이다.

5. 메타버스 마케팅 기업 사례

1) 메타버스에 꽂힌 현대자동차

(1) 제페토

현대자동차는 2021년 6월 네이버 제트의 메타버스 플랫폼 제페토에서 쏘나타 N 라인을 시승할 수 있는 경험을 제공한다고 밝혔다. 자동차 업계 최초로 제페토에서 차량을 구현해 고객들에게 새로운 경험을 제공했다. 또한 자신의 아바타를 이용해 영상과 이미지를 제작할 수 있는 제페토의 기능에서 쏘나타를 활용할 수 있도록 해 쏘나타와 함께한 콘텐츠 생산을 기대했다.

[그림26] 제페토에 구현된 쏘나타(출처 : 현대자동차)

(2) 로블록스

현대자동차는 2021년 9월 글로벌 자동차 브랜드 최초로 로블록스에 가상의 테마파크를 열었다. '현대 모빌리티 어드벤처'를 주제로 총 5개의 가상공간을 구현하고 자사의 모빌리티를 체험할 수 있는 가상 고객경험 콘텐츠를 제공했다. '현대 모빌리티 어드벤처'에서 유저들은 현대차의 넥쏘부터 도심항공교통(UAM), 목적기반모빌리티(PBV), 로보틱스 등의 미래 모빌리티까지 경험할 수 있다.

로블록스는 일평균 약 4,320만 명의 글로벌이용자가 즐기는 세계적으로 파급력이 큰 플랫폼이다. 주 이용자가 Z 세대인 만큼 현대차는 앞으로의 잠재고객인 MZ 세대와의 소통을 겨냥해 혁신적인 브랜드 이미지를 제고하기 위한 전략으로 보인다.

[그림27] 로블록스에서 열린 '현대 모빌리티 어드벤처' 가상공간(출처 : 현대자동차)

(3) 웹드라마

현대자동차가 2022년 초 시무식을 메타버스 플랫폼 'HMG파크'에서 진행했다. 공간의 제약을 벗어난 메타버스 특징 덕분에 전 세계 4,000여 명의 임직원이 한 자리에 모일 수 있게 됐다. 임직원들은 이 날 HMG 파크에서 아바타로 정의선 회장의 영상을 시청했고, 현대자동차 주요 제품을 그대로 구현한 전시물을 감상했다. 현대자동차는 향후 이 서비스를 개방해 다양한 대내외 이벤트로 활용한다고 밝혔다.

[그림28] 현대자동차 자체 메타버스 플랫폼 'HMG파크'(출처 : 현대자동차)

2) 롯데에서 '메타 롯데'로

(1) 제페토

2021년 10월 꿈과 모험의 나라 롯데월드가 제페토에 오픈했다. 사용자들은 제페토 롯데월드에서 매직캐슬, 가든 스테이지, 자이로드롭, 아트란티스 등 대표 놀이기구를 체험할 수 있다. 제페토 안에서 자이로드롭을 타고 올라 테마파크 전경을 관람하고 아트란티스의 속도감을 즐기게 된다.

공간별로 인증사진 촬영, 놀이기구 탑승 등 이색적인 퀘스트가 넘쳐난다. 제페토의 롯데월드는 오픈 3주 만에 누적 방문자수 300만 명을 돌파하며 인기를 끌었다. 이들 방문객 중 인도네시아, 태국, 일본 등 해외 유저들이 90%를 육박하며 국내뿐 아니라 해외에서도 관심을 끌었다.

[그림29] 제페토에 구현한 롯데월드
(출처 : 롯데월드)

[그림30] 제페토에서 즐기는 놀이기구
(출처 : 롯데월드)

[그림31] 제페토에서 점프맵으로 구현된 롯데하이마트(출처 : 롯데하이마트)

제페토의 롯데월드 성공으로 '롯데하이마트' 또한 제페토의 월드맵 오픈에 나섰다. 2021년 11월 '하이마트 점프맵'을 오픈하고 MZ 세대를 겨냥한 이벤트를 진행했다. '하이마트 점프맵'은 제페토 내 장애물 극복 게임 공간인 점프마스터 콘셉트를 활용했다. 매장 쇼룸과 게임 공간, 클리어룸으로 아바타들이 지루하지 않도록 공간을 구성했다. 이용자가 설정한 아바타가 세탁기, 냉장고 등 '하이메이드' 자체브랜드 제품 등을 활용해 장애물을 극복하고 가상의 롯데하이마트 매장에 있는 부모님을 찾아가는 여정을 담았다.

(2) 게더타운

롯데시네마가 메타버스 플랫폼 게더타운에 '롯시타운'을 오픈했다. '롯시타운'은 롯데시네마 월드타워 및 잠실 롯데타운 콘셉트의 메타버스 속 가상공간이다. 롯데시네마는 2022년 1월 화상회의 플랫폼인 게더타운을 이용해 시무식을 진행하며 게더타운의 가능성을 확인했다. 이후 영화관의 체험 요소를 강화해 고객이 2D의 아바타로 즐길 수 있는 '롯시타운'을 구축했다. 고객들은 '롯시타운'에 접속해 매표소, 매점, 스마트 키오스크 등 다양한 가상공간속에서 영화를 예매하거나 영화 예고편을 확인하는 활동을 할 수 있다.

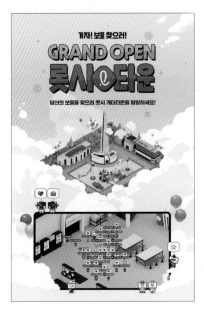

[그림32] 게더타운에 오픈한 롯데시네마 '롯시타운'(출처 : 롯데컬쳐웍스)

6. 메타버스를 활용한 퍼스널 브랜딩 방법

지금까지 산업별 메타버스 사례와 대표적인 기업의 메타버스 마케팅 사례를 살펴봤다. 여기까지 살펴본 독자들은 눈치를 챘을 것이다. 아직까지의 메타버스 활용은 플랫폼에 가상공간을 구축해 가상현실 속 유저들과 소통하는 것이 대부분이라는 사실을. 그렇다면 개인은 메타버스를 통해 어떻게 홍보 및 브랜딩을 할 수 있을까?

1) 이미지 형성

퍼스널 브랜딩의 핵심은 '이미지 구축'과 '관계형성'이다. 여기서의 이미지는 사람들에게 내가 어떻게 보이고 싶은지를 설계하는 것이다. 어떤 분야에서 어떤 키워드로 인식되고 싶은지 먼저 설계해야한다.

현실세계에서는 여러 가지의 이미지를 만들 경우 나를 기억하는 사람에 대해 혼동을 줄수 있다. 그러나 메타버스는 다르다. 로블록스, 제페토, 이프랜드 등 각 플랫폼마다 각기 다른 이미지의 부캐를 만들 수 있다. 로블록스에서는 반려동물을 사랑하는 가수였다가 제페토에서는 춤추는 타투이스트가 될 수 있는 것이다. 여기서 핵심은 그냥 '가수', '타투이스트'가 아닌 나만의 취향이나 나다움을 반영한 이미지 형성이다.

부캐 형성은 어렵지 않다. 식물을 사랑하는 가수 부캐를 원한다면 가상의 식물아이템을 구입해 가상공간을 꾸미고, 클릭 몇 번으로 늘 식물과 함께하는 가상 콘텐츠를 업로드 하면된다. 현실에서 들이는 시간과 에너지의 반의 반도 들지 않는다. 이렇게 원하는 이미지로 세팅된 아바타를 관심 해시태그와 함께 꾸준히 발행하면 된다.

다양한 부캐를 소화하며 현실에서는 도전하기 어려운 콘셉트를 소화할 수도 있어 대리만족도 가능하다. 또한 '가상현실'이란 점을 이용해 나의 매력을 극대화 시킬 수도 있다.

2) 나의 포트폴리오 가상공간에 전시 & 구축하기

이미지 세팅이 끝났다면 이제는 나를 필요로 하는 사람들이 나라는 사람을 경험할 수 있는 공간을 구축해야한다. 기존의 포트폴리오는 PDF로 문서화 돼 직접 전송해야 하는 방식이었다. 그러나 포트폴리오를 이미지 또는 영상으로 제작해 갤러리처럼 전시할 수 있다면? 군이 일일이 포트폴리오를 보내지 않아도 효율적으로 홍보할 수 있을 것이다.

포트폴리오에 활용할 메타버스 플랫폼으로는 미국의 게더타운 또는 네이버 제트의 젭과 VR 갤러리 플랫폼인 아트스텝스를 추천한다. 3D인 제페토에 비해 접근성이 낮고 입문자도 사용하기 쉽기 때문이다. 게더타운과 젭은 다양한 링크, 이미지, 영상을 삽입할 수 있어 홍보에 안성맞춤이다. 퀄리티 높은 작품의 경우 3D전시회 아트스텝스에 작품을 전시하고, 해당 아트스텝스 링크를 게더타운에 연결해놓으면 된다. 또한 게더타운에 기존의 SNS 링크를 모두 연결해놓는다면 채널간의 연계성이 높아져 퍼스널 브랜딩에 더욱 효과적일 것이다.

3) 커뮤니티 구축

퍼스널 브랜딩의 두 번째 핵심인 '관계형성'은 나를 필요로 하는 사람들과의 관계형성을 말한다. 나를 필요로 하는 사람들과 필요한 것을 줄 수 있는 나 그리고 비슷한 니즈를 가진 사람들이 만나 커뮤니티가 형성되는 것이다. 커뮤니티가 단단해질수록 퍼스널 브랜딩은 강력해진다. 퍼스널 브랜딩은 지금껏 기존의 SNS 채널을 통해 주로 진행했다. SNS에 기록을 남기고 그 기록에 연결된 해시태그로 필요한 사람들을 연결하는 방식이었다. 이것은 동시적인 관계가 아니다.

그러나 메타버스는 다르다. 우리는 메타버스에서 시간과 공간의 제약을 벗어나 상호작용이 가능하다. 만나고 싶다면 가상현실에서 아바타로 바로 만나면 된다. 커뮤니티를 형성하고 싶다면 SKT의 이프랜드 플랫폼에서 가상 모임을 진행해볼 것을 추천한다. 이프랜드는 동시접속 131명까지 무료로 가능해 행사나 모임에 최적화돼 있다.

오디오와 채팅으로 소통이 가능하지만 채팅보다는 오디오 소통이 주로 이뤄진다. 한 가지 분야를 정해 정기적으로 이프랜드 모임을 진행하다보면 말솜씨도 늘고 꾸준히 참석하는 사람도 생길 것이다. 이프랜드 모임은 오픈카톡을 생성해 관리하면 된다. 말주변이 없더라도 매일 하면 늘게 된다. 할 말이 없으면 질문을 만들어서 사람들과 소통하면 된다. 이프랜드에는 말하기 좋아하는 사람들과 듣기를 좋아하는 사람 모두가 모여 있다. 걱정 말고 진행해보라.

이프랜드에서 꾸준히 가상모임을 진행하다보면 이프랜드 크리에이터인 '이프렌즈'에도 도전해볼 수 있을 것이다. 우선 정기적인 가상모임으로 내 부캐의 팬을 만드는 것이 중요하다. 이프랜드에서 친해진 가상친구들을 제페토로 초대해 서로 팔로우하고 같이 사진촬영도 할 수 있을 것이다.

플랫폼과의 연계도 시도해보면서 단단한 커뮤니티를 만들기를 바란다. 주제가 생각나지 않는다면 미라클모닝 모임, 운동모임 등 하나의 목적을 정하고 함께 변화하는 자기계발형 모임을 만들어도 좋다. 꾸준히 소통하며 나라는 사람에 대해, 내 부캐에 대해 찐 팬을 만들기를 바란다. 찐 팬이 많아질수록 퍼스널 브랜딩은 성공으로 향한다.

Epilogue

지금까지 전 산업분야에 걸쳐 메타버스가 활용된 사례와 퍼스널브랜딩에서의 메타버스 활용방안을 살펴보았다. 혹자에게는 메타버스가 단순히 반짝 빛나고 마는 트렌드로 여겨질 수 있다. 그러나 필자는 메타버스가 트렌드 그 이상, 거대한 시대의 흐름이라 생각한다.

혹 발을 들이기에 너무 늦었다고 생각하는가? 너무 어려운 세계라 생각하는가? 메타버스는 이제 시작일 뿐이다. 메타버스 세상에서 기회는 모두에게 열려있다. 모두에게 새롭고 낯선 세계이다. 모두에게 주어진 이 기회를 지금 붙잡아야한다. 어렵더라도 조금 더 파고들고 조금 더 연구한 사람이 결국 이긴다.

메타버스도 결국, 우리가 사는 세상이라는 것. 잊지말자.

[참고자료]

• 한국농어민신문(http://www.agrinet.co.kr)

방구석에서 하는 메타버스 여행(랜선 여행) 날아가자! 제페토 월드의 세계로!!

임양선

Chapter 02

방구석에서 하는 메타버스 여행(랜선 여행) 날아가자!
제페토 월드의 세계로!!

Prologue

코로나가 종식되면 가장 먼저 뭘하고 싶은지 조사한 결과에 여행이 첫 번째였다고 한다. 하지만 지금은 여행을 간다는 건 쉽지 않아서 메타버스 세계에 펼쳐진 여러 여행지로 여행을 가보자. 어디든지 떠나보자.

국내에선 발전한 IT 기술을 활용해 온라인상으로 해외 여행지를 즐기는 방식의 '랜선 여행', '메타버스 여행'이 조금씩 인기를 끌고 있다. 한국관광공사와 문화체육관광부가 발표한 '2022 국내관광 트렌드'에 따르면 소셜미디어 데이터에서 '랜선 여행'에 대한 긍정 반응은 팬데믹 초반(2020년 1월~2021년 1월)과 그 이후(2021년 2월~9월)를 비교했을 때 7% 증가했다.

한국을 배경으로 만든 메타버스 여행지가 국·내외 네티즌들에게 인기를 끈 사례도 있다.

[그림1]은 한국관광공사가 로블록스 안에서 구현한 강릉의 모습이다.

[그림1] 로블록스에 구현된 '오징어게임(Squid Game in Gangneung, Korea)' 가상공간. 이곳에서 강릉을 구경하며 '무궁화 꽃이 피었습니다' 게임 등도 할 수 있다.(제공＝한국관광공사)

한국관광공사가 미국의 메타버스 게임 플랫폼 로블록스(Roblox)를 활용해 이달(1월) 초 제작한 강릉을 배경으로 한 '오징어 게임(Squid Game in Gangneung, Korea)'은 현재 누적 방문자 수가 7만 명에 달했다. 여행업계 전문가들은 "랜선 여행과 메타버스 여행은 여행 정보 수집의 원천, 간접체험 기회, 직접여행의 동기로 작용할 수 있다"고 말한다.(출처 : 아시아투데이)

1. 제페토 월드란?

네이버가 개발한 플랫폼 제페토가 증명한 가상공간으로 나만의 아바타로 교실부터 테마파크까지 다양한 맵에서 전 세계 친구들과 만나 여행하고 소통하며 놀 수 있다.

2. 제페토 월드 맵 사용법

로그인 후 멋지게 꾸민 나만의 아바타로 제페토 먼저 홈 화면 하단에서 '월드'를 선택한다. 월드의 종류에는 제페토 제트가 직접 개발한 공식맵과 제페토 이용자들이 만든 커스텀 맵이 2만개 이상 있다. 제페토에는 정말 많은 다양한 월드가 있다. 이 중 가고 싶은 곳을 선택하면 된다.

확인화면에 나오는 월드 맵 중에 마음에 드는 맵을 찾아 플레이를 클릭한다. 플레이 전 월드 안에 있는 이미 만들어진 방에 입장도 가능하다. 아바타 하단의 왼쪽 들어가기를 클릭하면 빠르게 랜덤으로 입장도 가능하니 어디로 갈지 고르기가 망설여지면 들어가 보길 추천한다.

월드 맵 입장하기 위해선 아바타가 날아가는 시간이 필요하다. 입장이 완료 되면 월드 설정도 가능하다. '글로벌'은 세계 이용자 유저가 입장할 수 있고, '로컬'은 이용자가 설정한 나라의 유저만 입장이 가능하다.

[그림2] 월드선택하기

[그림3] 월드 들어가기

[그림4] 월드 입장하기

3. 월드맵 기능 설명하기

　상단 버튼 기능은 ① 방 참여자 목록 ② 방 공지 ③ 초대 링크 ④ 아이템 구매 ⑤ 도감 ⑥ 월드 퀘스트 ⑦ 팔로우 ⑧ 설정 ⑨ 나가기이다. 하단 버튼의 기능은 ⓐ 상하좌우 이동 ⓑ 화면세로보기 ⓒ 마이크 ⓓ 메시지 창 ⓔ 상점 ⓕ 제스처 ⓖ 셀카, 동영상 촬영 카메라 ⓗ 점프이다.

[그림5] 월드 내의 기능 설명하기(함께해요 KBS정치합시다2 맵)

4. 월드 맵 투어

1) 세계여행

제페토 월드에는 많은 장소를 여행할 수 있다. 코로나19 시국으로 세계 여행을 하기 어려운데 랜선으로 제페토 세계여행을 떠나보자.

(1) 러시아편

유럽인 듯 아시아인 듯한 이 나라는 그래서 '유라시아'라고 부른다. 세계에서 가장 큰 면적을 자랑하는 러시아엔 볼거리가 정말 많은 곳이니 만큼 많은 맵이 만들어지길 바래본다. 러시아의 추위는 뭐 다 아는 사실이니 정말 따뜻하게 입길 권장한다. 4월에도 네바강이 얼어있을 만큼 춥고, 6월이 되니 뜨거운 땡볕이 쨍쨍해서 거리의 푸른 잔디만 보이면 사람들이 일광욕을 즐기는 모습을 쉽게 볼 수 있다.

① 겨울 집(러시아 전통가옥)

러시아의 전통 통나무집 '이즈바'는 자작나무로 만들어 야채도 재배하고 가축을 키우고 하는 밭과 목장이 있다. 특히 겨울에는 이즈바(전통집)와 다차(겨울별장)에서 가족끼리 사우나를 하며 겨울을 보낸다. 밖으로는 우물과 지하창고가 있다. 추운 러시아의 계절을 고려해 보온·창고 형태의 주거지역으로 발달됐다. 9세기부터 건설됐고 14세기부터는 러시아의 대표 주거환경으로 자리 잡았다. 지금도 시외 쪽으로 가면 흔하게 볼 수 있다. 겨울 집 맵에는 그러한 이즈바의 특징이 잘 살아있다.

[그림6] 제페토 월드 겨울 집 맵 들어가기

겨울 집 내부에 비치된 의자들에 앉아보자. 벽난로 앞에서 불 멍을 해보는 것도 추천한다. 단, 모든 맵은 셀카 모드에선 상호작용 아이콘은 나타나지 않는다. 미리 상호작용을 눌러 의자에 앉은 뒤에 셀카 모드로 변환하길 추천한다.

겨울 집에 가장 큰 특징은 섬세함이다. 통나무집 굴뚝에선 연기가 모락모락 피어나고 내부의 촛불도 활활, 벽난로 속의 불꽃도 활활 분위기 내도록 잘 돼있다. 러시아의 흑빵과 진한 커피도 한잔 마셔보는 것도 좋겠다.

[그림7] 제페토 월드 내 겨울 집 맵 둘러보기

② 붉은 광장 (RED광장)

러시아의 수도이자 정치·경제·문화의 중심지인 모스크바의 랜드 마크인 붉은 광장은 성바실리 성당, 굼 백화점, 러시아 국립역사박물관, 레닌의 묘, 크렘린 궁이 위치하고 있다. 소비에트 연방 시기엔 군사 열병식과 같은 대규모 행사가 거행됐고 현재는 다채로운 행사와 콘서트 등이 열리고 있다. 붉은이란 말은 사실 '아름다운'이라는 고대 러시아어의 의미가 내포돼있다. 제페토 월드 내에 있는 붉은 광장 맵은 그러한 부분들이 다 표현돼진 않았다. 놀이문화를 더 강조해놓은 듯하다.

[그림8] 제페토 월드 RED 광장 맵 들어가기

[그림9] 제페토 월드 RED광장 맵 둘러보기

③ 러시아 올드 그래피티 거리(Old russian graffiti)

그래피티는 미국에서 가져온 힙합 영화와 함께 소련에 도착한 브레이크댄스와 함께 시작됐다. 사유·국유재산을 무시해 불법 예술의 매력이라고 얘기한다. 사고방식의 차이로 하위문화로 취급되고 있는 거리의 문화다. 제페토 내에서도 그런 부분이 현실감 있게 그려져 느낌들이 거의 회색이다. 잘 꾸며진 그래피티들이 눈에 들어온다.

러시아의 다른 지역들 쌍트빼쩨르부르크(세인트피터스버그)는 수많은 섬과 운하들이 300여개 다리로 연결된 러시아의 베네치아로 불리는데 추가로 만들어져 더 널리 알려지길 바란다.

[그림10] 제페토 월드 Old russian graffiti 맵 둘러보기

(2) 이탈리아편

유럽 중남부에 위치한 반도국가로 그리스와 함께 유럽문명의 기원지이다. 장화모양의 반도로 3면이 바다로 둘러싸여 있다. 지중해의 햇살이 눈부신 나라다.

① 로마-콜로세움(콜로소)

이탈리아의 수도인 로마는 도시의 기원이 시작된 거대한 고대문명의 도시로 전 지역이 유적지라고 해도 과언이 아니다. 제페토 월드 내에는 로마의 멋진 곳도 많은데 콜로세움만 있다. 전쟁 포로인 검투사와 맹수의 전투경기가 벌어진 원형경기장으로 로마를 상징하는 거대한 건축물이다.

이탈리아 로마에 있는 검투사들의 대결과 호화로운 구경거리가 펼쳐지던 거대한 원형경기장으로 현재는 원형의 3분의 1만 남아 있다.

[그림11] 제페토 월드 로마 콜로세움 맵 들어가기

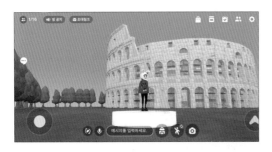

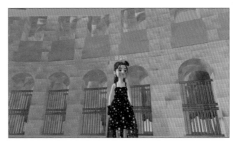

[그림12] 제페토 월드 로마 콜로세움 맵 둘러보기

② 피사

이탈리아 중부 토스카나 주의 도시다. 유명한 피사의 사탑은 흰 대리석의 원통형 8층탑이다. 중심축으로부터 5.5도 기울어져 있는 이곳에서 갈릴레오가 자유낙하 실험을 했다고 하는 일화가 있다.

이탈리아는 철도 강국 중 하나다. 버스보다도 더 대중적인 교통수단이다. 어딜 가든 기차를 타고 다닌다고 해야 할 것 같다. 간선노선의 운영주체는 국영인 트랜이탈리아와 사설 이딸로가 있다. 표를 사용할 때의 주의할 점은 기차표는 현장에서 기계나 창구를 통해 구입하고 별도의 개찰구는 없다. 하지만 승차 전에 펀칭머신을 찾아 반드시 티켓에 펀칭을 해줘야 한다.

차내에선 승무원이 표 검사도 한다. 여기서 펀칭을 하지 않았을 시 패널티를 물어야하니 잊지 말고 승차 전 티켓펀칭은 필수다. 피사 역까지 기차를 타고 내리면 사탑이 있는 곳까지 약 15분정도 아르노 강을 끼고 걸어야 도착한다. 피사의 아름다움을 잘 알려주는 맵처럼 이탈리아의 대표적인 관광명소들이 많으니 메타버스로 잘 구현되길 바란다.

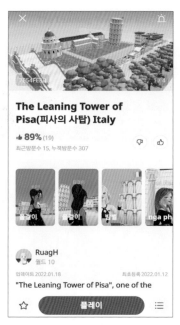

[그림13] 제페토 월드 피사의 사탑 맵 들어가기

[그림14] 제페토 월드 피사의 사탑 둘러보기

(3) 프랑스편

유럽 대륙의 서부에 위치한 프랑스 공화국은 육각형 모양의 국토에 3면은 바다, 3면은 산지로 둘러싸여 있다. 유럽은 물론 세계의 문화·예술의 중심지다. 오랜 역사를 자랑해 온 세계 제1의 관광국인 프랑스로 여행을 떠나보자.

① NIGHT IN PARIS(파리)

프랑스의 수도인 파리는 패션과 미식, 예술과 낭만이 있는 세계 문화의 중심지이다. 프랑스와 파리의 과거와 현재를 상징하고 있는 에펠탑을 배경으로 벤치에 앉아 멋지게 셀카를 찍어보자. 센강이 흐르는 주변 동네의 모습을 둘러보며 카페에 앉아보자. 파리에는 언제나 우리를 앞으로 나가게 하는 무언가가 있다. 낯섦과 익숙함 사이의 파리지앵을 꿈꾸는 사람들에게 추천한다.

 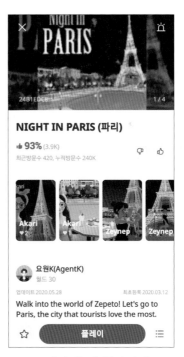

[그림15] 제페토 월드 NIGHT IN PARIS(파리) 맵 들어가기

[그림16] 제페토 월드 NIGHT IN PARIS(파리) 맵 둘러보기

② 파리스 포토파티

유럽의 마을에서 펼쳐지는 야외 파티의 모습이 잘 표현돼 있다. 아름답게 꾸며진 포토존을 활용해 사진을 찍어보자.

[그림17] 제페토 월드 내 '파리스 포토파티' 맵 들어가기

[그림18] 제페토 월드 내 '파리스 포토파티' 맵 둘러보기

(4) 영국편

유럽 대륙 서북쪽에 위치한 섬나라인 영국으로 떠나보자. 신사의 나라 영국은 비가 내리기로 유명하다. 1년 중 164일 비가 온다. 가장 맑은 날이 많은 시기는 6·7월이다. 런던에서는 하루 동안 사계절의 날씨를 경험할 수 있다. 햇살이 내리쬐고 맑다가도 비바람이 몰아치니 항상 휴대할 수 있는 작은 우산이나 모자가 달린 옷은 기본으로 챙겨야 할 필수품이다.

① 런던

세계 최대 도시인 수도 런던은 세계에서 손꼽히는 '멀티 컬처' 도시이다. 국적만 270여 개인 사람들이 도시에 살고 있다. 그들의 언어가 300여 가지이고 이중 3분의 1의 런더너는 외국에서 태어난 사람이다. 영국은 세계 최초로 지하철을 운행한 나라인 만큼 산업혁명을 주도했다.

런던 도심에 흐르는 템즈 강을 가로지르는 다리는 총 33개인데 타워 브리지, 런던 브리지, 워터루 브리지 등이 유명하다. 제페토 월드에선 랜드 마크인 타워 브리지로 가보자. 개폐가 가능한 도개교로 양쪽에 고딕 양식의 거대한 탑이 자리하고 있다. 다리가 잘 보이는 곳에 위치한 카페엔 간이 무대가 있어 시선을 끈다. 포토 존으로 좋은 장소이다.

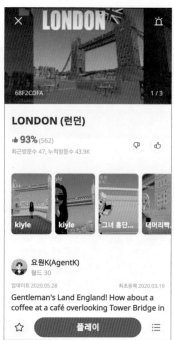

[그림19] 제페토 월드 내 '런던' 맵 들어가기

[그림20] 제페토 월드 내 '런던' 맵 둘러보기

② 영국의 책 마을 '헤이 온 와이'

'와이 강변위의 헤이'라는 이름의 '헤이 온 와이'는 영국 서부 웨일즈 지역의 매우 작은 탄광촌 마을이었다. 탄광산업의 쇠퇴로 헌책방이 생기게 됐다. 주민이 1,900명 정도라는데 인구수보다 몇 백 배에 달하는 헌책들이 마을을 대표하고 있다. 헤이 온 와이에는 귀한 책이 모여 있다. 현재 많은 이가 오고 가는 '최초의 헌책방 마을'이자 많은 고 도서들이 판매되는 도서의 메카로 자리 잡고 있다.

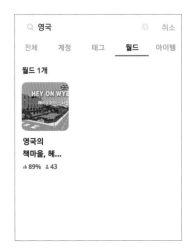 

[그림21] 제페토 월드 '영국의 책마을 헤이 온 와이' 맵으로 들어가기

[그림22] 제페토 월드 '헤이 온 와이 영국의 책마을' 맵 둘러보기

(5) 스페인편

연중 따뜻한 기후, 아름다운 해안, 풍요로운 분위기가 매력적인 태양의 나라, 열정의 나라 스페인으로 가보자. 스페인은 44곳의 유네스코 지정 문화유산이 있다. 안토니가우디의 건축부터 알함브라 궁전까지 문화와 유산이 많은 나라다. 성 야고보의 유해가 발견되면서 생겨난 순례자의 길로 많은 여행객이 모이고 있다. 수도는 마드리드로 과거엔 무적함대로 대표되는 강력한 해양 국가이자 대영제국 이전에는 해가 지지 않는 나라로 여겨졌다.

① '스페인 론다 여행' 맵

엘 타호 협곡 위에 세워진 아름다운 도시 론다는 간담이 서늘해지는 협곡과 그 위로 우뚝 솟은 건축물들이 장관을 이루는 도시다. 암석 위에 세운 도시 론다. 오렌지 나무로 가로수를 심어 길가에서 흔하게 볼 수 있는 곳이다. 론다에선 전망대, 누에보 다리, 투우장을 둘러 봐야 한다.

누에보 다리를 사이에 두고 구시가지와 신시가지로 나뉜다. 신시가지엔 카페와 상점이, 구시가지엔 레스토랑이 많다. 돌멩이로 보도를 깐 길이 쭉 펼쳐져 있다. 다리의 가장 멋짐 은 야경이다. 아래에서 불을 켜야 하는데 켜는 날이 정해져 있지 않다고 해서 '과연 오늘은 불이 들어올까?'란 기대감을 갖게 한다.

다리 아래로 까마득한 깊이의 협곡 밑바닥까지 닿은 거대한 다리가 정말 멋진 장관을 이루고, 그 옆에 펼쳐진 들판이 있어 장관이다. 구시가지의 골목골목은 아기자기함이 있어 걸으면서 보기를 추천한다. 론다에서 헤밍웨이가 머물며 그 유명한 '누구를 위해 종을 울리나', '무기여 잘 있거라' 등의 명작을 썼다고 하니 영감이 나오는 장소인가보다.

[그림23] 제페토 월드 '스페인 론다 여행' 맵으로 들어가기

[그림24] 제페토 월드 '스페인 론다 여행' 맵 둘러보기

(6) 미국편

미국은 북아메리카 대륙과 태평양에 위치한 연방제 국가이다. 세계 3위의 면적크기를 가진 넓은 국가라 미국 하나만으로도 볼거리들이 많은 나라다. 이민의 국가답게 전 세계 다양한 국가와 인종이 어우러져 사는 나라다. 그만큼 문화와 음식이 다양해 이 모든 것을 한 곳에서 경험할 수 있다.

① NEW YORK CITY CAFE(뉴욕 시티 카페)

뉴욕은 세계에서 가장 트렌디한 도시로 일컬어진다. 여행자들의 로망과 기대를 120퍼센트 충족시켜 주는 여행의 천국이라고 불린다. 거리의 카페에 앉아보자.

[그림25] 제페토 월드 '뉴욕 시티 카페' 맵 들어가기

[그림26] 제페토 월드 '뉴욕 시티 카페' 맵 둘러보기

② 뉴욕 아파트

뉴욕은 '엠파이어스테이트'로 대표되는 도시다. 너무 높아서 가까이에선 건물 모양을 알기가 어렵다. 102층 381미터의 높이니 멀리서 바라봐야 알 수 있다. 제페토 월드에서 구현된 맵에서는 창밖으로 보이는 야경이 아름답다. 여기에서 뉴요커가 되어보자.

[그림27] 제페토 월드 '뉴욕아파트' 맵 들어가기

[그림28] 제페토 월드 '뉴욕아파트' 맵 둘러보기

(7) 일본편

가깝고도 먼 나라 일본은 아시아 대륙 동쪽에 북동에서 남서 방향으로 이어지는 일본열도를 차지하는 섬나라다. 오키나와에서 홋카이도까지 남과 북의 뚜렷한 기후차로 아름다운 자연과 다양한 문화를 갖고 있다. 그래서인지 제페토 월드에는 다른 나라 보다 더 일본 관련 맵이 많다. 일본을 아는 방법은 편견을 없애고 다가가는 것이다. 입헌군주국인 일본을 어떻게 표현했는지 확인해보자.

① 일본월드

[그림29] 제페토 월드 '일본월드' 맵에서 자동차 탑승하기

[그림30] 제페토 월드 '일본월드' 맵 들어가기

[그림31] 제페토 월드 '일본월드' 맵 둘러보기

② 일본온천 맵

일본은 환경적인 영향으로 '온천'이 매우 많다. 약 3,000개 이상의 온천이 있다. 일본이나 아이슬란드 같은 나라는 거의 전 국토가 화산지대에 걸쳐있기 때문에 어지간한 동네에선 땅만 파도 온천이 나온다고 한다. 땅을 안 팠는데도 온천수가 지표면으로 흘러나와서 웅덩이를 이루고 있는 노천온천과 100도 이상의 물이 고압으로 부글대다가 가끔씩 수면 위로 펑펑 터지는 간헐천도 있다. 미네랄 성분이 많이 함유돼 피부건강과 피로회복에 좋기 때문에 온천이 있는 곳은 예로부터 관광지로 각광받았다.(출처 : 나무위키)

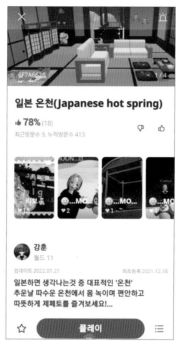

[그림32] 제페토 월드 '일본온천' 맵 들어가기

[그림33] 제페토 월드 '일본온천' 맵 둘러보기

2) 국내여행

(1) 한강공원

　제페토 월드 공식 맵이다 보니 아주 잘 꾸며져 있다. CU편의점 한강공원 점에 가서 간식을 구입해 루프 탑에 올라가 남산타워, 롯데타워를 배경으로 앉아보자. 헤라 팝업 스토어도 있다.

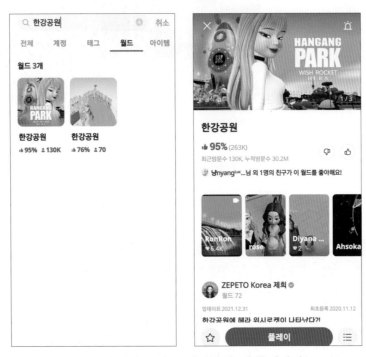

[그림34] 제페토 월드 '한강공원' 맵 들어가기

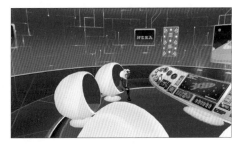

[그림35] 제페토 월드 '한강공원' 맵 둘러보기

(2) 경주 - 하하호호 경주월드

한국관광공사와 대한항공이 신라시대 역사와 문화가 살아 숨 쉬는 도시 경주를 구현했다. 야경이 아름다운 동궁과 월지, 첨성대와 천마총까지 아주 잘 꾸며진 월드 맵이다. 대한항공 포토 존에서 셀카도 찰칵해보자. 쿠폰을 구입해서 황리단길 가게에 가서 활용해보는 것도 추천한다.

[그림36] 제페토 월드 '하하호호 경주월드' 맵 들어가기

[그림37] 제페토 월드 '하하호호 경주월드' 맵 둘러보기

[그림38] 제페토 월드 '하하호호 경주월드' 맵 황리단길 소상공인 쿠폰

(3) 전주 8월의 크리스마스

전주를 검색해 보면 22개의 월드가 있다. 그 중 전주의 모습을 잘 담아낸 월드를 찾아 들어간다. 그 중에서 '8월의 크리스마스'는 전주시에서 코로나19 여파로 지쳐 있는 시민들이 아쉽게 지나간 지난해 크리스마스를 기억하며 한여름 밤 크리스마스 분위기를 만끽할 수 있는 장을 마련했다.

전주시 관광거점도시추진단은 현실세계와 플랫폼 '제페토'에서 동시에 진행했다. 제페토 내에 첫마중길과 한옥마을 등이 구성돼 있다. 이로써 미래 잠재 여행객들이 전주의 매력을 느낄 수 있도록 맵이 구현됐다.

[그림39] 제페토월드 '전주 8월의 크리스마스' 맵 들어가기

[그림40] 제페토월드 '전주 8월의 크리스마스' 맵 둘러보기

3) 우주로 떠나는 여행

(1) 화성여행

화성은 우주 탐사가 활발히 일어나는 행성 중 하나이다. 특히 화성에는 물과 미네랄 등 미생물 같은 생명체가 존재하기 위한 조건이 갖춰져 있어 거주와 여행에 대한 기대가 높다. 우주비행사가 아닌 민간 우주여행이 활발히 개발되고 있는 최근, 다른 행성으로 여행이 시작된다면 가장 여행이 쉬운 행성은 화성이다. 하늘을 향한 인류의 꿈이 개인에게 우리 같은 보통 사람들이 유인 화성여행을 할 수 있는 날도 이제 얼마 남지 않은 것 같다. 제페토 월드 내에서 하는 화성여행은 2070년 먼 미래에 있게 될 화성에 만들어진 테마파크다.

[그림41] 제페토 월드 '화성여행' 맵 들어가기

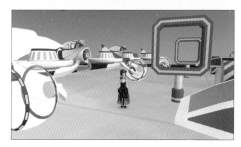 

[그림42] 제페토 월드 '화성여행' 맵 둘러보기

Chapter 2. 방구석에서 하는 메타버스 여행(랜선 여행) 날아가자! 제페토 월드의 세계로!! 85

(2) 우주여행

2021년 민간 우주여행이 8차례에 우주여행을 다녀온 민간인은 28명을 기록했다고 한다. 기술 자체는 있으나 천문학적인 재정적 문제 때문에 우주여행이 먼 미래의 일로 여겨졌으나 오히려 우주산업이 돈이 된다는 인식이 생기면서 우주여행을 연구하는 민간기업들이 생겨나고 있는 게 현실이다.

테슬라의 CEO인 일론 머스크가 설립한 민간우주업체 스페이스X가 추진하고 있는 우주여행 패키지 상품이 화성여행이다. 국제 우주정거장을 오가는 무인과 유인 우주선을 개발하고 2020년 유인우주선을 이용해 우주인 수송이 시작됐다. 한명은 수백만 달러를 지불한 억만장자와 그의 세 명의 손님들이 우주여행 첫 번째 관광객이 됐다. 앞으로 더 많은 사람들이 우주로의 여행을 하게 될 것이다.

[그림43] 제페토 월드 '신비한 우주여행' 맵 들어가기

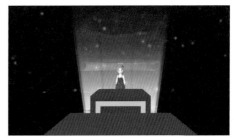

[그림44] 제페토 월드 '신비한 우주여행' 맵 둘러보기

4) 기타 자유여행

(1) 교실

학창시절로 돌아가 학교 교실로 떠나보자. 교실의 TV에선 영화가 나오고 복도에는 생각하는 의자에 앉아 벌을 서고 있다. 과학실에서는 실험도 할 수 있다. 요즘 학교를 이렇게 가볼 수 있어 느낌이 좀 남다르다. 다양한 상호작용을 통해 많은 걸 경험할 수 있다. CU교실 매점도 있으니 즐겨보자.

[그림45] 제페토 월드 '교실' 맵 들어가기

[그림46] 제페토 월드 '교실' 맵 둘러보기

(2) 스키점프

가장 익사이팅하고 흥미진진한 스키점프 맵으로 떠나보자. 스키장의 아름다움도, 점프를 하는 즐거움도 동시에 느낄 수 있는 곳이다. 파란색 아이콘이 뜨면 클릭을 한다. 카운터 뒤 점프를 시작하면 열심히 양손으로 화면을 사정없이 터치한다. 아주 빠르게 많이 터치할수록 점수는 높게 나타난다. 스키장 주변엔 조그마한 산장도 있고 매점도 있다. 스릴만점인 스키타고 힐링 해보길 추천한다.

[그림47] 제페토 월드 '스키점프' 맵 들어가기

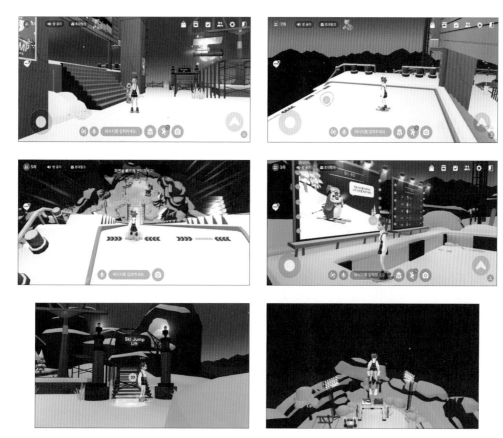

[그림48] 제페토 월드 '스키점프' 맵 둘러보기

　최근 코로나로 해외여행은 물론이고 국내여행도 힘들어졌다. 그러나 사람들은 계속 여행하기를 원하고 즐길 방법들을 찾아내고 있다. 실제 여행 같지는 않더라고 그런 기분을 느낄 수 있는 온라인으로라도 떠나보길 원한다. 그런 이유로 '랜선 여행'이 늘고 있는 게 현실이다.

　메타버스를 통한 세계여행과 국내여행을 할 수 있어서 위로가 된다. 여행을 다녀오신 분께는 추억을 선사하게 될 것이고 아직 가지 않은 곳에 대해선 기대감이 생기게 된다. 사전 답사 차원에서도 좋은 여행을 준비 할 수 있게 된다. 코로나가 만든 새로운 여행문화에 메타버스가 동참하며 좀 더 활발히 준비해야 한다.

　즐거운 여행의 시작과 끝은 언제나 즐겁다. 더 많은 세상으로의 여행이 이뤄지길 소망하며 다양한 월드(맵)들이 구현되길 바란다.

메타버스를 활용한
제조산업의 미래

김영호

Chapter **03**

메타버스를 활용한 제조산업의 미래

Prologue

저자는 제조업을 경영하면서 경험한 여러 문제점의 해결책을 고민하던 중 메타버스를 접하게 됐다. 특히 시제품이나 샘플을 생산할 때 외관이나 품질의 문제로 다시 폐기하고 재생산해 품질을 확보하는데 많은 시간과 돈을 낭비 했다. 제품을 생산하기 전에 저비용으로 보완해 보다 좋은 제품을 만드는 방법을 늘 생각했으며 메타버스를 활용하면 여러 번의 제품 디자인이나 성능을 수정해도 시간이나 비용이 거의 들지 않으며 제품의 품질 또한 획기적으로 개선돼 제품의 완성도가 높았다. 따라서 본문을 통해 메타버스의 유용함에 대해 좀 더 긍정적인 시각으로 접근이 이뤄지길 바란다. 뿐만 아니라 제조업을 경영하는 대표들은 필히 본 책을 꼼꼼히 읽어보면 분명 회사가 다시 한 번 재도약 하는데 메타버스가 큰 도움이 될 것이다.

1. 메타버스의 기원과 유형

1) 메타버스의 기원 및 정의

[그림1] 메타버스의 기원(출처 : Microsoft Bing)

메타버스(metaverse)라는 용어는 1992년 닐 스티븐슨의 소설 '스노우크래쉬'에서 처음 사용했다. '초월'이라는 의미의 '메타(meta)'와 '세계와 우주'를 뜻하는 '유니버스(universe)'의 합성어이다. 메타버스를 널리 알린 것은 스티븐 스필버그의 영화 '레디 플레이어 원'이다. 이 영화의 주인공은 현실에서 파트타임 피자 배달원이지만 메타버스 세계에서는 히어로이다.

영화 속에서는 '오아시스'라 불리는 가상세계가 나오는데 누구든 원하는 곳이면 어디든지 갈 수 있고, 상상하는 모든 것을 가상의 디지털 공간에서 실현할 수 있다. 메타버스는 3차원 가상공간에서 실제와 같이 생활하고 있으며, 직업적으로 금융활동을 할 수 있는 현실세계와 연결돼 있다. 여기서 현실세계를 디지털 기반의 가상세계와 연결시켜 가상공간에서 현실세계와 같은 활동도 할 수 있다. 메타버스 세계에서는 정치, 경제, 사회, 문화 등 현실과 가상이 서로 결합된 3차원 세계이다.

그러나 메타버스의 가상세계도 현실세계와 같이 여러 문제점이 발생하기 시작했다. 한때 인기를 얻었던 세컨드 라이프의 가상세계에서는 도박, 사기, 매춘 등 범죄가 발생해 사회적 문제로 대두됐다. 이 분야의 많은 전문가는 현실세계에서 규제하는 법을 가상세계에서도 똑같이 적용해 예방해야 한다고 주장하고 있다.

사이버 마약과 같이 현행법에 없는 새로운 형태의 예상하지 못한 범죄가 발생한 경우는 이러한 범죄를 통제하기가 거의 불가능한 상황에 놓여 있다. 가상세계의 경제 규모가 급속하게 성장하면서 가상화폐의 현금화에 대한 문제도 드러나기 시작했다. 가상화폐도 적법한 '노동의 대가'라는 측면을 간과하기 어렵다는 점이다. 현실세계에서는 여러 물건을 판매해 얻은 수익금과 불법으로 얻은 수익금은 완전히 다르게 취급하기 때문이다. 합법적으로 벌어들인 돈과 불법적인 수익금은 환수하거나 법적 책임을 물을 수 있기 때문이다.

가상세계는 아바타 의상을 판매해 얻은 수익금과 사행성 게임 등으로 얻은 수익금을 같은 가치라고 볼 수 있다. 그래서 가상세계에서 화폐가치를 정확히 구분하지 못하는 문제가 발생할 수 있다. 또한 가상화폐를 새로운 결제수단으로 인정할 것인지는 법과 제도권에서 인정하는 결과에 따라 가상경제 활성화라는 긍정적 효과가 발생할 수도 있다. 그러나 게임 중독 및 불법 거래, 탈세 등은 우려되는 상황이다.

현실과 사회경제적 활동이 비슷한 메타버스 가상세계 속에서는 기존 온라인 게임과 달리 가상현실을 실제현실과 혼돈해 게임중독의 가능성이 높다. 일부 사람은 현실세계에서 게임 중독 등으로 현실적응에 어려움을 경험하고 있거나, 가상과 현실을 구분하지 못하는 여러 문제가 발생할 수 있다.

메타버스는 고글과 이어폰, 시청각 출력장치를 이용해 접속하는 가상세계를 의미한다. 게임을 하고 있는 사람이 놀이공간과 가상세계에서 예산과 공간에 저촉 받지 않고 원하는 만큼의 집을 짓고, 공원도 만들고, 여러 건축물을 세울 수 있다. 또한 현실세계에서 자본과 토지의 제한으로 불가능한 것을 메타버스에서는 얼마든지 설치할 수 있다. 현실세계의 자연법칙이나 시공간 제한요소를 초월해 상상한 대로, 얼마든지, 원하는 만큼 만들 수 있다는 점에서 매력적이다.

코로나 19시대 메타버스가 출현하면서 서로 연결된 가상세계에서는 '다중가상세계' 또는 '멀티버스(Multiverse)'의 시대가 다가오고 있다. 최근 비대면 경제활동이 이뤄지면서 외부 활동이 제한되는 환경이지만 메타버스가 일상의 전반적인 분야에서 급속도로 확장하고 있다. 메타버스 플랫폼의 구성은 포트나이트(Fortnite), 마인크래프트(Minecraft), 로블록스(Roblox) 등이 있으며, 웹 2.0 시대의 새로운 비즈니스 모델이며, 3D 기반 인터넷 플랫폼으로 개발해 이용하고 있다. 우리나라는 네이버에서 제페토, SK는 이프랜드 플랫폼을 개발해 주목받고 있다.

2) 메타버스 4가지 유형

(1) 증강현실(Augmented Reality)

SF 영화에서 고글 안경을 쓰고 물체를 주시하면 물체의 정보가 떠오르는 것을 볼 수 있는데 이것을 '증강현실(Augmented Reality)'이라고 한다. 영화 '아이언맨'에서 비행경로를 설정하는 것이 바로 증강현실 시스템이다. '스카우터'와 '솔저 76'의 전술 조준경이 증강현실의 좋은 예이다. 대다수 첨단과학기술 분야는 증강현실 기술을 활용하고 있으며, 가장 적극적으로 활용하고 있는 분야는 군사 분야이다. 군용기 조종석에 장착되는 HUD가 있으며, 현재는 조종사 헬멧에 장착하는 HMD로 발전했다. 최근에는 자동차에 HUD를 필수 옵션으로 설치하고 있다.

[그림2] 증강현실(출처 : Microsoft Bing)

최근 스마트폰 앱을 사용한 증강현실 이용자가 늘어나고 있다. 스마트폰에서 OVJET 등 프로그램을 구동하면 카메라가 켜지고, 앞에 보이는 거리를 비추면 GPS나 네트워크에서 받은 정보를 바탕으로 현실의 사물에 겹쳐서 눈에 보이는 집과 거리의 명칭, 전화번호의 정보가 아이콘으로 나타난다.

실제 현실의 시각적 정보를 바탕으로 증강현실기술 개발이 이뤄지고 있으며 구현하기 위해 사용하는 기술이 바로 'OpenCV'이다. 일종의 라이브러리이며 PC 및 스마트폰 운영체제와 언어 인터페이스를 지원한다.

증강현실은 이미지 편집 프로그램은 영상, 이미지 처리 등 여러 가지 기능을 원활하게 지원하며 이를 실시간으로 처리해주고 있다. 증강현실은 현실세계에서 구현하기 어려운 점을 보완해주고 현실의 정보를 쉽게 확인할 수 있다. 가상현실이 플랫폼을 장착한 공간이라면, 증강현실은 이용자가 눈으로 보는 현실세계에서 가상현실을 보여주는 기술이다. 다시 말하면 가상현실은 모든 것이 가상이고, 증강현실은 현실세계와 가상세계가 혼합된 것이다. 또한 증강현실은 여러 가지 정보를 추가로 나타내며, 마이너리티 리포트 영화에서 나오는 컴퓨터 인터페이스가 증강현실의 좋은 본보기이다.

(2) 가상현실(Virtual Worlds)

'가상현실(Virtual Worlds)'은 '실제와 비슷하지만 실제가 아닌 가상환경'을 의미한다. 가상현실이라는 개념은 19세기(1852년)에 개발됐으며, 3D 디스플레이 기술의 기초이다. 1932년 헉슬리가 발표한 SF 디스토피아 소설 '멋진 신세계'에서 감촉영화라고 하는 가상현실이 등장했다. 이 영화는 단순히 시각적 몰입감에서 감각을 자극하는, 가상현실에서 보다 더 세밀한 내용이 등장했다. 미국의 SF 작가 스탠리 G. 와인바움이 1935년에 서술한 '피그말리온' 안경이라고 할 수 있다. 홀로그램 기술을 감각적으로 가상현실처럼 묘사했다.

[그림3] 가상현실(출처 : Microsoft Bing)

　세계 최초의 '가상현실 기술'은 1968년 미국 유타대학의 이반 서덜랜드가 '헤드 마운트 디스플레이(HMD)'를 연구하면서 진행했다. 또한 1969년 미국항공우주국(NASA)에서 아폴로 프로젝트를 추진하면서 우주인을 교육시킬 목적으로 상호작용 반응시스템을 개발해 가상현실의 기술발전을 앞당겼다. 가상현실에 대한 대중의 관심과 수요가 증폭된 시기는 2007년부터 3D게임의 그래픽카드가 급격하게 발전하면서 부터로 이때 온라인 게임이 엄청난 속도로 발전·성장하면서 가상현실 게임에 대한 수요가 증가했다.

　또한 2015년 기어VR, 2016년 오큘러스 리프트, 플레이스테이션 VR을 일반 이용자가 가상현실 주변기기로 구매해 활용하는 경우가 늘어나기 시작했다. 플레이스테이션 VR처럼 복잡한 센서를 설치하지 않고, 비싼 고성능 PC가 필요 없는 제품도 판매하기 시작했다. 그러나 가상현실에서 여러 문제점이 발생하기 시작하면서 국가가 개입하기 시작하자 개인의 욕구를 통제하는 것이 옳은 것인지 의문점을 제기했다.

　많은 이용자가 현실에서 충족되지 않는 자신의 욕구를 드러내지 않고 가상현실에서 충족하는 것을 원하고 있다. 자신이 원하는 기준은 사람마다 다르므로 국가는 가상현실에서 욕구를 해소하더라도 옳고 틀림의 기준을 제도화해, 이를 제도권 범위 안에서 이용하도록 하는 것이 바람직하다. 이러한 법률적인 제도 중 이용자의 욕구수준을 단순하게 규제하고 통제하는 것은 문제가 있다고 할 수 있다. 이용자에 따라, 가상현실에서 취향에 따라 다양한 종류의 욕구를 충족하는 것이라 볼 수 있다. 그러나 국가 차원에서는 현실세계에서 여가나 취미시간을 보내지 않고, 존재하지 않은 가상현실에서 여가를 보내게 되면 여러 가지 문제점이 발생할 것으로 판단하고 있다.

한편 국가의 이익을 위해 이용자 자신의 취미마저 포기해야 할 명분은 없다. 가상현실은 여러 종류의 욕구와 환경을 구현하는데 현실보다 비용과 시간을 절약하거나 더 많이 사용할 수 있다. 그러나 이용자가 가상현실에서 사람과 관계 유지와 감정표현 등을 축소시킴으로써 상호 무관심과 공감하지 못하게 되는 문제가 발생할 수 있다, 가상현실의 가장 문제가 되는 것은 현실도피의 문제라고 할 수 있다. 가상현실은 이용자가 원하는 것은 무엇이든 할 수 있고, 이루고 싶으면 모두 할 수 있어 현실을 거부하고 가상현실에 빠져 자기만의 동굴세계에서 살아가는 사람이 증가하는데 문제가 있다. 특히 정보화 기술의 발달로 현실과 가상현실이 구분이 안 되고, 몰입감이 배가돼 가상현실 세계에서 손쉽게 원하는 모든 것을 성취할 수 있어 현실 소외현상이 엄청나게 늘어날 것이다.

(3) 거울세계(Mirror Worlds)

'거울세계(Mirror Worlds)'는 현실세계를 있는 그대로 나타내는 것을 의미한다. 여기에 임의의 수치를 삽입 또는 가공하거나, 정보적으로 확장된 가상세계를 나타낸다. 거울세계를 나타내는 대표적인 플랫폼으로는 '구글 어스(Google Earth)'를 들 수 있다. 구글 어스는 전 세계의 어느 곳이라도 위성으로 촬영·수집하고 일정 기간마다 사진을 업데이트해 현실세계의 모습을 있는 그대로 보여주는 서비스를 제공하고 있다. 그래서 구글 어스는 가상세계와 현실세계의 몰입도를 증진시키는 매개체 역할을 할 것으로 보인다.

거울세계의 이용자는 가상세계를 플랫폼에서 접속해 현실세계의 다양한 정보를 얻어 가상세계에서 사용할 수 있다. 구글 어스는 구글이 서비스를 제공해 위성사진, 지도, 지형 및 건물 등 지구의 모든 지형정보를 제공하고 있는데, 위성이 선명하게 촬영한 지형영상 서비스를 제공하는 대표적인 것이 거울세계이다.

[그림4] 거울세계(출처 : Microsoft Bing)

네이버는 아바타를 활용한 제페토 플랫폼을 개발해 서비스하고 있다. 제페토는 전 세계적으로 3억 명이 넘게 사용하고 있으며, MZ 세대가 이용하는 국내 최고의 대표적인 메타버스 플랫폼이다. 네이버는 제페토에 이어 거울세계 플랫폼으로 메타버스 시장에 진출했다. '네이버 랩스'는 도시 단위의 디지털 트윈 데이터 '어라이크(ALIKE)'를 공개해 MZ 세대의 시선을 집중시키고 있다. 디지털 트윈은 실제 건물이나 도로 등 물리적 환경을 디지털로 구현하는 플랫폼으로 스마트시티, 자율주행, 서비스 로봇, 메타버스 등 산업계에서 널리 활용하고 있다. 어라이크의 특징은 항공사진과 인공지능(AI)을 활용한 도시의 3D 모델링, 지형 등 데이터를 통합해 구축할 수 있다는 점에서 메타버스 발전에 기여하고 있다.

이러한 어라이크 플랫폼은 제작기간과 과정을 단축할 수 있게 개발했다. 어라이크는 3D 모델을 보다 높은 정확도와 폭넓게 활용할 수 있는데, 모델별 제작순서 및 활용도를 살펴보면 어라이크 3D를 이용해 도시공간을 항공사진 3D 모델로 제작할 수 있다. 즉, 도시 전경을 스캔해 방대한 데이터 분량의 이미지를 사진측량 등 제작과정을 거쳐 어라이크 3D 도시 플랫폼으로 재탄생한다. 이 모델은 여러 도시환경 및 교통문제를 해결하기 위한 데이터로 활용할 수 있으며, 스마트시티 구축에도 필요한 데이터로 활용할 수 있다.

이러한 인공지능 기술로 노면부호나 차선정보까지 자동으로 구현할 수 있으며, 완성된 레이아웃은 매우 정교해 다양한 모빌리티나 도시 교통시스템 연구하는데 널리 사용하고 있다. 어라이크 HD는 자율주행 자동차를 위한 고화질 지도를 제작하는데 활용하고 있다. 이미 널리 사용하고 있는 MMS 중심의 HD 매핑 기술보다 제작기간을 훨씬 더 앞당길 수 있는 장점을 갖고 있다.

'에어비앤비(Air BnB)'는 2008년 8월 창업한 세계 최대의 숙박 공유서비스 업체이다. Air BnB는 집주인이 사는 방이나 집을 여러 사람이 임대해 사용하게 해주는 서비스를 제공한다. 개인이 소유한 아파트 등을 Air BnB에 등록하고 아파트가 필요한 다수의 사람에게 임대하는 서비스 방식이다. Air BnB는 개인이 소유한 집을 거울세계 메타버스로 구현했다. Air BnB는 개인 집을 임대할 사람과 임대를 원하는 사람끼리 연결해주는 사업을 추진했다. 이 업체는 전통적 호텔사업의 방식에서 벗어나서 거울세계 내 커다란 새로운 숙박세계 플랫폼을 구축했다.

'업랜드'는 구글 지도의 실제 부동산 정보를 바탕으로 거울세계의 부동산을 매매하는 플랫폼이다. 업랜드는 현실세계에 매핑 된 지구의 메타버스이다. 실제 부동산의 주인과 가상 부동산의 주인은 다를 수 있다. 가상현실의 부동산 거래가 현실세계의 소유권에는 영향을 전혀 끼치지 않는다. 업랜드의 거래는 유피엑스(UPX) 코인으로 거래가 가능하다. 업랜드의 화폐를 현실 화폐로 환전해주는 사업모델을 추진 중에 있으며, 거울세계에서 이뤄지는 경제를 현실세계 경제와 연결하려는 방식으로 개발하고 있다. 업랜드 화폐와 부동산 정보는 블록체인으로 보호하고 있으므로 안심한 거래라고 주장하고 있다.

'배달의 민족'은 고객이 앱에 접속해 주문한 제품을 배달해주는 서비스 업체인데 여기에 사용하는 플랫폼이 바로 거울세계이다. 현실세계에서 영업하는 전국의 수많은 식당에서 배달의 민족이라는 가상의 앱을 사용하고 있다. 메타버스 거울세계를 활용한 배달의 민족은 현실 속에 존재하는 식당 시스템에 큰 변화를 가져왔다. 이 중 하나가 '공유주방'이다. 공유주방은 여러 식당이 하나의 주방을 공유하며 각자 다양한 메뉴로 영업을 한다는 개념이다.

음식 배달서비스가 확대되면서 고객이 식당에서 식사하는 공간을 줄이거나 없애고, 배달만 전문으로 하는 식당이 늘어나기 시작했다. 음식점은 음식을 만들 수 있는 최소한의 공간만이 필요하게 되자 임대비 등 관리비 부담을 줄일 수 있다. 고객은 현실세계에서 거울세계를 통해 중개하는 사업 플랫폼이 제공하는 사용후기에 큰 영향을 받을 수 있다. 거울세계가 제공하는 후기나 평점은 현실세계에서는 존재하지 않은 확장된 정보인 셈이다.

'마인크래프트'는 블록과 도구를 이용해 자유롭게 활용할 수 있는 메타버스 기반의 게임이다. 원하는 대로 건축물을 짓고 자신의 세상을 만들 수 있다. 불국사, 경복궁, 에펠탑 등 다양한 관광 플랫폼을 개발해 활용할 수 있다. 마인크래프트는 가상의 지방도시를 만들어 온라인으로 누구나 자유롭게 여행하고, 활동하면서 체험할 수 있다. 지방도시의 공항, 관광명소 등 관광하고자 하는 도시에 랜드마크를 게임 속에 실현했다. 네이버는 2008년 1월 6일 위성사진 서비스를 제공하기 시작했고, 이어서 항공사진 '스카이뷰'와 국내 최초로 실제 거리를 파노라마 사진으로 촬영한 '로드뷰'로 다양한 교통 및 지역 정보를 제공하고 있다.

(4) 일상기록(Lifelogging)

[그림5] 일상기록(출처 : Microsoft Bing)

'라이프로깅(Life logging)'이란 자신의 삶에 관한 다양한 경험과 여러 정보를 기록하고 저장하며 공유하는 활동을 의미한다. 라이프로깅은 사물과 사람에 대한 일상적인 경험과 정보를 캡처하고 저장하고 묘사하는 기술이다. 이용자는 일상생활에서 일어나는 모든 순간을 텍스트, 영상 및 사운드 등으로 캡처해, 그 내용을 서버에 저장하고 정리하며 다른 이용자와 공유 한다.

센서가 부착된 스포츠 웨어를 네트워크 연결이 가능한 MP3 플레이어와 연동해 사용함으로써 운동거리, 소모 칼로리 등의 정보를 저장하고 공유하는 것이 라이프로깅이다. 라이프로깅 개념은 1945년에 처음 등장했다. 라이프로깅 관련 연구는 생활 밀착형 앱에서 이용자의 기억을 보조하는 데이터와 심리학, 사회연결망, 스토리텔링 등 광범위한 영역에서 응용해 사용하고 있다.

이용자는 카메라와 마이크를 내장한 다양한 기기의 보급으로 누구나 손쉽게 라이프로깅 서비스에 접근할 수 있다. 개인 선택에 따라 다양한 콘텐츠를 바탕으로 일상을 공유하는 틱톡, 인스타그램, 페이스북 등 소셜미디어 분야에서 이용자가 가상의 아바타를 이용해 게임과 엔터테인먼트까지 다양한 산업분야로 확대되고 있다.

'틱톡(TikTok)'은 중국기업 바이트댄스(ByteDance)가 개발하고 서비스를 제공하고 있으며, 영상을 제작해 공유할 수 있는 중국의 소셜네트워크 서비스(SNS)이다. 틱톡은 2016년 150개 국가 및 지역에서 75개의 언어로 서비스를 시작했고, 우리나라는 2017년 11월부터 서비스를 제공하기 시작했다. 동아시아, 동남아시아 지역은 싱가포르 지사인 틱톡 유한책임회사가 동아시아, 동남아시아 외 다른 지역은 국제형식의 틱톡 주식회사(TikTok Inc)가 서비스하고 있다.

'유튜브(YouTube)'는 2005년에 동영상 서비스를 개시했다. 전 세계에서 많은 사람이 한꺼번에 엄청난 수의 동영상을 올리다 보니 트래픽을 낮춰도 유튜브의 서버가 불안전했다. 이후 구글(Google)이 유튜브를 인수하고, 여러 절차를 보완해 2009년까지 적자를 보다가 2010년부터 흑자로 돌아섰다. 유튜브 홈페이지를 채널 구독화면과 카테고리 메뉴 구성도를 개선했다. 그러나 불필요한 빈공간이 많아 효율성이 떨어지자, 구독자가 화면에서 여러 화면을 확인한 후 영상을 볼 수 있는 숫자는 줄이고 스크롤을 넣었다. 이러한 과정을 거쳐 유튜브가 커뮤니티로써 기능을 강화했으며 자동으로 표시되는 다양한 광고 기능을 강화했다.

3) 메타버스를 활용한 제조산업 사례 및 미래 방향

(1) 자동차산업의 적용사례 및 미래 방향

독일 완성차 업체 BMW는 스페인 바르셀로나에서 개막한 '모바일월드콩그레스(MWC) 2021'에서 '포뮬러E' 경주용 전기차를 선보였다. BMW는 3차원 VR 메타버스로 만들어진 공간에 입장한 고객에게 헤드셋을 착용하고 전시된 차량을 간접 체험하게 했다. 1,100명이 동시 입장 가능한 차고에서 관람객은 차량의 여기저기를 살펴보고, 자동차 주행을 경험하고, 체험하도록 설계했다.

이탈리아 고급 스포츠카 브랜드 페라리도 내년에 출시 예정인 하이브리드 신차를 3D 게임 '포트나이트'에서 공개해서 화제를 모았다. 포트나이트 이용자는 차량을 이리저리 살펴보고 게임 속 세상 여기저기를 움직이며 운전체험을 할 수 있다. 실제 설계 및 제원으로 내·외장을 꾸미고 순간적으로 시속 100km에 도달하는 기능과 배기음향을 실제와 똑같이 그대로 살렸다. 센싱 기술이나 인공지능(AI)·빅 데이터 기술 등 첨단기술과 메타버스 기술을 혼합하면 빠른 시간에 차량주행 기능과 운전체험을 할 수 있다.

[그림6] 자동차 산업의 메타버스(출처 : Microsoft Bing)

글로벌 완성차 업계에서도 메타버스 기술을 활용한 차량시승이나 신차소개를 통해 미리 가상체험을 위한 가상현실(VR) 서비스를 고객에게 시작했다. 일본 완성차 업체 도요타는 MS 홀로렌즈2를 개발해 차량수리 진행을 단순화하고 있다. 실제 건물이나 공장을 현 상태 모습대로 가상공간에 만들어 놓고, '디지털 트윈'을 적용해 정비소를 구현했다. 현대 오토에버의 경우 3D 기반 스트리밍 플랫폼 '네오-트리다이브'를 공개했다. 이 플랫폼은 디지털 쇼룸, 카탈로그, 홍보를 3D로 제작해 주는 기능을 갖추고 있다. 고객은 웹에서 자동차나 전자기기 등을 제품의 옵션으로 교체해 보고, 이를 제품에 바로 적용하고 비교해 성능을 확인하는 체험이 가능하게 개발했다.

'코로나19' 여파로 비대면 생활이 오랫동안 지속되면서 메타버스가 이제는 홍보수단이 아닌 간접체험의 공간으로 활용되고 있다. 우리나라는 아직 기술적 한계로 완벽한 간접체험을 할 수 없는 실정이다. 그렇지만 정보화 기술의 급속한 발전으로 인지·판단·제어 등 첨단기술 등이 메타버스 기술과 결합하면서 가까운 미래는 현실과 똑같은 가상체험이나 시승이 가능할 것으로 예측된다.

현대자동차는 국내 대표 글로벌 메타버스 플랫폼인 '제페토'와 컬래버레이션으로 가상공간에서 쏘나타 N 라인을 시승할 수 있는 플랫폼을 선보였다. 메타버스 플랫폼인 제페토는 이용자의 아바타를 활용해 가상공간에서 친구와 소통하며 놀이, 쇼핑, 업무 등 다양한 재미 요소로 즐길 수 있는 플랫폼으로 개발했다. 이 플랫폼은 아무런 제약 없이 자유롭게 원하는 활동을 할 수 있다는 장점이 있어 전 세계 MZ 세대에게 관심을 많이 받고 있다.

쏘나타는 고품격 디자인과 앞선 우수한 기술력으로 제작된 차량이다. 쏘나타는 아바타를 메타버스 플랫폼에 등장시켜 잠재적 고객인 MZ 세대와 원활한 소통을 하면서 차량에 최첨단 이미지를 강화하고 선도적인 기술력을 갖춘 브랜드라는 이미지를 부각시켰다. 자신의 가상공간에 아바타를 영상과 이미지로 제작하고 편집할 수 있는 제페토의 비디오 및 포토 플랫폼은 MZ 세대가 공감하고 소통할 수 있는 자동차 콘텐츠 개발이 더욱 활성화할 것으로 많은 기대하고 있다.

현대차는 제페토에 우수한 콘텐츠를 제작한 고객 중 당첨자에게 선물을 증정할 예정이다. 우수한 상품성을 갖춘 쏘나타를 시작으로 MZ 세대가 주된 고객임을 고려해 가상세계 플랫폼까지 고객이 직접 경험하면서 공유했던 신기술을 선도하는 동시에 브랜드 이미지를 확실히 구축한다는 전략이다.

현대차는 향후 차종을 확대해 여러 가지 다양한 글로벌 플랫폼에 지속적으로 구축해 나갈 계획이라고 밝혔다. 또한 현대차의 로보틱스 비전은 이용자의 가상이동 체험이 혁신적으로 확장되는 '메타모빌리티' 즉, 사물에 이동성이 부여된 'Mobility of Things', 인간을 위한 '지능형 로봇' 등으로 명확히 구체화하고 있다. 메타모빌리티는 스마트 디바이스를 메타버스 플랫폼과 결합시켜 인류의 생활반경이 가상공간으로 이동성이 확장된다는 의미를 담고 있다. 이를 통해 이용자는 새로운 차원의 움직임을 경험할 수 있다.

가상공간에서 어떤 대상에서 행동을 취하면 현실에서는 로봇이 고객에게 서비스를 제공하는 것이다. 이는 마치 실제 현장에 있는 것과 똑같은 생생하고 뚜렷한 간접경험을 하게 된다. 현대차는 인공지능(AI), 자율주행 기술 등의 혁신기술로 미래 모빌리티 간의 경계를 허물고 자동차와 UAM 등 다양한 모빌리티가 메타버스 플랫폼에 접속하는 스마트 디바이스 역할을 충분히 해낼 것으로 기대하고 있다. Mobility of Thing 생태계는 로보틱스 기술로 모든 사물에 이동성을 부여해 플러그 앤 드라이브 모듈, 드라이브 앤 리프트 모듈 등을 공개하며 선보였다.

'지능형 로봇'은 지각 능력을 갖추고 인간이 외부환경과 상호작용할 수 있는 로보틱스 기술, 보스턴 다이내믹스(Boston Dynamics)의 스팟(Spot), 아틀라스(Atlas) 등이 있다. 현실의 '스마트 팩토리'를 디지털 세계인 메타버스에 그대로 옮긴 '메타팩토리(Meta-Factory)'를 구축하고, 공장운영을 고도화해 제조혁신을 추진하며, 스마트 모빌리티 솔루션 기업전환을 가속화 한다는 계획이다.

현대차는 실시간 3D 메타버스 플랫폼에 현실의 '스마트팩토리' 공장인 디지털 가상공장 '메타팩토리'를 구축하기로 했다. 물리적 사물과 현실세계를 디지털 세상에 똑같이 구현한 것을 뜻하는 '디지털 트윈(Digital Twin)'을 실제 공장과 동일한 쌍둥이 공장을 가상공간에 구축 한다는 계획이다. 현대차는 올해 말 싱가포르 주롱 혁신단지에 지상 7층 규모로 건립하는 HMGICS를 그대로 구현한 첫 메타팩토리를 도입해 건설 중에 있다.

향후 HMGICS 메타팩토리는 차량주문과 생산, 판매 등 자동차 생애주기 가치사슬 전반을 연구하는 스마트팩토리로 생산혁신기술 거점인 HMGICS의 운영을 보조하며, 제조시스템 혁신을 지원할 계획이다. 현대차는 메타팩토리 구축을 위한 메타버스 기술을 활용해 개선할 수 있는 제조현장 내 문제점을 수집 및 분석하는 업무를 수행한다. 현대차는 메타팩토리 도입으로 향후 실제 공장운영을 보다 고도화할 수 있을 것으로 판단하고 있다.

미래 자동차 정비 산업은 자동차 정비사가 메타버스를 이용해 컴퓨터나 노트북을 활용하지 않고 혼합현실(MR) 기기를 머리에 착용한 상태에서 차량 엔진을 점검한다. 눈앞에 실물 엔진 위에서 자동차 부품의 홀로그램 이미지가 겹쳐서 뜨고, 수리 매뉴얼을 보지 않고도 어느 부분에서 발생한 문제인지 빠르고 정확하게 확인해 조치할 것으로 기대하고 있다.

자동차 생산 공장 근무자는 기계 설비에 문제가 발생하면 화상회의 애플리케이션으로 기술자와 현장상황을 실시간 공유한다. 공장 기술자는 문제가 생긴 부분을 원격에서 파악하고 이를 해결하기 위해 홀로그램을 활용해 문제를 해결한다. 이러한 시스템은 고장 부분의 원인을 진단하고 문제를 해결하는 정비시간은 지금보다 훨씬 단축될 것이며, 정확성 훨씬 좋아져 고객만족 서비스가 크게 향상될 전망이다.

(2) 정보기술(IT)산업의 적용사례 및 미래 방향

LG전자는 가전업계 최초로 게임을 마케팅에 접목해 '올레드(OLED) 섬'과 올레드가 자체적으로 발광하는 특성이 있는데 여기에서 얻은 영감으로 '릿섬'을 만들어 대중에게 공개했다. 많은 게이머가 섬에 방문해 보물찾기를 하듯이 섬 안에 숨겨진 LG 올레드 TV를 찾으며 여러 가지 다양한 LG 올레드 TV 제품을 확인할 수 있다.

LG 전자의 메타버스 마케팅은 단순히 제품을 홍보하는 것에서 끝나지 않고 온라인으로 진행된 CES 2021 LG전자 프레스 콘퍼런스에는 혁신적인 이벤트를 진행했다. 지금까지 기존 행사는 자사 임직원이 연사로 등장하는 뻔한 시나리오가 아니라 앳되고 아름다운 '김래아'라는 여성이 화면에 나타났다.

[그림7] 정보기술(IT)의 메타버스(출처 : Microsoft Bing)

래아는 LG전자가 인스타그램에서 선보인 '버추얼 휴먼(Virtual Human)'이다. 그녀는 가상인간이지만 실제 인간과 전혀 구별할 수 없을 만큼 똑같은 외모를 갖고 있으며 인스타그램 팔로워가 무려 1만 3,000명이나 된다. 이처럼 LG전자는 다양한 메타버스 플랫폼을 활용해 혁신적인 가상세계를 구축했다.

LG전자는 막연하게 현실의 모습을 가상세계에 그대로 옮겨놓기만 하는 것이 아니라, 비대면 트렌드를 이끌어갈 다양한 콘텐츠와 고객서비스를 고객의 욕구에 맞춰 개발하고 있다. 또한 2021년부터 진행해 온 글로벌 기부 캠페인 'LG 컴 홈 챌린지(LG Come Home Challenge)', '동물의 숲'과 '포트나이트(Fortnite)'와 협업해 메타버스 플랫폼에서 고객 참여 형 방식으로 진행하고 있다.

'동물의 숲'은 많은 게이머가 'LG 홈 아일랜드(LG Home Island)'에 접속해 의류 관리, 가전제품 존 등 LG전자의 다양한 가전제품을 쇼핑할 수 있는 공간을 구축했다. 고객은 게임 속 '해비타트 존'에서 촬영한 인증 샷으로 해시태그를 해 본인 SNS에 게시하면 공동기부에도 참여할 수 있다.

LG는 인간생활에서 에어컨, 세탁기, 건조기, 냉장고 등 가전제품이 인간에게 건강한 삶과 편안한 삶에 도움을 주는 가전으로 이벤트 미션을 구축하는 행사를 진행했다. 메타버스의 관건은 '현실감'과 '리얼함'이다. 현실에서 이질감이 들지 않도록 가상공간을 현실과 똑같이 구축했는지에 따라 성패가 달려있다.

플랫폼에 셀이 보이는 아바타의 수준을 넘어 진짜 사람과 똑같은 외모뿐 아니라, 개성 있는 성격까지 갖춘 가상의 인물인 '버추얼 휴먼'을 만들어 대중에게 선보였다. 최근 그 존재가 진짜냐 또는 가짜냐 하는 논쟁이 무색할 만큼 매력적이고 아름다운 버추얼 휴먼을 등장시켜 인기를 높이고 있다.

세계적인 반도체 기업 엔비디아는 개발자 대회에서 GTC에 맞춰 전 세계 기자간담회를 열고 메타버스 기술을 공개했다. 엔비디아는 그래픽칩, AI를 넘어선 종합 컴퓨팅 회사로 '하드웨어뿐 아니라 소프트웨어와 AI를 포함해 매우 복잡한 현실세계 문제를 컴퓨터로 해결하고자 했다. 엔비디아는 소셜 플랫폼으로 메타버스를 이용하려는 기업이 아니라, 기술 인프라스트럭쳐 비즈니스를 활용해 완성단계에 접근했다. 지금까지 엔비디아는 'AI 회사'라고 평가를 받아왔으나 이번 기회를 활용해 메타버스와 같은 실제 적용사례를 창출한 회사로 도약했다.

엔비디아가 발표한 기술은 3차원 가상현실(VR)을 만들 수 있는 '옴니버스!' 자연재해와 같은 대규모 재해 상황을 AI로 분석할 수 있는 '모듈러스', 3차원 아바타 '토이−미(Toy−Me)', 대규모 언어신경망 AI 모델 '메가트론' 등을 들 수 있다. 이와 같이 메타버스 기술은 일반 기업들이 손쉽게 메타버스를 구축할 수 있도록 지원하는 플랫폼 옴니버스다.

옴니버스는 현실을 컴퓨터 속으로 복제한 3차원 디지털 트윈의 기업용 소프트웨어 도구인데 연간 사용료는 9,000달러로 이용할 수 있다. 현재 유럽 통신장비 회사 에릭슨은 옴니버스를 활용해 스웨덴 스톡홀름에 5세대(5G) 네트워크 중계기를 설치하기 위해 작업 중이라고 했다. 엔비디아는 지구에서 일어나는 대규모 자연재해를 가상세계에서 메타버스로 구축하도록 지원할 예정이다. 폭풍, 화재, 같은 대규모 자연재해를 실시간으로 분석하기 위해 AI를 활용하고, 과학자가 편리하게 이용할 수 있는 플랫폼을 제공한다는 것이다.

또한 3차원 아바타에게도 이목이 쏠렸다. 엔비디아는 CEO의 모습과 같은 '토이-미'라는 아바타를 선보였다. 메타버스 대중화를 위해 많은 사람이 사용할 수 있는 옴니버스 제품을 무료로 제공할 예정이다. 공장, 로봇, 자동차, 창고를 디지털 트윈으로 구동할 수 있고, 가상세계를 시뮬레이션하고 연결할 예정이다.

삼성전자는 CES 2022 개막과 함께 이용자가 온라인에서도 행사를 함께 즐기고, 다양한 제품을 많이 체험할 수 있는 아주 특별한 경험을 마련했다. 이제는 낯설지 않고 익숙한 가상세계인 '메타버스(Metaverse)'! 어느덧 하나의 유행을 넘어 미래 트렌드로 자리매김하고 있다.

비대면 커뮤니케이션 방식이 다양한 모습으로 발전하며 메타버스를 활용한 새로운 산업과 사회·문화적 가치를 창출하고 있다. 메타버스 플랫폼을 다양하게 활용하는 MZ 세대는 디지털 공간을 이용해 현실과 다른 자신만의 정체성을 가상공간에서 표현하고, 적극적인 소통을 하면서 또 다른 가상세계를 확장해 가고 있다.

갤럭시 스마트폰 시리즈와 삼성 라이프스타일 TV를 활용해 직접 사진 촬영할 수 있는 '포토 부스', 점프게임을 즐기면서 갤럭시 스마트폰 시리즈를 현실감 있게 체험할 수 있는 '갤럭시 하우스', 삼성 라이프스타일 TV 제품과 로고 브랜딩 아이템을 활용해 아바타를 꾸며보는 '의상 아이템'이 있다. 이용자가 이러한 플랫폼을 활용해 다양한 카테고리로 융합할 수 있는 프로젝트는 삼성만의 독특한 메타버스 플랫폼을 구축하고 있다.

삼성전자는 이용자 자신의 독특한 라이프스타일을 찾아가는 노력을 돕고 있다. 5G 상용화에 따른 정보통신기술 발달과, 코로나19로 인한 비대면 소통문화가 주목을 받고 있다. 앞으로 메타버스는 많은 소프트웨어 개발자 역할이 기대되는 분야이다. 직원모집은 메타버스 플랫폼을 활용해 구직자 면접절차를 거쳐 채용한다.

삼성전자는 2021년도 신입사원 채용에서 MZ 세대 구직자와 적극적인 의사소통을 하고, 메타버스 플랫폼을 이용해 '일대일 직무상담'을 실시했다. 사업부별 직무 소개영상을 시청할 수 있는 등 다채로운 프로그램과 메타버스 플랫폼에서 갤럭시 팬 파티 '폴더블 데이'도 선보였다.

My House 월드 맵은 제페토에서 처음 시도하는 공간 꾸미기 플랫폼이다. 이 플랫폼은 단순한 가구와 가전 배치가 아니라, 이용자가 공간사용을 꾸밀 수 있는 무한한 상상력과 창의력을 보다 자극할 수 있는 앞서간 메타버스 이용과 가치공유를 경험하게 해준다.

예쁜 가전과 가구를 배치하고, 다양한 소품을 배치해 집안 분위기를 바꿀 수 있다. '집 꾸미기' 플랫폼은 필요해 활동하는 것이 아니라 하나의 취미생활로 자리 잡고 있다. 이용자가 많은 시간을 보내고 있는 공간에서 삶의 질을 높이고 나만의 개성과 취향을 발휘해 세상에서 단 하나뿐인 나만의 공간을 꾸미기 플랫폼인 것이다.

애플은 MR 헤드셋 시장에 진출해 페이스북과 경쟁할 것이라고 내다봤다. 애플의 사업영역과 이용자 성향은 페이스북 이용자와는 다소 차이가 있다. 2022년에 애플은 혼합현실(MR) 헤드셋 시장에 진출했다. 애플은 MR 헤드셋을 고액으로 판매하지 않을 것이며 첨단 프로세서와 디스플레이, 센서기술을 탑재한 아바타 기반(avatar-based)의 기능을 지원할 것으로 알려졌다.

애플의 MR 기기는 초고화질 8K 영상을 지원하며, 8K 영상을 완전히 구현할 수 있는 전문가용 컴퓨터 맥을 선보이기도 했다. 애플이 AR 기술개발을 진행한다는 예측이 떠돌아 많은 사람이 기대하고 있다. 애플이 AR/VR 공간개발을 위한 환경조성의 필요성을 분명히 인지하고 있는 만큼 애플은 AR에 집중하고 있다.

시장 전망은 낙관적이며, 개발자 생태계를 조성하고 애플의 독특한 하드웨어와 소프트웨어 제품을 활용할 것으로 내다보고 있다. 또한 접근성 기술을 활용해 일하고, 배우고, 생활하는 생산적인 가상공간을 만들어 시장에 내놓을 것으로 보고 있다.

그동안 애플이 메타버스 경쟁에서 유리한 점이 많은 것으로 알려져 있다. 애플은 오래 전부터 게임에서 활용하는 플랫폼을 만들어 왔고, 최고경영자가 AR 기술에 대한 기대를 밝힌 이유도 들 수 있다. 애플은 하드웨어와 소프트웨어 판매, 앱 스토어 수수료로 수익을 창출할 수 있다. 또한 AR과 관련해 앱 스토어 수수료에서 엄청난 수익이 창출할 것으로 보인다. 일부 앱 개발자가 앱스토어 수수료 계약관행을 바꾸기 위해 애플과 분쟁을 벌이는 이유도 여기에 있다. 메타버스 시장 지분을 차지하기 위한 치열한 싸움이 이미 시작됐다.

마이크로소프트(MS)는 메타버스의 화상회의를 출시할 예정이다. 최고경영자는 모든 기업이 서로 협력하고, 인공지능의 도움을 받아 현실세계와 가상의 디지털 세상을 자유롭게 넘나들 수 있어야 함을 강조했다. MS사는 메타버스와 인공지능을 포함한다는 비전을 밝혔다.

최고경영자는 변화의 흐름을 내다보고, 사람이 일하는 방식과 모든 비즈니스가 디지털로 결합될 것이며, 여기에서 사이버 보안의 중요성을 강조했다. MS가 최근에 발표한 '메시 포 팀스', 화상회의 '팀스'에서 3차원 아바타 '메시'를 결합시켜 중요 고객에게 이러한 변화에 적극 대응할 수 있게 다양한 서비스를 제공하겠다고 밝혔다.

MS는 현재 가장 강력한 자연어 처리 인공지능 모델인 'GPT-3'를 자사 클라우드 서비스에 포함시킨다고 밝혔다. GPT-3는 1,750억 개의 변수를 학습한 상태이며, 각종 언어 번역을 포함해 스스로 소설을 쓸 수 있는 수준으로 알려졌다. 이 인공지능 서비스는 축구경기에서 나오는 해설자의 코멘트를 입력한 후 그 중요도별 수준을 분석하고 요점 정리해 블로그 형태 콘텐츠를 스스로 만들어 낼 수 있는 능력을 갖추고 있다. 인공지능이 한 경기의 핵심을 정리해 기사 형태로 출력해 줄 수 있는 기능으로 최적화한 것이다.

메타(페이스북)가 게임, 피트니스, 소셜 기능 등과 같이 이용자를 늘리는 차원에서 메타버스에 집중하겠다고 밝혔는데, MS는 기업에게 화상회의, 협업도구, 클라우드 서비스를 메타버스에서 활용할 수 있도록 구현한다는 것이다. MS는 MS직원에게 3차원 렌더링 소프트웨어 메쉬를 적용한 화상회의 도구인 팀스를 활용한 사례를 소개했다.

MS와 엑센추어는 이미 수년 전부터 '알트스페이스 VR'이라는 3차원 서비스를 활용해 N층이라는 가상공간을 만들어 직원에게 프레젠테이션 등으로 활용하고 있다. 그리고 코로나 시대에 엑센추어는 매년 10만 명 이상 입사하는 신입사원의 직무교육에서 'N층'이라는 제품을 사용했다. MS사 주요 고객인 세계 유명기업이 메타버스 솔루션을 활용해 생산성을 높이는데 기여하겠다고 밝혔다.

이와 같이 MS는 2차원, 3차원 아바타를 활용해 화상회의로 다양한 업무를 수행하는 '메쉬 포 팀스 제품'을 곧 출시할 예정이다. 세계적인 정보기술(IT) 기업이 잇달아 차세대 소비자 수요에 적합한 메타버스 플랫폼을 개발하고 있다. 우리나라 정부 및 지자체, 시장조사기관과 투자기관 등도 메타버스에 투자하면서 점점 시장에 활기찬 변화가 시작됐다.

(3) 조선 산업의 적용사례 및 미래 방향

국내 조선업계는 업무 전반적으로 AI, 빅 데이터 등 디지털 첨단기술을 도입해 '스마트 조선소' 전환에 빠른 속도를 내고 있다. 조선업은 비규격 화된 대형제품을 만드는 조선 산업 특성상 제조공정이 무척 복잡해 운영 자동화에 제약이 많은 업종이다. 스마트 조선소 전환 정도에 따라 가격경쟁력에 큰 영향을 미칠 전망이다.

현대중공업그룹의 조선 지주사인 한국조선 해양은 올해 디지털 트윈기술을 선박에 접목시킨 세계 최초의 LNG 운반선 사이버 시운전 솔루션에 관해 영국 로이드 선급으로부터 기본승인을 획득했다. 해상에서 이뤄지는 고비용의 시운전 기간을 줄이면 건조비용을 최대 30% 절감할 수 있다고 밝혔다. 조선소는 '2023년까지 한눈에 보면서 제어가 가능한 조선소를 구축하고, 2026년까지는 설계·생산이 결합된 예측가능한 조선소를 구축할 예정이다.

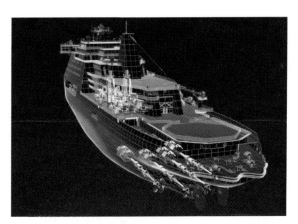

[그림8] 조선산업의 메타버스(출처 : Microsoft Bing)

2030년부터 지능형 자율운영 조선소를 최종 목표로 하고 있다. 디지털 트윈기술을 이용하면 가상의 사이버 공간에서 실제 선박의 해상 시운전 상황과 동일한 환경을 구축해 LNG 운반선의 2중 연료엔진, 연료공급 시스템 등 핵심설비의 성능을 검증할 수 있는 시스템을 갖추게 되는 셈이다.

이때 IT기술을 접목한 스마트 조선소를 구축하면 효율적이고 안정적인 생산체계와 안전한 야드를 조성하게 되므로 안전사고도 현저하게 줄일 수 있다고 한다. 현대중공업 그룹 계열사인 현대두산인프라코어는 게임엔진 개발사인 '유니티'와 합작해 가상의 건설공정을 구현하는 '시뮬레이터'를 개발하고 있다.

여기에 적용하는 '디지털 트윈기술을 활용하면 굴착기를 비롯한 다양한 건설기계가 작업하는 건설현장의 여러 요소를 있는 그대로 가상환경으로 옮겨 실제작업을 할 수 있다. 이러한 시스템을 갖추면 작업관리의 효율성을 현저하게 높이고, 공정오류와 안전사고 가능성을 사전에 미리 확인해 보다 정교하고 빠른 건설 작업을 할 수 있다. 이는 현대두산인프라코어의 미래 건설현장 솔루션 콘셉트-엑스 구축을 위한 핵심요소 기술이라고 한다.

실제 상용화 첫 단계인 스마트 관제 솔루션 '사이트클라우드'를 내년 국제전자제품박람회에서 선보인다고 밝혔다. 사이트클라우드는 건설현장을 드론 촬영해 3차원으로 정밀분석한 후 토공 작업 효율성을 높이는 국내 유일의 플랫폼이다. 토공 시 물량분석부터 토공계획 및 관리환경을 산출하고, 5G기반의 건설기계 원격제어 기술과 반자동화 기술을 결합해 현장시공을 완벽히 수행하는 방식이다.

현대두산인프라코어는 새로운 제품을 사전에 테스트할 수 있는 가상현실(VR) 기반연구를 활발하게 진행하고 있다. 굴착기 개발과정에서 불필요한 작업과 불합리한 물리적 단계를 현저하게 줄이고, 예상되는 문제점을 사전에 검증과 분석과정을 시뮬레이션하는 등 효율적인 시험과 분석을 할 수 있는 시스템이다.

또한 현대건설기계는 최근 해외 딜러를 대상으로 메타버스 플랫폼을 활용한 글로벌 콘퍼런스를 개최했다. 코로나19 등으로 딜러를 대면하기 힘들어 미리 구축한 가상공간에서 딜러에게 개인 아바타를 활용할 수 있게 시스템을 구축했다. 가상공간에서 열린 이번 콘퍼런스에서 50톤(t) 굴착기, 52t 굴착기 등 대형 굴착기와 연비 및 편의성을 높인 9시리즈 휠로더 장비를 최초로 선보였다. 가상 로비공간에서 52t 굴착기를 3D 시스템으로 시연했다.

건설 환경에서 메타버스를 결합해 작업하는 사례도 증가하고 있다. 국내 건설기계 시장 점유율 3위인 볼보그룹코리아는 창원 연구개발센터에 5억 원 규모의 멀티 콘퍼런스 룸을 구축해 작업기계에 무인기술을 실제 적용하기 전에 가상환경에서 다양한 테스트해 불량률을 낮추고 고품질의 제품을 생산한다.

삼성중공업은 2019년 '스마트 SHI로 명명한 디지털 전환 전략계획을 수립하고 스마트 생산, 스마트 설계, 스마트 워크 등 3대 디지털 혁신과제를 중점적으로 추진 중이다. 본 프로젝트는 조선소 내 설치된 초고속 무선망을 바탕으로 다양한 모바일 시스템을 적용해 연간 133만장의 도면 출력에 소요되는 비용을 최소화하는 작업이다.

블록 조립공장에서 자동 용접로봇 적용을 확대하고, 실시간 용접실적과 품질 데이터를 관리하는 통합 관제로 생산성의 효율을 혁신적으로 높이고 있다. 사물인터넷(IoT), 데이터 자동화 기술 등을 활용한 생산체계 지능화 시스템으로 반복하고 있는 사무자동화의 생산성을 높이고 있다.

또한 삼성중공업은 이미지 인식, 텍스트 분석 등 인공지능(AI)과 로봇 프로세스 자동화 기술 적용을 확대하고 있다. 이어 2022년까지 스마트 SHI를 완성하고 견적, 설계, 구매, 생산정보처리과정을 실시간으로 공유해, 업무영역의 자동화를 확장함으로써 임직원이 새로운 가치창출 하는데 시간을 더 활용할 수 있게 한다는 방침이다.

조선소의 모든 정보를 첨단 IT기술로 처리하는 디지털 트랜스포메이션인 '스마트 SHI'의 최종 목표이며, 이러한 절차를 거쳐 초 격차 친환경 기술과 함께 삼성중공업의 지속가능 경영과 지속가능 성장을 실현할 강력한 경쟁력을 갖춘다는 계획이다.

대우조선해양은 디지털 생산센터를 열고 스마트 조선소로 전환속도를 내고 있다. 디지털 생산센터는 '스마트 생산관리센터'와 '스마트 시운전센터'로 구성했다. 디지털 생산센터는 그동안 각 공장과 선박 공정률, 블록이동 등을 별도로 모아 공유해야 활용할 수 있었던 각종 생산정보를 실시간 공유해 빠른 의사결정을 돕고 있는 플랫폼이다. 또한 기상상황 등 생산에 영향을 주는 불확실성에 대한 예측과 시뮬레이션으로 위험요소를 사전에 감지해 대응할 수 있어 고품질의 생산과 안전사고를 줄일 수 있는 시스템을 갖추게 됐다.

스마트 시운전센터는 대우조선해양이 건조하는 모든 시운전 선박의 장비별 성능, 연료소모량, 문제점 등 모든 운항정보를 수집해 실시간 모니터링하고 기술지원을 하고 있다. 이러한 과정에서 기술 인력이 직접 승선하지 않아도 업무수행이 가능한 시스템 구축으로 비용절감을 현저히 줄여나가고 있다. 스마트 시운전센터는 실제 선박과 동일한 환경으로 제작된 가상현실(VR) 선원교육도 제공하고 있다. 이 시스템은 선원이 새로운 장비사용법에 시행착오나 어려움을 겪지 않고, 선박운항 중 발생할 수 있는 인적·물적 안전사고를 사전에 예방할 수 있는 시스템을 구축한 셈이다.

또한 선주는 고객과 미팅 자리에서 태블릿PC를 활용해 가상의 배가 나타나면 선박에 적용 가능한 운항체계와 세부정보 등 항해사가 원하는 사양을 직접 확인해 선택할 수 있다. 선박 기관실 장비도 같은 방식으로 확인해 조작할 수 있으며, 승무원이 선박에 가상 승선해 탑재된 주요장비에 대한 작동 및 정비절차를 손쉽게 파악할 수 있다.

선박제조 생산현장에서는 더욱 진가를 발휘할 수 있다. 건조 중인 선박의 기본정보와 건조공법, 장비작동 가이드 및 유지보수 등 주요정보를 현장에서 직접 확인할 수 있다. 건조 중 반복되는 여러 문제와 위험요소에 대한 재발방지 및 예방활동을 신속하게 처리할 수 있어 안전사고 예방과 건조비용을 크게 절감할 수 있다.

이와 같이 디지털 전환을 가속화하는 가운데 혼합현실 플랫폼 개발은 미래 경쟁력을 더욱 높여 줄 전망이다. 디지털 플랫폼 기반 통합솔루션은 선박건조·운용·영업 활동에서 모두 사용할 수 있는 시스템으로 향후 영업경쟁력 강화와 새로운 부가가치를 창출하는데 도움이 될 것으로 기대하고 있다.

또한 중장기적으로 빅 데이터, 인공지능, 사물인터넷 기술 등을 활용한 'DX전략'을 추진하고 있다. 스마트 십, 스마트 야드 등 전사적인 측면도 디지털 화를 추진할 예정이다. 대우조선해양은 실제 특수선박과 혼합현실 시스템으로 구축한 가상선박을 비교분석하며 건조작업을 진행하고 있다.

새로운 선박 건조기술은 특수선박 분야를 건조하면서 영업, 설계, 생산, 유지보수 과정 등 기술 전수를 위해 승조원 교육훈련까지 실제 특수선박과 동일한 가상환경을 구현함으로써 선박회사의 경쟁력을 한 단계 더 높이는 기회가 될 것으로 보고 있다.

(4) 플랜트산업의 적용사례 및 미래 방향

SK에코플랜트가 친환경 분야에 혁신기술을 가진 디지털 인재중심으로 스타트 업을 발굴하기 위해 'SK Eco Innovators Y21'를 모집하고, 선발된 스타트업과 피칭대회인 'SKIL(SK Innovation Lab) 데모데이'를 진행했다. 피칭대회는 스타트 업 창업자와 투자자가 한자리에 모여 즉석 사업계획을 전달하고, 투자를 평가하는 행사이며, 메타버스 내 스타트업의 가상 전시부스를 조성해 심사위원과 투자자가 직접 관람할 수 있는 시스템이다.

데모데이 행사는 메타버스를 활용한 가상현실 '에코월드'와 유튜브 라이브로 진행했다. 진행절차는 친환경 게임 체험공간을 조성해 참여자가 친환경 게임을 즐기고, 여기에서 획득한 에코 코인은 에코 트리에 기증하며 나무를 함께 육성하는 이벤트 순이었다. 또한 SK 에코플랜트는 네이버 제트가 운영하는 증강현실(AR) 아바타 서비스인 제페토 등의 메타버스 플랫폼을 이용해 SK 에코플랜트 맵 구축작업을 검토하고 있으며 메타버스를 활용한 플랜트 기업의 첨단화가 어디까지 진행될지 주목된다.

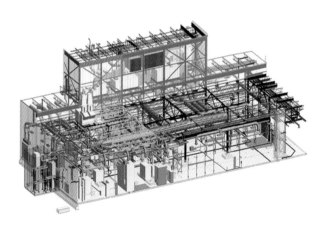

[그림9] 플랜트산업의 메타버스(출처 : Microsoft Bing)

두산중공업은 풍력 발전기를 활용한 사례가 대표적이다. 두산은 마이크로소프트 애저 디지털 트윈을 활용해 풍력 발전기의 전력생산 효율성에 대한 최적화 분석을 포함한 유지보수 측면에서 예지정비가 가능한 기반을 마련했다. 또한 신재생에너지 발전효율을 최적화하고자 '애저 디지털 트윈'과 '애저 IoT'를 토대로 벤틀리시스템즈의 아이트윈 솔루션을 적용하고, 아이트윈 3D 모델을 애저 디지털 트윈과 IoT 허브로 결합했다. 이러한 과정에서 성능감시를 할 수 있는 '퍼포먼스 와치독'과 전력예측 솔루션인 '파워 프리딕션'을 구현해, 미리 '에너지 발전량 예측 시스템'을 개발해 운영하는 계획을 추진하고 있다.

삼성엔지니어링은 인공지능(AI)을 활용한 '설계문서분류모델'을 개발했다. 삼성이 자체 개발한 AI 설계 요구사항을 반영해 개발한 문서분류모델은 예측범위가 넓어, 여러 경우의 수를 분석하기 쉽고 정확도가 매우 높은 것으로 알려졌다. 특히 '룰 기반 프로그램'을 개발하는데 3-4개월의 시간이 소요됐으나, AI 모델은 이보다 약 3-4배 빠른 1개월 만에 개발했다고 밝혔다.

삼성엔지니어링은 AI 모델을 개발하면서 화공플랜트 설계 요구사항 관련 데이터를 디지털 화 했다. 엔지니어가 보유하고 있던 영역별 데이터를 단일 웹 기반 환경에 통합·수집한 후 단일의 데이터베이스에 저장했다. AI 모델 개발에 걸린 시간은 30시간 정도가 소요됐다. 이 작업은 매스웍스의 매트랩 솔루션을 이용했다.

삼성이 개발한 이 AI 모델은 화공플랜트 설계도면에 작성된 설계 요구사항이나 노트의 내용을 분석해 담당 영역별로 노트를 전달하는 모델이다. 이 모델은 수백 개의 설계 P&ID 도면의 설계 요구사항이나 노트를 AI가 분석해 공정, 배관, 제어, 토목, 건축 분야로 분류절차를 거치는 시스템이다. 이 요구사항 노트는 AI가 분류하면서 설계 담당 엔지니어가 필요한 요구사항을 분석-분류-전달하는 절차를 생략했다. 이 AI 모델은 그동안 화공플랜트에 사용해 왔던 프로그램과 비교하면 정확도와 엔지니어 판단수준이 높고, 분류 및 예측범위가 매우 정교하면서도 폭넓은 시스템으로 알려졌다.

현대엔지니어링은 새로 정립한 조직문화 슬로건 'Engineers Playground'와 조직문화 코드 자율, 협업, 수평, 도전을 선포하고 행동규범에 대한 홍보영상과 온라인 선포식 행사를 메타버스(Metaverse) 플랫폼인 온라인 홍보관을 개설했다. 메타버스 플랫폼인 게더타운 가상공간에 본사와 똑같이 재현해 현대엔지니어링 역사, 조직문화 및 제안 게시판 등 이벤트를 구축했다.

국내 및 해외 현장에 근무하는 임직원도 이 플랫폼에 접근해 새로운 다양한 조직문화를 체험하고 활용하는 편익을 제공했다. 현시대가 요구하는 경영환경이란 급변하는 외부환경과 패러다임 등 다양한 환경변화를 고려했고, 임직원의 비대면 업무를 효율적으로 지원하기 위한 재택근무 시스템, MZ 세대에 맞는 조직구성원의 취향을 반영했다.

삼성물산은 VR를 이용해 안전 가상훈련 프로그램인 스마티를 구축했다. 국내외 모든 현장에 스마티 프로그램을 도입 중에 있으며 모든 현장에 적용하는 것을 계획하고 있다. 스마티는 이론교육에서 벗어나 실제와 같은 현장에서 장비 운전기사, 유도자, 신호수가 가상훈련 교육프로그램을 활용해 장비 운전과정 중 사고의 위험요소를 찾아내어 이를 현장에서 예방하는 절차를 체험하는 시스템이다. 모든 행사참석자는 관련 영상을 반복 시청함으로써 교육효과를 극대화하고 작업구성원이 현실에서 실제 작업할 때 위험요소를 파악해 위험상황에 대처할 수 있는 간접체험을 실시했다.

스마티는 공사현장에서 일어날 수 있는 다양한 여러 유형별 안전사고 시뮬레이션 프로그램을 저장하고 있다. 이 프로그램은 작업 종류에 따라 공정과 장비의 종류별 사고 시나리오를 구성하고, 실제 안전사고가 일어났던 현장작업 상황과 거의 유사한 환경을 조성해 작업자가 현장에서 직접 체험하는 사고예방 플랫폼을 구축했다. 지금까지 실제 일어났던 사고기록, 현장별 장비현황 및 교육결과 데이터를 모두 수치화해 분석절차를 거쳐 현장별 특성과 공정에 따라 고위험 작업을 분리-예측-관리하는 플랫폼도 구축했다.

4) 메타버스를 활용한 제조산업의 미래 발전 방향

제조업에서 중요한 부분은 생산성 향상과 품질확보, 납기준수이다. 메타버스는 제조업에 생산성을 향상과 품질확보, 납기준수에 필요한 공장운영의 진행상태를 조절하는 것이 핵심이다. 메타버스는 고질적인 제조현장의 여러 문제점을 보완 및 해결해 생산성을 현저히 향상시킬 수 있다. 이러한 과정은 메타버스를 활용해 실시간으로 일어나고 있는 여러 상황을 통합해 가상의 시뮬레이션을 구동하는 절차를 거쳐 예상되는 문제점이나 우발상황을 사전에 반복학습으로 알아낼 수 있다.

[그림10] 제조산업의 메타버스 활용 미래(출처 : Microsoft Bing)

메타버스는 디지털 트윈의 상위개념이라고 할 수 있다. 이렇게 주장하는 근거는 정확하게 정할 수는 없으나 메타버스가 AR, VR, MR 정보를 실시간 전달-분석-평가-예방조치를 함으로써 현실세계와 가상세계의 연동에 따른 비동기, 동기 및 구동하는 방식에 따른 플랫폼이기 때문이다.

메타버스는 현실세계와 거의 같은 가상의 연동과 가상 시나리오 생성기술로 시뮬레이션과 완벽한 의사결정을 지원한다. 제품 제조현장에서 여러 가지 센서와 데이터 정보통신기술, 그래픽 및 시뮬레이션을 활용해 여러 현상 파악 후 최적의 방법을 찾아 분석하는 플랫폼이 디지털 트윈이다.

제조 산업은 스마트 팩토리를 구현하기 위해 메타버스를 활용할 가능성에는 여러 가지 변수가 많다. 다양한 제조현장은 작업자 안전사고 및 부주의 등 항상 위험요인이 도사리고 있다. 고객의 물량, 주문량 및 변화, 원자재 가격의 변화, 기계고장, 안전사고, 품질, 납기의 변화 등 여러 문제가 예상되고 있다. 이러한 우발상황에서는 미리 불확실성을 고려해 예방하는 의사결정이 매우 중요하다.

여러 형태의 가상 시나리오를 분석하고 예측해 최적의 해결방법을 선택해 사고를 예방해야 한다. 이러한 가상 시나리오를 시뮬레이션으로 분석해 의사결정을 하는 경우와, 정보 수

집을 제대로 하지 않거나 상황파악이 어렵다는 이유로 생략한 채 진행한 의사결정의 결과는 인명피해 발생 여부를 떠나 많은 차이가 있다.

혁신적인 의사결정을 하기 위해 경우의 수를 고려해야 한다. IoT센서를 이용한 플랫폼은 통합된 시스템을 관찰하는 것이 아니라, 공정별 IoT기술 플랫폼이므로 제조현장에서 일어나는 문제를 해결하는데 적기에 의사결정을 하는 것은 기술적으로 한계가 있다. 이와 같이 기술적 한계를 보완하는 플랫폼이 바로 메타버스이다.

메타버스는 현실세계와 가상세계를 연동해 현실에 적용하기 전에 가상에서 미리 시뮬레이션으로 진행해 최적의 방안을 도출해 내고 문제점을 보완하는 장점이 있다. 위험부담이 큰 장소에서 어떤 작업을 하는 경우 작업자 대신에 IoT 기술을 활용해 실시하고 진행과정을 관찰하는 것이다. 이 기술은 알고리즘 기반 최적화된 기술을 활용하므로 보다 적절한 의사결정을 내릴 수 있다.

최근 많은 대기업과 중소기업은 물류창고 등에서 화물이동과 및 적하 작업을 로봇으로 진행하고 있다. 시대의 변화로 소비자는 다품종 소량제품을 선호하고 있으며, 다품종 소량제품을 로봇기반 창고를 운영하고 있다. 로봇은 안전사고나 고객의 물품파손 및 착오 없이 처리하고 있어 일하는 방법과 절차를 변화시키고 있다. 로봇에게 작업명령을 내리는 플랫폼이 메타버스, 디지털 트윈, 인공지능 등이다.

물류 창고에서 메타버스와 인공지능을 활용해 경로검색, 작업할당, 배터리 관리, 제품 품질관리를 하고 가상현실에서 미리 연습한 정보를 인공지능 로봇에 저장해 효율적으로 움직이고 명령을 수행하는 플랫폼을 제작했다. 운영자는 메타버스(디지털 트윈)를 활용해 수집한 현장정보와 여러 가지 가상 시나리오를 입력해 조종한다. 이와 같이 메타버스는 현실의 여러 가지 불확실한 상황에서 최적의 대안을 찾고 확인해 효율적인 방법을 제시하고 있다.

스마트 팩토리는 제품설계, 제작, 생산, 유통, 판매 등 제조과정을 최소한의 비용과 시간으로 소비자에게 필요한 맞춤형 제품생산 및 배달까지 해주는 미래형 물류기술이다. 메타버스는 이러한 데이터를 기반으로 과거, 현재, 미래를 확인하는 스마트 팩토리를 구현하는 최상의 기술이다. 기존공장의 사용방식에 메타버스, 인공지능을 결합한 인공지능으로 안전

문제가 예상되는 곳에서 문제점을 찾아 자동으로 해결하는 시스템이다. 여러 경우의 수를 메타버스 공간에서 추리하고 시뮬레이션을 거쳐 최적의 방법으로 구현해 제조현장의 생산성을 혁신적으로 높일 수 있다.

메타버스는 현장에 일어날 수 있는 다양한 데이터 수집과 분석과정에서 과거에 발생한 사고와 현재 및 미래에 일어날 수 있는 사고를 예측해 예방할 수 있다. 메타버스는 대규모 인프라나 스마트시티 등 실제 구축하기 어려운 상황을 극복하고 작업할 수 있는 제조 산업의 핵심 산업으로 부각하고 있다. 기존의 제조 산업 혁신은 '공장 자동화'를 의미하는 수준이었으나, 공장 자동화는 제품과 공정을 로봇이나 컴퓨터가 자동으로 제어하고 운영해, 효율성과 신뢰성 및 생산성을 높이고 있다.

공장 자동화는 작업자가 직접 수행하는 작업량을 줄이고, 로봇이나 장비로 대체하고 생산관리, 품질관리, 재고관리를 자동으로 진행해 생산성과 품질, 납기준수에서 경쟁력을 확보하고 있다. 앞으로 산업현장에서 한 단계 더 업그레이드한 공장자동화에서 과거와 현재, 미래 작업환경을 시뮬레이션 해 제품변경, 수요변동예측, 공급량 결정과 공정변화, 품질관리 등 제반 의사결정을 메타버스 플랫폼이 처리할 것이다.

메타버스는 현실세계를 있는 그대로 가상세계로 옮겨놓은 복사판이다. 현실세계의 복사모델을 현실세계와 서로 연결해 변화가 생기면 '동기화' 되는 것을 주 내용으로 하는 시스템인 것이다. 메타버스와 동기화된 데이터가 가상 데이터와 공유해 실시간 수집 및 편집돼 메타버스 플랫폼에서 다양한 판단과 분석과정을 거쳐 시뮬레이션을 시행한다. 이 시스템이 공장 자동화와 다른 점은 미처 예상하지 못했던 우발상황이나 예측하지 못한 문제 상황이 발생하더라도 메타버스가 자율적으로 판단하고 수행함으로써 최소한의 비용과 시간으로 고객 맞춤형 제품을 완벽하게 생산할 수 있다.

4차 산업혁명 시대 인공지능 기술은 산업분류가 결합한 경제체제와 사회구조 변화를 요구하고 있다. 제조 산업은 대량생산뿐만 아니라 다품종 소량생산의 개인생산도 가능한 방법으로 제조 산업을 급속하게 변화시키고 있다. 제조 산업은 소비자의 욕구가 개성만큼 다양해져 개인화된 제품생산의 요구사항을 반영하고 있으며, 다른 측면에서는 다품종 소량생산을 위해 대량생산 체제에서 벗어나 저비용과 고품질 방법을 추진하고 있다.

우리가 살아가야 할 미래에서 변화에 적응하지 못하면 제조업은 도태되거나 살아남기가 어렵다. 이러한 변화에 순응하며 실현할 수 있는 핵심은 바로 메타버스 플랫폼을 활용하는 것이다. 메타버스는 플랫폼이 핵심인데 이 플랫폼은 제조설비와 인터페이스에 대한 자료수집과 분석과정을 거쳐 각종 정보시스템과 연계하며 공장설계, 생산계획, 품질관리, 재고관리 과정에서 관리자의 의사결정에 직접 참여할 수 있게 해준다.

이러한 시스템을 갖추기 위해서는 각종 정보와 자료는 플랫폼을 활용해 언제, 어디서나 사용할 수 있는 접근성과 운용성을 뒷받침해줘야 한다. 따라서 메타버스 플랫폼에 제조 산업의 정보와 자료를 제공하면 소비자가 원하는 고품질 제품을 생산하는 시스템을 구축할 수 있다. 머지않아 메타버스는 우리 인간의 삶을 통째로 바꿔버릴 것이다.

Epilogue

본 저자는 제조업을 직접 경영하면서 많은 애로사항을 직접 경험했다. 그것을 바탕으로 메타버스를 활용해 대한민국의 고생하는 제조업 경영 대표님들이 경쟁력을 갖춰 세계로 뻗어 나가는 회사로 성장하는데 도움이 되기를 기대해본다.

메타버스라는 새로운 문명이라고 해야 할까? 기술이라고 해야 할까? 본 저자도 회사경영에 메타버스를 적용해 많은 경험을 했다. 결론은 메타버스는 산업분야에 있어서 반드시 존재해야 하며 앞으로 더 발전된 기술력으로 메타버스가 적용되기를 희망한다.

또한 메타버스를 통해 산업발전은 물론 경제성을 기반으로 기술 발전까지 이뤄져 경쟁력 있는 회사로 도약의 계기가 되기를 바란다. 앞으로 저자 회사의 경험을 바탕으로 다시 한 번 독자들을 찾아뵙기를 희망한다.

NFT와 메타버스

이혜진

Chapter 04

NFT와 메타버스

올 초 삼성전자에서는 주목하는 미래 산업으로 NFT와 메타버스, 블록체인 기술을 꼽았다. 코로나 이후 속도를 빠르게 탄 IT 기반 신기술 발굴에 집중하겠다는 의미로 해석된다. 그중 단연 돋보이는 건 NFT다. CES(소비자 가전 전시회) 2022에서 올해 신규 TV 제품 라인업을 공개하며 NFT 기술을 적용하겠다고 밝힌 것이다. 삼성전자 측은 "올해 출시될 스마트 TV는 디지털 예술작품을 발견하고, 거래할 수 있는 직관적인 통합 플랫폼"이라며 "소비자들은 소파를 떠나지 않고도 NFT를 검색하고 살 수 있다"라고 말했다. 세계 최초로 삼성 스마트 TV를 매개체로 편하게 NFT를 거래할 수 있게 된 것이다.

삼성뿐만 아니라 LG전자에서도 "지금까지 몇 년간 다양한 아티스트와 협업을 진행해왔고, OLED(올레드)가 아트와 예술품 등에 최적화돼 있다고 판단해 마케팅을 진행해왔다"라고 말하며 "NFT 플랫폼을 TV에 탑재할 계획이 있다"고 밝혔다. 이처럼 세계적인 국내 기업들이 NFT에 집중하는 이유는 무엇일까?

코로나 이후 기존 사업들이 불안정해지면서 이익을 내기 위해 단순히 기존의 사업을 재편성하는데 그치지 않고 능동적인 경영혁신 의지가 있음을 보여주는 사례로 차세대 신기술 투자를 선택한 것이다. 자산 규모 5조 원 이상 기업들에서도 인공지능(AI), 메타버스, NFT 분야에 투자 의지를 보이며 신기술과 신사업 영역개척에 사활을 걸고 있는 것으로 나타났다.

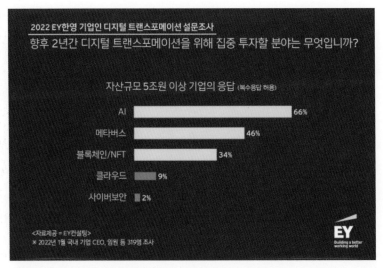

[그림1] 향후 2년간 디지털 트랜스포메이션을 위해 집중 투자 분야 설문
(출처 : EY컨설팅 홈페이지)

이번 파트에서는 메타버스와 함께 가장 주목받고 있는 NFT에 대해 알아보겠다. 앞서 말한 기업뿐 아니라 개인의 투자 영역으로도 각광받고 있는 NFT는 무엇이며 왜 이토록 열광하는 것일까?

1. NFT란 무엇인가

1) NFT 정의

NFT는 'Non-Fungible Token'의 약자로 '대체 불가능한 토큰'을 뜻한다. 대체 불가능한 토큰은 어떤 의미일까? 일반적으로 동일한 가치를 지닌 화폐는 서로 교환이나 대체할 수 있다. 내가 가진 1만 원 권 지폐 한 장과 상대방이 가진 5,000 원 권 지폐 두 장이 문제 될 것 없이 바꿀 수 있는 것처럼 말이다. 그런데 디지털 자산 NFT는 이런 교환과 대체가 불가하다. 데이터 분산 처리 기술인 블록체인(BlockChain) 기술을 기반으로 단 하나의 고유한 값을 각 디지털 자산에 부여하기 때문이다. 쉽게 말해 NFT는 '디지털 자산 소유권'이라고 정의할 수 있다.

디지털 자산은 그동안 거의 보호받지 못했다. 사진이나 그림, 비디오, 오디오, 기타 유형의 디지털 자산들은 쉽게 복제될 수 있으며 출처를 따로 남기지 않으면 원작자가 누구인지 불분명하기 때문이다. 쉬운 예로, 내가 음식 사진을 찍어 SNS에 올렸다고 해보자. 그 사진을 본 사람들은 캡처 또는 복사를 해서 다른 웹 사이트나 본인 SNS 계정에 올려 직접 찍었다며 원작자가 본인이라고 다른 사람들을 쉽게 속일 수 있었다.

하지만 NFT 상에서는 이런 속임이 불가능하다. 사진을 올린 최초 발행자가 '나'이며 나에게 소유권이 있고 이것이 모두 블록체인에 저장돼 위·변조를 할 수 없기 때문이다. 이렇게 원작자가 누구인지 명확하게 드러나는 고유 값이 있기 때문에 NFT 가치는 점점 높아지고 있다.

[그림2] NFT 관련 이미지(출처 : 픽사베이)

2) NFT 거래

앞서 예시에서 말한 음식 사진을 NFT화 시킨다고 해보자. NFT화 시키는 것은 NFT 플랫폼에 원작자가 자유롭게 정한 값으로 작품(ex.음식 사진)을 생성하는 과정인데, 이 작업을 '민팅'이라고 한다. 민팅은 '화폐를 발행한다, 주조한다'라는 개념으로 사용되는데 NFT 자체가 디지털 자산으로써 인정을 받기에 주조라는 단어가 붙는 것이다.

이렇게 민팅된 NFT 작품을 사고 싶어 하는 사람이 있으면 원작자가 정한 값을 지불하고 작품의 소유권을 갖는다. 소유권이 원작자에서 구매자에게 넘어가는 과정도 블록체인에 기록된다. 이런 식으로 거래된 NFT 판매액은 나날이 증가하고 있다. 2021년 NFT 판매액은 2020년 9,490만 달러(한화 약 1,134억 원) 대비 약 262배 불어난 249억 달러(한화 약 29조 7,729억 원)를 기록했으며 2022년 1월은(1월 16일 기준) 세계 NFT 거래액이 월간 기준 사상 최고치인 약 35억 달러(한화 약 4조 1,664억 원)를 육박했다고 한다. 이처럼 점점 NFT 거래와 판매가 늘어나는 것은 디지털 자산의 개념이 현실세계의 자산과 그리 떨어져 있지 않음을 의미한다.

그렇다면 NFT는 어떻게 거래하는 것일까? 우선 거래할 NFT 플랫폼을 선정하는 것이 첫 번째다. 단순히 작품 구매만 원하는지 아니면 내가 직접 만든 작품도 판매할 것인지에 따라 성격에 맞는 플랫폼을 선정한 후, 해당 플랫폼에서 통용되는 가상화폐를 사야 한다. 흔히 알고 있는 '비트코인', '이더리움'이 가상화폐의 한 종류이며 이 외 수많은 가상화폐들이 존재한다. 플랫폼마다 쓰이는 가상화폐가 다르기 때문에 꼭 확인하고 구매해야 한다. 이렇게 구매한 가상화폐를 담을 수 있는 가상지갑까지 만들면 NFT를 거래할 수 있는 준비가 끝난다. 자세한 거래 흐름은 실습 파트에서 알아보도록 하자.

3) NFT 시장

2021년 3월에는 NFT 열풍을 이끈 두 가지 거래가 있었다. 첫 번째는 255년 된 세계적인 미술품 경매 업체인 크리스티 경매에서 디지털 화가 '비플(Beeple, 본명 마이크 윈켈만)'의 NFT 작품이 역대 디지털 작품 중 최고가에 낙찰된 것이다. 온라인에서 2주간 진행된 이 경매는 100 달러(한화 약 11만 원)정도에 시작해서 33명이 치열한 경쟁을 치른 가운데 마감 시간이 2분 연장되면서 최종 가격 6,930만 달러(한화 약 785억 원)에 낙찰됐다. 이로 인해 비플은 현존하는 예술가 가운데 세 번째로 높은 경매가를 가진 아티스트로 단숨에 기록됐다.

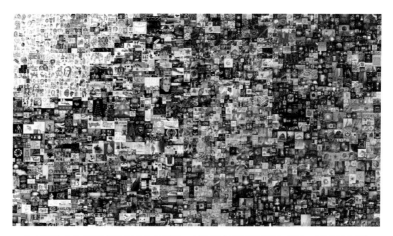

[그림3] 6,930만 달러에 낙찰된 비플의 NFT 작품 '매일: 첫 5000일'

(Everydays: The First 5000 Days)

한화 약 785억 원에 낙찰된 비플의 '매일 첫 5000일'은 2007년 5월 1일부터 매일 중단 없이 5,000일간 온라인에 포스트 한 이미지를 콜라주한 작품이다. 여러 유명 아티스트와 협업한 작품은 물론 그의 삼촌, 마이클 잭슨, 도널드 트럼프 미국 전 대통령의 초상화 등 디지털 형태의 작품들이 담겨있다. 비플은 현지 인터뷰에서 "예술가들이 20년 이상 디지털 기기로 예술 작품을 만들어 인터넷에 배포했지만 그것을 진정으로 소유하고 수집하는 방법은 없었다"라면서 "NFT와 함께 이제는 상황이 바뀌었고, 나는 미술사의 다음 장인 디지털 예술의 시작을 목격하고 있는 것이라 믿는다"라고 전했다.

그 기세를 몰아 며칠 후인 3월 22일에는 트위터의 공동창업자이자 CEO인 잭 도시(Jack Doresy)가 15년 전 트위터에 올린 첫 트윗을 NFT 거래 플랫폼 '밸류어블스(Valuables)'에 경매로 붙였다.

[그림4] 트위터 창업자 잭 도시(출처 : 게티이미지)

[그림5] 트위터 창업자 잭 도시의 첫 번째 트윗(출처 : 구글 이미지)

　유의미한 첫 트윗은 말레이시아 블록체인 기업인 브리지오라클 시나 에스타비 CEO에게 290만 달러(한화 약 32억 7,000만 원)에 판매됐다. 에스타비는 트위터에 "이건 그냥 트윗이 아니다. 모나리자 그림처럼 수년이 흐른 뒤엔 사람들이 이 트윗의 진가를 알아볼 것"이라고 올렸다.

　이처럼 하나의 문장도 NFT로 승화시키면 수요에 의해 시장이 형성되고 또 하나의 흐름이 만들어진다. 일각에서는 이러한 흐름이 거품 낀 시장이라는 말도 있지만 NFT 범위가 점차 확대되어 각 분야에서는 다양한 NFT 수익 모델을 모색하는 것에 모든 초점이 맞춰져 있는 실정이다. 특히나 대형 미술관에서도 적극적으로 NFT를 활용하고 있다. 구스타프 클림

트의 걸작 '키스'를 소장하고 있는 오스트리아 벨베데레 미술관은 최근 밸런타인데이를 맞아 '키스'를 NFT 디지털 작품으로 변환해 1만 조각으로 나눠 개당 약 1,850유로(한화 약 250만 원)에 판매했다.

국내에서도 메이저 화랑인 갤러리 현대가 NFT 시장에 본격 진출한다는 포부를 밝혔다. 개인 아티스트들 역시 코로나로 인해 침체된 오프라인 전시공간에서 벗어나 투명성과 수익성을 함께 잡을 수 있는 NFT 시장에 뛰어들고 있다. 가장 활발한 움직임을 보여주는 건 미술계이지만 사실상 NFT 성장에 첫걸음이 된 게임분야에서도 이미 그들만의 생태계를 구축해 많은 컬렉션이 출시될 것으로 예상하며 크리에이터, 셀럽, 개발자 등이 새로운 NFT 판의 성장을 열 것이라 보고 있다.

전 세계 NFT 시장 규모도 급성장을 전망해 올해 350억 달러(한화 약 4조 원), 3년 뒤인 2025년에는 800억 달러(한화 약 96조 원)로 추산했다. 이는 디지털 자산의 중요성이 점점 커지며 현실세계와 동등한 가치를 지니고 있다는 흐름으로 이어지고 있기 때문이라 여긴다.

글로벌 NFT 시장 규모 추이	(단위:달러)
연도	**시장 규모**
2019	240만
2020	668만
2021	140억
2022	350억
2025	800억
※2022·2025년은 예상치	자료:스태티스타·제퍼리 투자은행

[그림6] 글로벌 NFT 시장 규모 추이(출처 : 문화일보, 스태티스타 제퍼리 투자은행)

2. NFT 플랫폼

그렇다면 NFT를 사고파는 곳은 어디일까? 수백억 원짜리 작품들이 아무렇지 않게 거래되는 곳, 바로 NFT 플랫폼이다. 시장이 커지면서 저마다 다양한 특색을 지닌 NFT 플랫폼들이 생겨나고 있다. 그중 대표적인 NFT 플랫폼에 대해 알아보자.

1) 오픈씨(OpenSea)

'오픈씨(OpenSea)'는 전 세계 대표적인 NFT 플랫폼으로 2017년 데빈 핀저(Devin Finzer)와 알렉스 아탈라(Alex Atallah)에 의해 설립됐다. '이더리움'을 기반으로 거래되며 '폴리곤'과 '클레이튼'도 지원하고 있다. 그림이나 영상, 음원 등 거의 모든 형식의 NFT를 만나볼 수 있으며 누구나 쉽게 거래하는 것을 목표로 두고 있다.

오픈씨의 CEO 데빈 핀저는 "NFT는 향후 몇 년간 암호화폐 도입의 문화적 중심지가 될 것"이며 "일반인들이 쉽고 즐겁게 NFT를 사용할 수 있을 때 이런 비전을 실현할 수 있을 것"이라고 밝혔다. 최근 암호화폐 지갑 스타트 업 달마 랩스(Dharma Labs)의 인수를 통해 이용자들의 쉬운 접근을 목표로 한 의지를 다시 확인할 수 있었다.

2022년 1월 오픈씨의 가치는 133억 달러(한화 약 16조 원)로 평가받아 쉽게 넘보지 못하는 NFT 플랫폼 1위 자리를 굳건히 지키고 있다.

[그림7] 오픈씨 로고

2) 슈퍼레어(SuperRare)

'슈퍼레어(SuperRare)'는 누구나 NFT 작품을 올릴 수 있는 오픈씨 와는 다르게 엄격한 큐레이션을 통해 인증된 작품만 등록될 수 있는 차별화·고급화 전략을 갖춘 NFT 플랫폼이다. 2018년 존 크레인과 조나단 퍼킨스, 찰스 크레인이 공동 설립한 슈퍼레어는 '최고로 희귀하다'라는 이름에 걸맞게 고 퀄리티의 작품을 엄선한다.

또한 같은 작품을 여러 개 발행하지 않고 하나의 작품만을 만들 수 있는 단일 에디션 만을 허용한다. 이는 하나의 작품을 여러 개 주조할 수 있는 다른 플랫폼과 대조적인 방식으로 모든 작품은 유일무이하다는 점을 앞세운다.

우리나라에서는 삼성전자의 자회사인 '삼성 넥스트'가 처음 투자한 NFT Art 회사로 알려져 있으며 삼성 넥스트는 "오랜 기간 불투명하고 독점적인 구조로 유지됐던 미술시장이 슈퍼레어가 구축한 플랫폼을 통해 민주화되고 있다"라고 전했다.

슈퍼레어는 SNS 적인 요소도 갖추고 있어 아티스트와 구매자가 직접 소통할 수 있다는 것도 특징 중 하나다. 거래는 이더리움으로 진행되며 현재까지는 이미지 파일 형태만 NFT로 올릴 수 있다.

SuperRare

[그림8] 슈퍼레어 로고

3) 니프티 게이트웨이(Nifty Gateway)

'니프티 게이트웨이(Nifty Gateway)'는 윙클보스(Winklevoss) 형제가 설립한 모기업 제미니(Gemini LLC)가 인수한 거래소다. 일론 머스크의 전 연인이자 가수인 그라임스가 온라인 경매로 단 20분 만에 디지털 작품 10점을 판매해 총 580만 달러(한화 약 65억 원)를 벌었다는 플랫폼으로도 잘 알려져 있다.

니프티 게이트웨이는 이더리움뿐만 아니라 신용카드, 체크카드로도 거래할 수 있어 구입의 장벽은 낮지만 슈퍼레어와 마찬가지로 내부 확인을 거쳐 검증된 작품만이 NFT로 등록될 수 있어 아티스트로서의 장벽은 높다. 크리에이터로서 자신의 작품을 판매하려면 홈페이지에서 총 9가지 항목에 답해야 하는 인터뷰를 거쳐야 한다. 이름을 물어보는 간단한 질문부터 본인의 포트폴리오 링크까지 제출하면 내부 검토가 이뤄진다.

  슈퍼레어와 다른 점은 하나의 작품에 여러 개의 넘버를 달아 판매할 수 있는 멀티 에디션을 인정하고 이미지, 영상 등의 다양한 NFT 형태를 지원한다는 것이다.

[그림9] 니프티 게이트웨이 로고

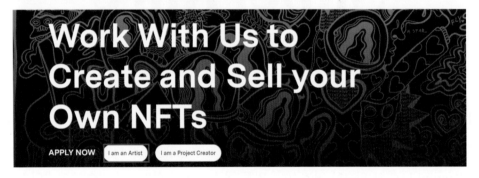

[그림10] 니프티 게이트웨이 아티스트 등록 화면

4) 클립 드롭스(Klip Drops)

'클립 드롭스(Klip Drops)'는 국내 NFT 플랫폼으로 카카오의 블록체인 자회사 '그라운드 X'가 개발·운영하고 있는 곳이다. 2021년 12월 정식 오픈한 클립 드롭스는 다른 플랫폼과 차별화하기 위해 작품 큐레이션 서비스인 '원데이 원드롭(1D1D)'을 제공한다. 하루에 한 명의 아티스트를 소개하고 그의 작품만을 판매하는 것이다. 그렇기 때문에 클립 드롭스 역시 큐레이션 전문가들에 의해 검증된 작가들의 작품만 등록된다.

그라운드 X 관계자는 "클립 드롭스가 지향하는 게 프리미엄 아트, 큐레이티드 아트"라며 "일반 사용자분들의 NFT 발행은 지원할 계획이 없고, 프리미엄 큐레이티드 서비스로 자리잡으려 한다"라고 설명했다.

또한 작품을 구입할 때 그라운드 X에서 발행한 가상자산 '클레이'로만 가능하지만 "구매 허들이 상당히 크다고 생각한다"라며 "결제 수단 다변화를 우선순위에 놓고 있다"라고 말해 현재보다 구매 접근이 쉬워질 예정이다.

Klip Drops
DIGITAL ART
CURATION GALLERY

[그림11] 클립 드롭스 로고

3. NFT 판매

이제 실전으로 들어가서 세계 최대 NFT 플랫폼인 '오픈씨'에 직접 만든 NFT 작품을 판매해 보자. 오픈씨에 NFT 작품을 민팅하는 방법은 여럿 있지만 여기서 소개할 방법은 접근성이 쉬운 국내 플랫폼을 이용해 NFT 작품을 등록할 때 드는 '가스비(gas fee, NFT 작품 등록 수수료)'를 최소화한 방법이다. 부담 없이 따라 해보자.(PC/휴대폰 사용)

1) 가상지갑 생성

NFT 작품을 구입할 때나 등록할 때 모두 '가상지갑'이 필요하다. NFT 플랫폼에서 로그인의 역할을 하기 때문이다. 대표적인 가상지갑은 '메타마스크, 솔렛, 카이카스' 등이 있는데 거래할 NFT 플랫폼에서 지원하는 지갑을 설치해야 된다. 이번 실습에서는 카이카스를 설치해 보도록 하겠다.

첫 번째로, PC 크롬 브라우저로 접속해 카이카스를 검색하면 [그림12]와 같이 링크가 나온다. 이 링크를 클릭하면 'chrome 웹 스토어'로 접속되고 카이카스(Kaikas) 확장 프로그램이 뜨는데 여기서 'Chrome에 추가'라고 쓰인 파란 버튼을 눌러준다.

[그림12] 크롬 브라우저에서 카이카스 검색

[그림13] 카이카스 확장 프로그램 Chrome에 추가

그러면 [그림14]와 같은 창이 뜬다. '확장 프로그램 추가'를 눌러 주고 잠시 기다리면 설치가 완료됐다는 화면이 나온다.

[그림14] 카이카스 확장 프로그램 추가 창

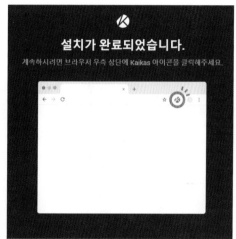

[그림15] 카이카스 설치 완료 화면

설치 완료된 카이카스는 [그림16]과 같이 크롬 창 상단 우측 아이콘을 눌러 확장 프로그램 목록에서 확인할 수 있다.

[그림16] 설치된 카이카스 확인 및 클릭

목록에서 카이카스를 누르면 계정을 생성할 수 있는 창이 뜬다. [그림17]과 같이 비밀번호를 설정하고, 계정이름을 입력한 후 안전 사용 가이드 내용을 확인한다.

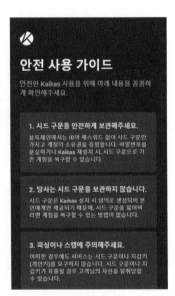

[그림17] 카이카스 계정 생성 화면1

안전 사용 가이드 화면에서 다음 버튼을 클릭하면 [그림18]처럼 시드 구문 창이 뜬다. 이 구문은 다음 화면에서 그대로 입력해야 되기 때문에 종이와 펜을 꺼내 수기로 시드 구문을 적어준다. 화면을 캡처하거나 구문을 디지털로 보관하면 해킹의 위험이 있으니 되도록 종이에 적도록 하자.

시드 구문을 수기로 다 적었으면 '예, 안전한 곳에 보관했습니다.' 버튼을 클릭해 다음 단계로 넘어가면 시드 구문 확인창이 뜨고, 방금 적은 시드 구문을 그대로 입력하면 된다. 구문을 넣을 때 주의해야 할 점은 반드시 띄어쓰기를 구분하고 엔터는 치지 않도록 주의하자. 이렇게 시드 구문까지 입력하면 바로 계정이 생성된다.

[그림18] 카이카스 계정 생성 화면2

2) 가상화폐 구매

카이카스 지갑생성이 완료됐으면 이제 그 안에 가상화폐를 구매해 넣어야 한다. NFT 작품 등록을 위한 최소한의 수수료 값이 필요하기 때문이다. 다양한 종류의 가상화폐가 있지만 이번 실습에서 우리가 사야 할 가상화폐는 '클레이튼(Klay)'이다. 카이카스에서 '문페이'를 통해 신용카드로 가상화폐를 구매할 수 있는 기능을 제공하지만, 현재 국내에서는 서비스되지 않는다.(2022년 3월 기준)

그렇기 때문에 가상화폐 거래소에서 '클레이튼'을 구매 후 '카이카스 지갑'에 옮겨야 한다. 클레이튼은 가상화폐 거래소인 '코인원', '빗썸'에서 구매할 수 있는데 현재 두 거래소는 개인 정보가 없는 가상지갑으로의 출금을 제한하고 있다. 그래서 또 다른 가상화폐 거래소인 '업비트'에서 다른 가상화폐를 구매해 클레이튼으로 스왑(교환)하는 방식으로 실습해 보도록 하겠다. 교환할 가상화폐는 현재 수수료가 상대적으로 적은 '리플(XRP)'과 '위믹스(WEMIX)'로 하겠으나 시세와 거래소 규정은 수시로 달라질 수 있으므로 실습 전 확인이 필요하다.

[업비트에서 가상화폐 구매하는 방법]

1. 앱스토어 또는 Play 스토어에서 '업비트'를 검색해 다운로드한다.
2. 다운로드한 업비트 앱을 실행시켜 본인 인증 절차를 거친다.(신분증 필요)
3. 입출금 계좌등록을 위해 '케이 뱅크' 앱을 다운로드한다.
4. 케이뱅크 계좌연결과 2채널 추가 인증(카카오페이 인증)을 한다.
5. 케이뱅크로 가상화폐 구매할 돈을 입금한다.
6. 입금된 돈으로 가상화폐 리플(XRP)이나 위믹스(WEMIX)를 구매한다.
7. 구매한 가상화폐를 카이카스 지갑으로 보낸다.

7번 방법부터 실습 화면을 통해 따라해 보도록 하자. 휴대폰에서 업비트 메인 화면 하단에 있는 입출금 버튼을 누르면 [그림19]와 같이 보인다. 이때 카이카스로 보낼 가상화폐를 선택해 눌러준다.(실습은 리플로 진행하지만 위믹스도 동일한 방법으로 하면 된다.)

[그림19] 업비트 입출금 화면1

그러면 [그림20]과 같은 화면이 나온다. 여기서 출금하기 버튼을 눌러준다.

[그림20] 업비트 입출금 화면2

출금하기 버튼을 누르면 [그림21]과 같이 출금 수량을 선택할 수 있는 화면이 나온다. 원하는 수량을 넣어 확인을 눌러주면 [그림22]와 같이 출금주소를 넣는 화면이 나온다.

[그림21] 업비트 출금수량 입력화면   [그림22] 업비트 출금주소 입력화면

업비트 출금주소 입력화면에서 잠시 대기 후, PC로 돌아와서 '클레이스왑' 사이트(https://klayswap.com)에 접속한다. 클레이스왑은 갖고 있는 가상화폐를 다른(필요한) 가상화폐로 스왑(교환)해주는 역할을 한다. 사이트에 접속하면 [그림23]과 같이 메인 화면이 뜨는데 여기서 '클레이스왑 시작하기' 버튼을 클릭한다.

[그림23] 클레이스왑 홈페이지

버튼을 클릭하면 [그림24]와 같이 지갑 연결 화면이 뜬다. 이때 'Kaikas(카이카스) 지갑연결'을 클릭하면 [그림25]처럼 계정 연결 화면이 나온다. 계정 비밀번호를 입력하고 잠금해제 버튼을 누르면 서비스 연결 요청 화면이 나온다. 체크박스에 체크를 하고 연결을 눌러주면 계정과 연결된다.

[그림24] 클레이스왑 지갑 연결 화면

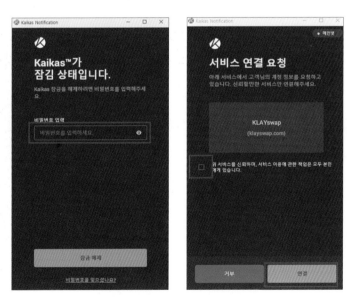

[그림25] 카이카스 계정 연결 화면

카이카스 지갑 연결이 됐으면 [그림26]과 같이 클레이스왑 홈페이지 상단에 있는 '내 자산' 버튼을 클릭해서 구매한 가상화폐를 찾는다. 화면에는 리플이 나와 있지만 없을 경우 '토큰명, 심볼검색'에서 검색해 찾을 수 있다.

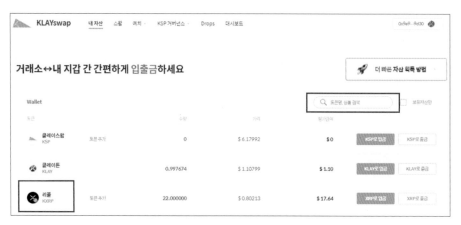

[그림26] 클레이스왑 내 자산화면

해당 가상화폐를 찾았으면 [그림27]과 같이 XRP로 입금버튼을 눌러준다. 각 토큰마다 입금명은 다르다. 버튼을 누르면 [그림28]과 같이 입금 시 유의사항 화면이 나오고 입금주소 확인하기 버튼을 누르면 입금주소가 보인다. 여기서 입금주소와 그 밑에 있는 데스티네이션 태그를 같이 복사해 준다.

[그림27] 리플 입금 버튼 화면

[그림28] 입금 시 유의사항, 입금주소 화면

입금주소 복사가 끝나면 다시 휴대폰의 업비트 화면으로 돌아가서 [그림29] 화면에 복사한 입금주소를 출금주소란에 입력하고 데스티네이션 태그도 넣자. 출금 유의사항을 확인한 후 출금 신청 버튼을 누르면 출금 신청이 완료되어 클레이스왑에 해당 가상 자산이 들어와 있는 것을 확인할 수 있다.

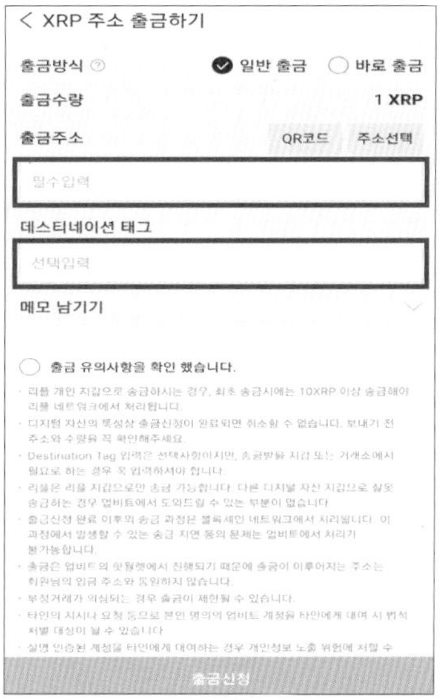

[그림29] 업비트 출금주소 입력화면

이제 휴대폰에서 할 일은 끝났다. 다시 PC 화면으로 돌아와 클레이스왑에서 홈페이지 상단에 있는 스왑 버튼을 클릭해 준다. 리플을 클레이튼으로 교환하는 과정이다. From을 리플(KXRP)로, To를 클레이튼(KLAY)으로 바꿔준다.

[그림30] 클레이스왑 - 스왑 화면1

[그림31]처럼 From에 원하는 금액만큼 숫자를 넣으면 To에는 바뀔 금액으로 환산이 된다. 금액을 확인하고 Swap 갈색버튼을 눌러주면 [그림32]와 같이 트랜잭션 요청과 트랜잭션 확인, 교환하기 버튼이 나오는데 여기까지 뜨면 완료된 것이다.

[그림31] 클레이스왑 - 스왑 화면2

[그림32] 트랜잭션 요청, 트랜잭션 확인, 최종 교환하기 화면

3) NFT 등록

가상화폐를 구입하고 구입한 가상화폐를 가상지갑에 넣고, 원하는 가상화폐로 교환하는 방법은 다소 번거로운 과정이 있었지만 NFT 작품을 등록하는 방법은 간단하다. 우선 PC 검색 창에 '크래프터스페이스'를 검색해 홈페이지에 접속한다.(https://www.krafter.space/ko/explore)

[그림33] 크래프터스페이스 검색화면

홈페이지에 접속했으면 [그림34]와 같이 메인 화면에서 NFT 발행하기 파란색 버튼을 누른다.

[그림34] 크래프터스페이스 메인 화면

NFT 발행하기 버튼을 누르면 로그인이 필요하다는 창이 뜬다. [그림35]와 같이 로그인 버튼을 누르면 카이카스 지갑 계정으로 연결할 수 있는 화면이 뜨며 [그림36]과 같이 서비스 연결 요청화면 내용 확인 후 체크 박스에 체크 후 연결버튼을 누르다.

[그림35] 로그인, 카이카스 지갑연결 화면

[그림36] 카이카스 서비스 연결 요청화면

이후 회원가입 화면에 빈칸을 채우고 회원가입 버튼을 눌러준 뒤 이메일 주소 인증을 위해 인증하기 버튼을 클릭한다.

[그림37] 크래프터스페이스 회원가입 화면 및 이메일 주소 인증화면

본인 이메일에 들어가 받은 인증 메일을 확인하고 다시 크래프터스페이스 홈페이지에 접속해 카이카스 지갑 계정으로 로그인 후 NFT 발행하기를 눌러준다. 그러면 [그림38]과 같이 새로운 NFT 발행하기 화면이 보인다. 이 때 [그림38]과 같이 '파일선택' 버튼을 눌러 NFT화 시킬 파일을 골라 업로드 해준다. 이어 약관 확인 및 체크 후 [그림39]와 같이 화면 하단의 'NFT 발행하기' 버튼을 눌러준다.

[그림38] NFT 발행하기 화면1

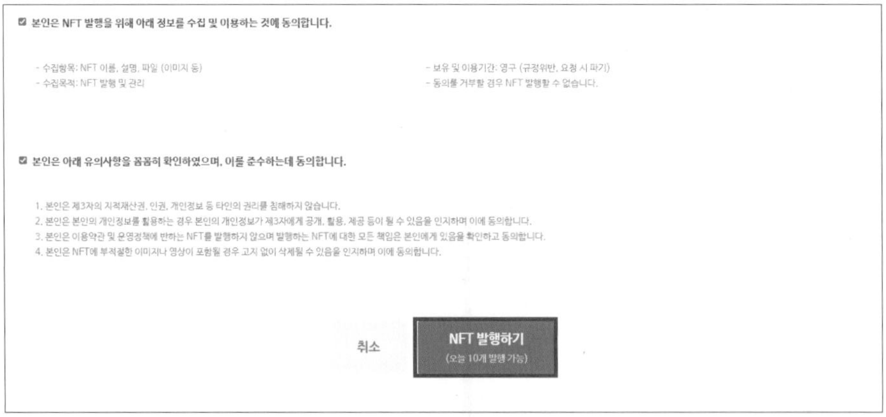

[그림39] NFT 발행하기 화면2

버튼을 누르면 [그림40]처럼 등록된 NFT 화면이 뜬다. 이렇게 NFT 작품이 생성됐다. 이제 생성된 NFT 작품을 플랫폼에 판매하기 위해 오픈씨로 이동한다.

[그림40] 등록된 NFT 화면

검색 창에 '오픈씨'를 검색하거나 홈페이지 주소(https://opensea.io)를 입력하여 접속한다.

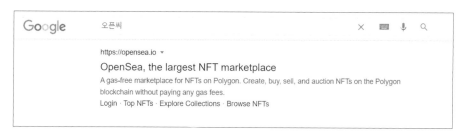

[그림41] 오픈씨 검색화면

오픈씨에 접속하면 [그림42]와 같이 상단 오른쪽 아이콘을 눌러 카이카스 지갑을 찾아준다. 바로 보이지 않으니 'Show more options' 버튼을 클릭해 하단에서 카이카스 지갑을 찾아 버튼을 눌러준다.

[그림42] 오픈씨 접속 후 계정 찾기

[그림43] 카이카스 지갑 클릭

카이카스 계정으로 접속하면 [그림44] 화면처럼 방금 크래프터스페이스에서 만든 NFT 작품이 보인다. 여기서 판매금액을 설정하기 위해 NFT 작품을 클릭하고 [그림45] 화면이 나오면 파란색 Sell 버튼을 눌러준다.

[그림44] NFT 등록을 위한 오픈씨 화면1

[그림45] NFT 등록을 위한 오픈씨 화면2

Sell 버튼을 클릭하면 가격을 설정할 수 있다. [그림46] 화면에서 Price - WKLAY는 클레이튼 단위를 의미하고, 2022년 3월 기준 1클레이튼에 약 1,350원에 거래되고 있다. 10클레이튼으로 설정하고 하단의 'Complete listing' 버튼을 누르면 [그림47]과 같이 등록을 위한 간단한 서명과 수수료를 확인하게 되고 드디어 NFT 작품이 판매 가능한 상태로 등록된다.

[그림46] NFT 등록을 위한 오픈씨 화면3

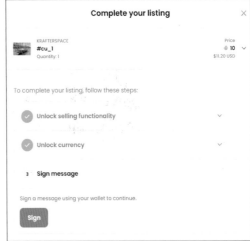

[그림47] NFT 등록을 위한 확인 화면

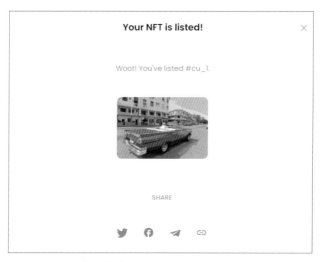

[그림48] NFT 등록 완료 화면1

　[그림49]는 오픈씨에 등록된 NFT 작품이다. 앞서 말했지만 오픈씨에 NFT를 등록하는 방법은 여러 가지가 있고 그중 부담 없이 따라 해볼 수 있는 방법으로 이번 실습 내용을 택했다. 가스비가 들더라도(22년 3월 기준, 약 8만 원/1회) 빠른 NFT 등록을 원하면 메타마스크 지갑을 설치해 이더리움으로 거래, 오픈씨에 직접 민팅하는 방법을 추천한다. 현재 계속 새로운 등록 방법과 다양한 경로가 생겨나고 있는 중이니 등록시점에서 업데이트된 정보를 주시해야 한다.

[그림49] NFT 등록 완료 화면2

4. NFT와 메타버스의 연결

메타버스는 가상, 초월이라는 의미인 '메타(Meta)'와 우주, 세계를 의미하는 '유니버스(Universe)'의 합성어로 현실과 가상의 경계가 허물어진 3차원 가상세계를 뜻한다. 기존의 온라인 세계와 차별화된 핵심 포인트는 바로 경제, 사회, 문화 활동이 가능하다는 것이다. 특히 사용자의 경제적 수익창출이 가능함에 따라 메타버스 분야의 폭이 넓어지고 빠르게 성장 중인데, 이런 성장에 기폭제 역할을 한 것이 바로 NFT이다. NFT와 메타버스가 어떻게 연결이 되고 있는지 알아보자.

1) 가상부동산

부동산 투자 열풍이 메타버스 속에서도 거세게 일고 있다. 메타버스 속 가상부동산을 소유하고 있는 플랫폼들이 하나 둘 생겨나며 높은 미래수익을 기대하고 선점하는 사람들이 늘고 있어서이다. 지구를 본떠 만든 '어스 2'에서는 현실을 반영한 시세가 이뤄졌다. 광화문, 강남역 번화가를 비롯한 '강남 3구' 등 현실에서 땅값이 높은 지역은 가상부동산 가격도 덩달아 높았고, 반대로 중심지가 아닌 외곽지역은 시세를 형성하지 못하고 빈 땅들이 가득하다.

이렇게 현실에서 직접 살 수도 없는 땅을 왜 구입하는 것일까? 앞서 말한 투자의 영역도 있지만 차후 사람들의 많은 유입을 기대하며 기업 입장에선 홍보와 마케팅 목적으로도 가능한 공간이기 때문이다. 토지를 구입하는 것에서 끝나는 게 아니라 건물도 세우고, 내 마음대로 원하는 테마를 정해 가상공간을 운영할 수도 있다. 이런 활동들이 가능한 대표적인 플랫폼이 '디센트럴랜드'다.

디센트럴랜드는 이더리움의 스마트 계약을 이용해 가상세계에 대한 소유권을 갖는다. 통용되는 암호화폐 토큰은 '마나(MANA)'이며 디지털 자산 토지를 '랜드(LAND)'라고 부르는데 디센트럴센드 내에서도 랜드를 구입할 수 있고, 오픈씨에서도 다양한 암호화폐로 랜드를 구입할 수 있다. 각 토지는 고유한 좌표(x, y)가 있어 쉽게 원하는 곳으로 이동할 수도 있다.

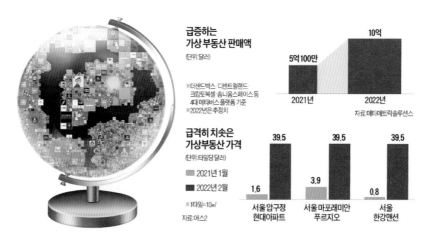

[그림50] 가상부동산 판매액과 가격(출처 : 한경국제, 어스2)

[그림51] 디센트럴랜드 화면

최근에는 미국 최대 은행 JP 모건이 디센트럴랜드에 '오닉스(Onyx) 라운지'를 열어 화제를 모았다. 오닉스는 2020년 출범한 JP 모건의 블록체인·암호화폐 전담 사업부의 명칭이다. 오닉스 라운지는 디센트럴랜드에서도 사람들이 가장 많이 활동하는 메타주쿠 내에 들어섰다. 메타주쿠는 일본의 하라주쿠 쇼핑 지구의 가상세계 버전이다.

라운지 1층에는 JP 모건 최고 경영자인 제이미 다이먼(Jamie Dimon)의 사진이 걸려있으며, 2층에서는 암호화폐 시장에 대한 전문가들의 설명을 들을 수 있는 곳이 마련됐다. JP 모건 측은 "메타버스 공간에도 인구, GDP, 통화 등이 있기 때문에 현실세계와 비슷하게 송금, 환전, 자산생성, 자산거래 등 실제 은행이 하는 업무와 비슷한 역할을 할 수 있다"라고 말하며 "계정인증, 사기방지, 거래상태 관련, 이슈 관련 지원도 가능하다"라고 덧붙였다.

또한 "메타버스 내에 창작물을 상업화하고 싶은 창작자들에게 대출을 해주거나 수수료 입금을 위한 가상화폐 지갑을 설치해 주는 서비스도 제공할 계획"이라며 메타버스 관련 사업을 꾸준히 추진하고 있다.

2) 예술, 그 이상의 공간

한국 최고의 디스코그래피를 갖고 있는 래퍼 '화지(Hwaji)'는 메타버스 플랫폼인 '크립토복셀'에 복합문화공간 '퓨처리스트 소셜 클럽'을 세웠다. 3층 건물로 이뤄진 이곳은 복합문화공간이라는 이름답게 다양한 문화공간이 설계돼 있다. 1층과 2층은 갤러리로 화지가 직접 제작한 웨어러블과 오브젝트, NFT 작품 그리고 그가 수집한 희귀한 NFT 아트워크까지 볼 수 있다.

그 중 가장 눈에 띄는 작품은 그가 2015년 1집 〈EAT〉 앨범으로 받은 한국대중음악상 올해의 힙합 상 트로피를 1,000도가 넘는 용광로에 녹여 그 과정을 담아 3D NFT로 재탄생시킨 작품이다. 화지는 "나에게는 디지털의 것이 피지컬의 것들과 동등한 가치를 지닌다", "스탠스를 확고히 하고 싶었다"라고 말하며 해당 퍼포먼스에 대한 이유를 밝혔다. 1층과 2층에서 이런 스토리가 담긴 'The Award'라는 3D NFT를 감상할 수 있다.

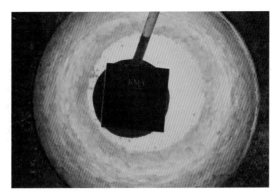

[그림52] 1,000도가 넘는 용광로에 한국대중음악상에서 받은 트로피를 녹이는 장면
(출처 : 하입비스트)

3층에는 비대면 공연을 할 수 있는 공연장이 마련돼 있는데 이곳에서 한국 최초의 메타버스 콘서트가 개최됐다. 역사적인 이 콘서트에서는 화지와 동료 아티스트들이 각자 본인의 모습을 본떠 만든 아바타로 공연을 진행했다. 관객들 역시 화지가 직접 만든 웨어러블을 착용한 아바타로 이모티콘을 띄우거나 움직이는 동작으로 소통하며 무대를 즐겼다.

[그림53] '크립토복셀'에 지어진 화지의 '퓨처리스트 소셜 클럽' (주소 : futurist.art)

[그림54] 1, 2층 NFT Gallery

[그림55] 3층 공연장

화지는 기존의 메타버스 플랫폼에서 활동하는 것에만 그치지 않고 다양한 루트로 NFT 예술 활동을 하고 있다. 최근에는 'Project GMGN'이라고 하는 음악 NFT 프로젝트도 선보였다. 세계 최초로 듣는 시간대에 따라 악기선정, 가사내용 그리고 아트웍이 유기적으로 변하는 유일한 프로젝트다. 그 누구도 따라올 수 없는 독창적인 행보로 예술계를 멋있게 리딩하는 모습을 보여주는 아티스트이다.

화지는 하입비스트 인터뷰의 한 질문에 대한 대답으로 "저는 어디까지나 아티스트이기 때문에 메타버스를 통해 새로운 형태의 아티스트 커리어를 꿈꾸고 있어요. 아티스트가 만든 것을 커뮤니티가 소비하는 형태에서 나아가 커뮤니티와 아티스트가 초석부터 함께 만들어 가는 예술 형태를 그리고 있습니다"라고 말했다. 선구자 역할을 하는 화지의 모습이 앞으로 더욱 기대되는 대목이다.

5. NFT 현재와 미래

NFT의 시장이 넓어지고 커질수록 성장통이 심하다. 가장 우려되는 것은 바로 탈 중앙 서비스의 허점을 노린 해킹이다. 최근 세계 최대 NFT 거래소 오픈씨는 해커의 공격으로 NFT를 도난당했다. 오픈씨의 CEO 데빈 핀저는 그의 트위터를 통해 "피싱 공격이 발생했으며, 오픈씨 웹 사이트와 연결된 것은 아니다"라며 "공격자가 보낸 악성 페이로드(피싱을 위해 만든 이메일, 웹 사이트 등)에 32명의 오픈씨 이용자가 서명했고, 그들 NFT가 일부 도난당했다"라고 설명했다.

피싱 문제라고 선을 그었지만 오픈씨의 보안문제는 지속해서 도마 위에 오르고 있다. 스마트 콘트랙트(계약서)를 업그레이드해 보안성을 강화했다고 발표했지만 이것만으로 NFT가 해킹으로부터 안전해졌다고 장담하긴 어렵다는 게 업계의 평가다. NFT라는 기술만 제외하면 일반 웹 사이트와 다를 것이 없다는 이유에서다. 디지털 자산이 현재의 자산과 가치가 동등해질수록 NFT의 신뢰성과 보안성을 높이는 블록체인 기술이 발전돼야 한다.

저작권에 대한 이슈도 피할 수 없다. NFT의 가장 큰 이점은 원작에 대한 소유권을 인정해 주는 것에 있다. 하지만 원작을 현실 창작자가 아닌 타인이 NFT로 발행하게 되면 소유권은 누구에게 귀속되는가? 지난해 마케팅 기업 워너비인터내셔널이 이중섭의 '황소', 박수근의 '두 아이와 두 엄마', 김환기의 '무제'를 작품 소장자와 협의해 디지털 아트 플랫폼에 출품한다고 밝혔다. 그러자 저작권을 보유한 유족 및 미술관 관계자들이 반발해 출품 자체가 무산됐다.

화우 측은 "이중섭 작가 등 작품의 경우에는 작품의 소유권자와 저작권자가 분리돼 있기에, 소유권자의 동의를 얻었다 하더라도 저작권자의 동의가 없다면 복제과정에서 복제권 침해, 거래를 위한 마켓플레이스 등 전송과정에서 전송권 침해 등 저작재산권 침해가 문제될 수 있다"라고 설명했다.

이어 "NFT 작품의 경우 원 작품이 디지털화된 것에 불과해 별도의 창작성이 부가되는 것은 아니므로 2차적 저작물 작성권이 침해되는 것으로 보기는 어렵겠지만, 저작물의 형식이 변경되는 것으로는 볼 수 있어 복제권 등 저작재산권 외에도 저작인격권 중 하나인 동일성 유지권 침해가 문제될 수도 있다"라고 지적했다. 이렇게 디지털 자산 저작권에 대한 법적 규정이 명확하지 않은 상태로 NFT 저작권 침해 사례가 많이 나오자 문화체육관광부에서는 NFT 저작권 가이드라인을 발표하기로 했다.

문화체육관광부 관계자는 "이번 발표는 저작권 침해가 중심"이라며 "NFT 시장 저작권에 대한 인식이 많이 부족하다. 신규 시장이라 현행법 위반 소지를 차단하기 위한 내용을 정리하는 수준으로 보면 된다"라고 말했다. 또한 "아직 법령이 명확치 않다 보니 가이드라인이 마련된다면 약관을 꾸준히 개선할 수 있을 것"이라고 덧붙였다. 5월 출범하는 새 정부도 '민간 콘텐츠 업체의 IP 및 NFT 시장 활성화를 위한 저작권법 제도정비 및 유통 활성화 지원'을 약속하며 현재 명확히 규정되지 않은 NFT의 저작권이 서서히 체계가 잡힐 거라 관측된다.

가치에 대한 불확실성 역시 NFT가 안고 가는 문제이다. NFT화된 제품의 투자금액을 회수하기 위해선 잠재적 투자자들이 해당 디지털 수집품의 가치를 느끼고 구입해야 하는데, 실제로는 그렇지 않은 경우도 많다. 그래서 곳곳에서 '자전 거래(wash trading)'가 이뤄지기도 한다.

자전 거래는 판매자가 스스로 구매자인 것처럼 NFT를 구매하며 가치와 유동성을 호도하는 거래를 의미한다. NFT에서 자전 거래는 특정 NFT의 가치를 실제보다 더 높게 보이도록 만든다. 대표적으로 크립토펑크의 가격 조작 사례가 있었다. 2021년 10월 28일 크립토펑크 #9998이 약 5,000억 원에 거래됐다. 이는 기존의 크립토펑크의 최고가인 140억 원을 가뿐히 넘긴 금액이었는데 곧 가격조작으로 밝혀졌다.

플래시론이라는 탈중앙화금융으로부터 무담보 코인 대출을 받아 이뤄진 자전 거래로, 실제 거래는 없이 블록체인 상에 기록되는 거래가격만 올린 꼼수였다. 이 과정에서 발생한 실제 거래 비용은 약 100만 원 정도였다.

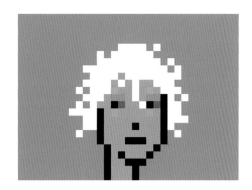

[그림56] 크립토펑크 가격 조작에 동원된 #9998

이 외에도 초기 높은 진입 장벽, 변동성이 큰 암호화폐 시장, 디지털 자산을 통한 탈세 등 아직까지 직면해야 할 문제들이 많다. 하지만 이는 새로운 경제시장이 시작되는 초기의 특성으로도 볼 수 있다. 성공적으로 시장에 안착될 수 있도록 제도적 뒷받침이 마련돼야 하며 기술적으로도 안정돼야 할 것이다.

Epilogue

지금까지 NFT 정의부터 현재와 미래까지 살펴보았다. NFT는 아직까지 정립되지 않은 불안정한 요소들을 갖고 있지만 지속적으로 성장하는 매력적인 경제 시장임은 분명해 보인다. 코로나19 이후 우리는 이전과 같은 삶으로 돌아갈 수 없을 것이라 말한다. 회사에 출근하는 것부터 주변인들과의 만남, 위생과 식사 문화 등 사고방식의 전환이 천천히 이뤄졌고 벌써 대면보다 비대면이 익숙해진 것들도 많다. 굳이 대면하지 않아도 되는 분야는 빠르게 비대면 체제를 갖춰가고 있고, 대면이 필요한 분야도 메타버스 플랫폼 혹은 NFT를 접목해 사업 다각화를 노리고 있다.

그런 의미에서 메타버스 영역은 점차 커질 것이고 메타버스의 경제적 기반이 되는 NFT도 큰 축으로 성장할 것이다. 현재 우리나라에서도 여러 NFT 플랫폼들이 출범되고 유의미한 성과들을 거두고 있지만 대중적으로 두각을 나타내는 플랫폼은 아직 없다. 이 자리를 먼저 선점하는 NFT 플랫폼이 국내 NFT 시장을 긍정적으로 이끌 것이라 생각한다.

현재 NFT 흐름은 시시각각으로 급변하고 있다. 어떤 방향으로 나아가는지 흐름을 읽는 것이 중요하다. 그동안 가상자산에 회의적인 시각을 내비쳤던 워런 버핏도 생각이 이전과 달라졌다는 근거가 나오고 있다. 그가 회장으로 있는 버크셔해서웨이 투자회사에서 가상자산과 관련된 거래를 중개하는 금융회사 주식을 대거 매수해 투자 영역을 확대하고 있다는 소식 때문이다.

버크셔해서웨이가 좋은 성과를 거둔다면 앞으로 가상자산 분야가 더 활발해질 거라는 전망도 나오고 있다. 잠자는 동안에도 돈이 들어오는 방법을 찾아내지 못한다면 죽을 때까지 일해야 한다고 말한 워런 버핏 말을 빌려 NFT를 통해 새로운 경제참여를 해보는 것을 추천한다.

[참고문헌 및 출처]

1. [학술 자료] 메타버스 가상세계 생태계 진화전망과 혁신전략 – 윤정현, 김가은

2. 한달 거래액이 7조원, NFT 대체불가 매력 뭐길래

   https://www.edaily.co.kr/news/read?newsId=01118486632228224&mediaCodeNo=257

3. [IT강의실] NFT 입문 2부 "NFT 거래, 이건 꼭 알고 시작하세요"

   https://it.donga.com/101815/

4. NFT 시장 성장 견인차 : 오픈씨

   https://contents.premium.naver.com/themiilk/business/contents/220216081616421dA

5. '한국 힙합 최초 메타버스 공연'은 어떻게 펼쳐질까? 이것이 사이버펑크 힙합

   https://hypebeast.kr/2021/10/futurist-social-club-hwaji-metvaverse-korean-hiphop-
   concert-cryptovoxels-preview-interview

6. NFT 열풍, 저작권 문제 등 성장통 불가피

   http://www.koit.co.kr/news/articleView.html?idxno=93922

메타버스가 밥 먹여준다!

정순철

Chapter 05

메타버스가 밥 먹여준다!

Prologue

이번 글의 목적은 일반인이 메타버스에서 보다 즐겁고 재밌는 삶의 기회를 갖도록 하는 것이다. 먼저 뜬금없는 질문으로 시작해보자. 수학과 메타버스의 공통점과 다른 점은 무엇일까? 공통점은 어렵다, 돈이 된다, 창의력이 요구된다이며, 다른 점은 시험이 없다(?)는 것이다.

몇 년 전 우연한 기회에 수학자 한분을 만났다. 그 당시 나에게 수학은 단순히 대학을 가기 위한 과목정도로만 생각하다가 그분의 강의를 듣고 충격을 받았다. 그분은 미국에서 수학교재를 만들었던 경험을 바탕으로 우리나라의 수학교육의 문제점을 해결하고 싶은 희망을 갖고 있었다.

그 분의 강의는 항상 똑 같은 질문으로 시작한다. '수학을 왜 배울까? 어떻게 공부할까? 무엇을 공부해야할까?'이다. 결론적으로 수학은 자연의 비밀을 캐는 학문이고, 그 비밀을 인간의 행복을 위해 사용돼야한다는 것이다. 단순히 수나 연산을 잘하는 것이 아니라 생각의 힘을 키워서 문제를 해결하고, 미래를 예측하는 능력을 키우도록 공부해야 한다는 것이다. 그래서 수학의 목차에 자연의 형태를 공부하는 영역이 '도형, 패턴, 도량형, 차원'이 있고, 그것을 약속된 언어로 표현한 것이 '수, 연산, 식'이고, 미래를 예측하는 '확률, 통계영역'이 있는 것이다.

즉 문제해결능력과 미래를 예측하는 창의력을 키우는 학문이 수학이라는 것이다. 따라서 수학을 잘하는 나라는 과학을 잘하게 되고 과학을 잘하는 나라는 산업이 발달하게 돼 잘살게 된다는 것이다. 나는 이런 이야기를 학교에서 한 번도 들어본 적이 없다. 이 논리로 메타버스를 접근해보자.

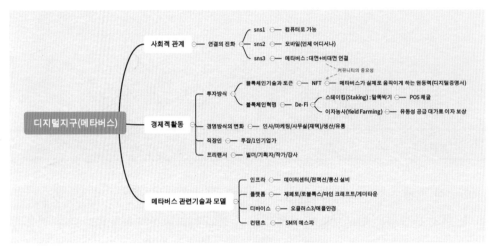

[그림1] 메타버스는 디지털지구(출처 : 정순철)

여기서 메타버스(Meta-Verse)는 '초월'이라는 뜻을 가진 'Meta'와 '현실, 세계'를 의미하는 'Universe'가 합쳐진 개념으로, 현실과 가상의 경계를 자유롭게 넘나들며 사회·경제·문화 활동을 할 수 있는 세계를 의미한다. 함축된 단어로 디지털지구, 차세대인터넷, 가상공간의 집합체와 같이 표현하기도 한다.

1. 왜 메타버스인가?

1) 왜 메타버스인가?

연결방식의 진화 때문이다. 연결의 진화는 사람들이 보내는 시간과 만남의 장소가 달라졌다는 뜻도 된다. 인터넷이 시작되면서 기존 산업사회에서의 소통과 전혀 다른 경험을 하고 있다. 처음에는 사람들의 관계가 컴퓨터로 연결되기 시작했고, 모바일 폰이 나오면서 언제 어디서나 연결이 가능해졌다. 그런데 이 두 가지는 비대면으로 실제의 만남보다는 경험이 떨어진다.

예를 들면 축구장에 가서 경기를 보는 것과 TV로 경기를 보는 것은 경험이 다르다. 그런데 메타버스 안에서는 실재 대면과 유사한 경험을 하게 된다. 따라서 우리가 메타버스에 관심을 가져야 하는 이유는 이 새로운 연결(Connection)의 생태계에서 현실의 한계를 벗어날 수 있는 기회의 장이 펼쳐지기 때문이다. 국가든 기업이든 효율적인 운영이 가능하고 특히 개인의 경제활동(돈), 사회적 관계(사람)에 혁명적 도구가 메타버스이기 때문이다.

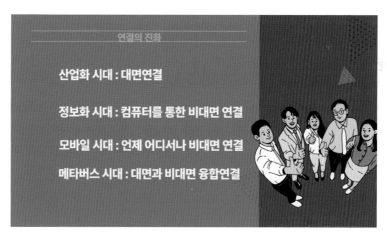

[그림2] 인터넷세상에서 연결의 진화(출처 : 정순철)

2) 메타버스에 돈이 몰리는 이유

팬데믹 이후 우리사회의 시대적 흐름은 웹 3.0의 글로벌 경제로 가고 있다. 쉽게 이야기 해서 비대면 가상공간에서 시간을 보낼 수밖에 없는 현실이 됐고 그것은 과거방식으로 돌아가지 않는 사회·경제적 활동으로 자리 잡게 됐다. 그 결과 새로운 인류가 나타난 것이다. 일명 디지털 인류다. 그 신인류가 사는 곳이 디지털지구 메타버스다.

[그림3] 가상경제의 발전 단계(출처 : 하나금융경영연구소)

메타버스 비관론자들은 "메타버스에서 쇼핑을 왜 하는가? 익숙하지도 않은 3차원 공간에서 아바타 조정해 가면서 옆 매장 이동하는데 시간이 더 걸린다. 또 현재 사용하고 있는 텍스트하고 이미지로만 하는 현재의 웹 방식이 시간당 처리하는 정보량도 월등히 많다"고 주장한다. 단기적으로는 맞는 말이지만 인터넷이 초창기에 그랬듯이 시간이 지나고 기술이 발달하면 어느 날 메타버스라는 용어자체가 지금의 인터넷처럼 인식 될 날이 얼마 남지 않았다. 1900년 마차로 덮인 뉴욕 5번가가 13년 뒤 자동차로 덮인 것처럼….

3) 메타버스 올라타기

무한한 가능성의 공간 메타버스에서 사회·경제적 활동은 자신의 상황에 따라 스스로 판단해야한다. 다만 효과적인 접근이 필요하다. 아무리 무한한 가능성의 공간이라도 나이, 경제력, 전문성, 경험이 다르기 때문에 남들이 성과를 내는 영역이라도 거름지고 장에 가면 안 되는 것이다. 단지 어느 영역이나 처음부터 잘하기는 어려우니 관심을 갖고 꾸준함이 답이 될 것이다. 꾸준함은 자신이 좋아하고 잘하는 영역에서 나온다. 자신이 좋아하고 잘하는 영역은 일단 시작해야 알 수 있으니 두려워 말고 시작하자. 천리 길도 한 걸음부터고 시작이 반이다.

> [매튜볼(Matthew Ball)이 정의한 메타버스의 핵심속성 7가지] (2020)
> ① 지속적일 것
> ② 실시간 동기화가 이뤄질 것
> ③ 동시 참여인원의 제한이 없고 모두에게 '존재'한다는 느낌을 줄 것
> ④ 모든 부문에서 실효적인 경제 체계를 갖출 것
> ⑤ 확장 가능한 경험일 것
> ⑥ 전례 없는 수준의 상호운용이 가능할 것
> ⑦ 콘텐츠와 경험으로 채워질 것

2. 무엇을 해야 하나?

1) 경제적 활동(일반 대중들이 메타버스에서 돈을 벌 수 있는 방법)

(1) 콘텐츠 크리에이터

미국 10대가 주축인 '로블록스'에는 유저들이 직접 게임을 만들고 다른 유저들이 그 게임을 하면서 돈을 지불하든가 아니면 게임 아이템에 돈을 지불하는 구조다. 로블록스는 게임을 쉽게 만들 수 있도록 로블록스 스튜디오를 제공한다. 수입은 로블록스와 게임을 제작한 유저와 나누게 된다.

게임 개발자들은 아직 고등학생들인데 한 달에 3억 원 이상의 수입을 올리고 있다. 그리고 제페토는 아바타에 입힐 옷이나 꾸밀 아이템으로 주로 경제적 거래가 일어나는데 아바타 의상 같은 것을 유저들이 디자인할 수 있게 해준다. 제페토 역시 유저들이 쉽게 아이템을 제작할 수 있도록 툴(tool 도구)을 열어줬는데 이 도구로 의상을 만들어서 크리에이터들은 돈을 벌고 있다.

(2) 제 2의 직업(메타버스 내에서 프리랜스로 활동)

① 매월 80만원 학습지 교사에서 월 300만 원 메타버스 강사로!(투잡 남의 이야기)

"제가 발견한 메타버스의 가능성은 바로 교육기능으로의 활용이었습니다. 마인크래프트, 이프랜드 등의 메타버스 플랫폼들은 공간의 제약을 훌쩍 뛰어넘을 수 있을 뿐만 아니라, 시각적으로나 경험적으로나 학생들의 이해를 훨씬 쉽게 돕는 데에 매우 적합했습니다. 실제로 저는 메타버스라는 새로운 세상을 알기 전, 월 80만 원 겨우 벌던 학습지 강사였습니다. 하지만 지금은 다양한 경로를 통해 300만 원 이상의 수익을 올리고 있는 메타버스 강사가 됐죠."

② 메타버스건축가. 일명 메타버스 빌더. 메타버스 내에서 현실의 사무실을 구현하거나 장소를 구현한다.

2021년 7월 LG전자 소프트웨어 전문가 교육과정을 마친 직원들이 같은 공간에서 수료의 기쁨을 함께 나눌 수 있도록 메타버스 수료식을 열었다. 아바타의 모습으로 수료식에 참가한 직원들은 영남대 마인크래프트 서버 'YUMC(Yeungnam Univ. Minecraft Server)' 동아리가 가상공간에 구축한 CMU(카네기멜런대학) 캠퍼스의 행사장에서 수료증을 받고 동료들과 수료의 기쁨을 나눴다.

[그림4] LG전자 소프트웨어 전문가 교육과정 메타버스 수료식(출처 : LG전자)

③ 메타버스 내에서 벌어지는 이벤트의 기획자나 개발자

'이세돌을 아십니까?'라고 질문하면 바둑기사 '이세돌'을 떠올리는 사람이 있겠지만 메타버스 안에서 6인조 버츄얼(가상) 걸 그룹 이름이다. 여기는 심사하는 사람도 출연하는 사람도 다 아바타이지만 공간이 다를 뿐 실제 오디션과 똑 같다.

[그림5] 가상인간 한유화(출처 : 조세일보)

[그림6] 메타버스 내의 6인조 걸 그룹 이세돌

이 세계 아이돌은 트위치 스트리머 우왁굳이 기획한 프로젝트를 통해 만들어진 6인조 버츄얼(가상) 걸 그룹으로, 같은 해 12월 17일 디지털 싱글 앨범 RE : WIND를 발매해 정식으로 데뷔했다. 한국 최초의 가상 걸 그룹으로, 물론 최초의 한국 사이버 가수인 아담이나 APOKI 등 솔로 버츄얼 가수 등의 사례는 있었으나 '걸 그룹'은 이전까지 전례가 없었다. 다만 그룹 가수 최초는 아니다. 보이그룹까지 범위를 넓히면 한 달 일찍 등장한 레볼루션 하트가 존재한다. K/DA나 aespa의 경우, K/DA는 설정 상으로만 K-POP 가수일 뿐 라이엇은 엄연히 외국 회사이고 aespa의 경우 설정 상 가상 아바타가 있긴 하지만 엄연히 실존 인물이 실물로 활동하고 있기 때문에 순수한 가상 아이돌로 분류하기엔 다소 무리가 있다. 콘텐츠 공표 후 채 일 년도 지나지 않은 2022년 3월 8일[15]을 기점으로 이세돌 멤버 전원이 트위치 팔로워 수 10만 명을 넘기고, 주르르를 마지막으로 3월 19일 오후 10시 31분 전원이 유튜브 구독자 수 10만 명을 돌파하며 이세돌은 여태까지 우왁굳이 진행했던 콘텐츠 중에서도 손에 꼽힐 정도의 대성공을 거두었다.(출처 나무위키)

[그림7] 2021 엠넷 아시안 뮤직 어워즈(MAMA)에서 거대한 뱀 '블랙 맘바'가 에스파 멤버들을 에워싸는 모습이 확장현실(XR)로 구현됐다.(출처 : 매일경제, 사진 제공 : CJ ENM)

④ 메타버스 세상의 작가되기

집시(ZIPCY) 작가의 '슈퍼노멀 NFT'는 0.088이더리움에 판매했던 슈퍼노멀의 가격이 5~6이더리움까지 거래됐다.(당시 1이더리움이 350만 원 정도 하는 것을 감안하면, 30만 원 정도 하던 NFT 가격이 순식간에 2,100만 원으로 뛰어오른 것이다.)

슈퍼노멀이라는 단어는 '비범함'이라는 뜻인데 집시 작가는 이 단어의 탄생에 대해 다음과 같이 말한다. "과거에 멸시 받던 스타일이 지금의 대중화되거나 유행이 되기도 하고, 과거에는 인정받지 못했던 소수가 현재 다수가 돼 있기도 하며, 과거에는 절대 일어나지 않을 것 같은 일이 현재는 너무나 당연한 일이 되기도 하죠. 이는 작가가 다양한 성별, 다양한 스타일, 다양한 인종으로 작업한 주요 포인트입니다."

[그림8] 집시(출처 : 집시 인스타그램 캡처)

NFT는 메타버스라는 디지털 공간에서 과거에는 절대로 일어나지 않았을 것 같은 개인의 가치를 직접 인정받게 만든 도구이다.

⑤ 메타버스 종업원

메타버스에서는 실시간으로 사람들을 만나는 것이다. 따라서 아바타가 있다면 그것은 컴퓨터가 아니라 사람이 있다는 것이다. 거래가 발생하는 메타버스 공간에서 고객들을 맞이할 직원(크루)들은 실제 사람이 조종하는 아바타가 돼야 한다. 그래서 정규직으로 근무할 사람이 필요한 것이다.

2) 메타버스와 온라인 게임의 3가지 차이

(1) 누가 콘텐츠를 만드는가?

- 유명 게임의 경우 기업이 콘텐츠를 만들고 세계관을 구성한다.
- 메타버스에서는 기업은 판만 깔아 놓고 이용자가 콘텐츠를 직접 제작한다.
  예를 들면, 마인크래프트는 기본적인 툴과 블록을 제공하고 로블록스는 직접 맵을 제작한다. 이프랜드는 기본적인 맵과 아이템을 제공하고 나머지 콘텐츠는 사용자들이 채운다.

(2) 누가 돈을 버는가?

- 온라인 게임은 회사가 콘텐츠를 제공하고 모든 수익을 회사가 가져가고 메타버스에서는 기업은 판을 깔아준 수수료를 받거나 콘텐츠 제작자와 나눠 갖는다.

(3) 생활과 밀접한가?

- 온라인 게임은 게임 내에 존재하는 세계관 안에서 정해진 역할만 수행하게 되고 메타버스에서는 정해진 룰이 없으며 스스로 세계관을 만들고 역할을 부여한다.
- 온라인 게임에서는 레벨업, 미션을 수행하며 목표와 목적이 뚜렷하고, 생활과 상관없고, 메타버스에서는 이용자가 목표와 목적을 정하며 일상에서 일어나는 일들을 접목한다.

온라인게임	메타버스
기업이 콘텐츠를 만들고 세계관을 구성	기업은 판만 깔아 놓고 이용자가 콘텐츠를 직접 제작함
회사가 콘텐츠를 제공하고 모든 수익을 회사가 가져간다.	기업은 판을 깔아준 수수료를 받거나 콘텐츠 제작자와 나눠 갖는다.
게임 내에 존재하는 세계관 안에서 정해진 역할만 수행	이용자가 목표와 목적을 정하며 일상에서 일어나는 일들을 접목

[표1] 온라인 게임 vs 메타버스 3가지 차이

3. 메타버스에 사용되는 기술

1) NFT(대체 불가능한 토큰, non-fungible token, NFT)

메타버스가 디지털 지구로써 역할을 하려면 반드시 NFT가 바탕이 돼야하고, NFT는 블록체인 기술이 접목돼 토큰을 붙인 것이다. 따라서 속도와 우수한 블록체인 네트워크가 필요하다. 다시 말해서 복제가 쉬운 가상공간에서 상품의 고유 가치를 인증해주는 공인인증서가 필요한데 그것이 NFT이고 메타버스 내에서 거래에 필요한 화폐가 토큰이다.

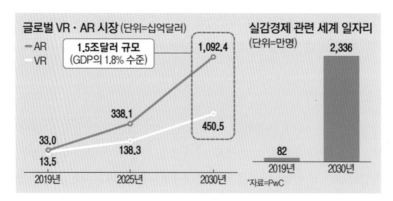

[그림9] VR/AR 관련 시장 규모(출처 : 매일경제)

2) 메타버스 산업의 영역

메타버스 산업은 크게 4영역으로 나눈다. 인프라, 플랫폼, 콘텐츠, 디바이스이다.

'인프라'는 데이터센터, 전력, 통신 설비 등이고, 유명한 '플랫폼'으로는 제페토, 로블록스, 마인크래프트 등이 있고 국내·외에서 이제 막 시작하는 작은 플랫폼들도 있다. 게더타운이 만든 지 1년 반 만에 기업 가치로 투자받은 것이 2조 5,000억 원 정도다. 사실 초기에 투자자로 들어가기는 어렵겠지만 그런 것도 관심을 갖고 주식을 분산시키는 시점에서 초반에 참여해 보면 괜찮다고 생각한다.

우리한테 가장 익숙한 것은 콘텐츠 쪽인데 지금 방송이나 엔터테인먼트나 프로덕션을 말한다. 이쪽에서 메타버스와 관련된 일들을 잘하고 있는 기업으로는 SM과 같은 경우로 에스파란 걸 그룹 만들 때만 해도 높은 평가를 받지 못했다.

마지막이 '디바이스'다. 디바이스도 세부적으로 들어가면 예를 들어 led디스플레이 소자를 다 만드는 건 아니기 때문에 누가 완성품을 잘 만들 것이며, 그 완성품에 들어가는 소재를 어느 기업들이 유통하는지를 평가해서 분산투자할 만한 기업들을 찾아본다.

참고로 대면과 비대면의 경계에서 현실감을 높이는 HMD(Head Mounted Device), AR(증강현실), VR(가상현실), XR(확장현실), MR(혼합현실)에 대해 구글, 페이스북, 마이크로소프트, 삼성 등 글로벌 IT 기업은 대규모 기술 투자를 아끼지 않고 있다. 그래도 이 네 가지 중에서 가장 안전한 쪽으로 변동성이 가장 적은 것은 '인프라'이다.

인프라는 사업자가 망하든지 흥하든지 간에 통신량 자체가 증가하는 거는 일관적인 추세다. 2028년부터 6G가 들어오면 우리가 사용하는 디바이스가 5,000억 개까지 증가하게 된다. 그러면 당연히 통신시장이 폭증할 수밖에 없다.

이 중 조심해야 할 분야라면 '플랫폼' 쪽이다. 플랫폼으로는 페이스북도 있었고 우리나라 싸이월드가 있었다. 그런 것처럼 지금 나온 플랫폼 중에도 어떤 쪽은 사이월드가 되고 어느 쪽은 제 2의 페이스북이 될 수도 있다. 닷컴 버블 때 굉장히 많은 버블이 있긴 했지만, 그중에서 결국 살아남은 기업은 네이버와 다음 카카오가 됐다.

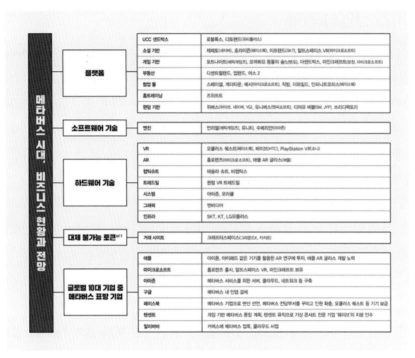

[그림10] 메타버스 사업과 전망(출처 : 메타버스의 시대 이시한 著)

4. 매슬로 욕구 5단계와 NFT

만약 '누군가가 행복이 무엇인가?'를 묻는다면 어떤 대답을 할까? 법정스님은 "행복이란 갖고 싶은 것을 가진 상태가 아니라 가지지 못한 것에서 자유로운 상태다"라고 했다. 빅토르위고는 "사랑 받고 있다는 확신이다"라고 했으며, 세계적인 부호 웨렌버핏은 "가족으로부터 사랑받고 존경 받는 것"이라 했다.

참으로 멋진 말이다. 그러나 현대인의 행복한 삶은 적어도 물질적 욕구와 사회적 관계가 균형을 이루는 삶이 아닐까? 그런데 미국의 심리학자 에이브러햄 매슬로(Abraham Harold Maslow)의 '욕구 5단계'를 보면 이 두 가지가 균형을 이루고 있다 해도, 인간의 욕구는 그 다음 단계인 인정받는 욕구가 있다. 이것은 NFT 가격과 무관하지 않다고 생각한다.

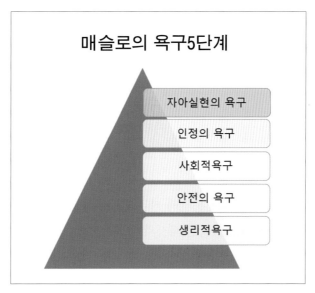

[그림11] 매슬로의 욕구5단계(출처 : 정순철)

1) 36억 원짜리 변기

상품의 가격은 단순히 유용성이나 희귀성으로 대부분 판단하지만 그렇지 않은 경우도 있다. 현대미술가 마르셀 뒤샹 샘(fountain)이라는 작품은 자신이 한 것은 그냥 기성품 변기에 사인을 한 것뿐이다. 그런데 이것이 프랑스 퐁피두센타에서는 거래가격을 한화로 환산했을 때 36억 원으로 책정했다.

[그림12] 경매가 360억의 마르셀 뒤샹 샘(fountain)(출처 : 위키백과)

2) 커뮤니티가 가격을 결정한다.

예전에 필자가 사는 아파트 옆에 '난(蘭) 경매장'이 있었다. 그곳에서 한 달에 한번 정도 경매를 하는데 필자가 보기에는 그냥 풀인데 몇 백만 원에서 수천만 원까지 거래되는 것이다. 돌연변이일수록 비싸다는 것이다. 희귀하다는 이유 때문이다. 그러나 난의 가격은 희귀하다는 것만으로 매겨지는 것이 아니다. 그 커뮤니티가 얼마나 활성화 돼 있는가도 중요한 요소다.

즉 난(蘭) 모임 애호가들의 충성도에 따라 커뮤니티가 성장할 수도 감소할 수도 있다. 어쩌면 우리 모두가 정도의 차이는 있지만 각자의 소속집단의 기준에 따라 평가하고 살아가는 것이다. 이 세상 유일무이한 존재인 자신을 다른 사람에게 평가 받는 것이 썩 내키지는 않는다.

3) NFT의 가치기준은 무엇인가?

NFT란 '대체 불가능 토큰'이며 블록체인 상에 존재하는 디지털 자산이다. 소유권이 블록체인에 기록되고 투명하게 공개됨에 따라 그 고유성이 증명된다. 대표적인 NFT로는 비플 콜렉션(한화 785억 원), 크립토키티(CryptoKitty), BAYC(한화 2억~200억 원), 미프로농구 리그 하이라이트 클립을 토큰화한 NBA 탑샷(Top Shot) 등이 있다.

또한 픽셀 캐릭터를 토큰화한 크립토펑크(Cryptopunk 한화 140억 원), 가상세계 내 부동산을 토큰화한 더 샌드박스(The Sandbox), 최초 트윗의 소유권을 담은 NFT 등 더욱 다양한 목적을 가진 하나의 자산으로 자리매김하고 있다. 이러한 NFT는 크게 '수집형'과 '사용형' 두 가지로 분리할 수 있으며, 그 기준은 '희소성'과 '유용성' 이다.

특히 예술품 NFT는 완전 초창기나 성공한 NFT, 둘 중에 선택하는 것이 좋다. 왜냐하면 완전초창기는 처음 들어간 돈이 적다. 그런데 이게 망할 수도 있지만 약 10개 했을 때는 하나만 성공해도 나머지를 다 완충시키기 때문이다. 또 성공한 NFT는 내가 이걸 샀을 때 또 그 뒤에 누군가 살 사람이 있기 때문이다.

4) 블록체인과 웹 3.0의 작동원리 그리고 DAO와 NFT 토큰 이코노미(경제)

본문에 앞서 잠간 서브프라임 모기지 사태와 블록체인혁명에 대해 알고 가자. 2008년 9월 150년의 역사를 가진 리먼브라더스 은행이 파산했다. 경위는 이렇다.

닷컴버블 붕괴와 아프간/이라크 전쟁 이후, 미국 정부는 경제 활성화를 위해 저금리 정책을 편다. 그로 인해 대출이 늘고 주택가격이 급상승했다. 주택가격의 인상속도가 이자율보다 높아지자, 사람들은 '대출을 못 갚는 일이 생기더라도 담보인 주택을 팔아버리면 돈을 벌 수 있겠군'이라고 생각했다.

은행도 돈을 갚을 능력이 거의 없는 신용불량자에 가까운 사람들까지 대출을 해줘서 집을 사게 만들었다. 하지만 집을 살 사람(대출할 사람)이 줄어들자 집값은 폭락했다. 집으로 대출을 갚을 수 없자, 서브프라임 대출을 받은 많은 사람들이 담보로 잡힌 주택을 포기했다. 이를 시작으로 돈을 빌려준 은행과 대출증서를 기초로 한 투자상품도 전부 망했고, 그로 인해 달러화의 가치와 미국 경제가 망해, 연쇄적으로 세계 경제가 망했다. 그야말로 중앙 집중 방식의 도덕적 해이가 불러온 참사였다.

[그림13] 서브프라임 사태를 배경으로 한 영화 '빅쇼트' 포스트(출처 : 넷플릭스)

이 중앙 집중 방식의 금융서비스에 대한 혁명이 최초의 탈 중앙화폐 '비트코인'이다. 이것은 2008년 필명 나가모토 사토시라는 사람이 블록체인 기술을 바탕으로 논문을 발표하면서 세상에 알려지게 됐다. 기존 금융권에 대한 불만과 새로운 기술의 결합으로 탄생 된 가상자산의 시작이 됐다.

이 기술에 담긴 철학은 '공정'과 '신뢰'이다. 기회나 권력이 한쪽으로 치우치지 않고 믿고 거래 할 수 있는 안전한 사회의 구현을 의미한다. 쉽게 말하면 블록체인 기술을 바탕으로 모든 거래가 투명하게 공개되고, 위변조가 어려워서 고유한 가치가 부여되며, 이것은 '디지털지구'라는 메타버스 안에서 'NFT'라는 공증서로 사용되고, 이 공증서가 달린 상품을 거래 할 때 사용되는 것이 '가상자산(화폐)'인 것이다.

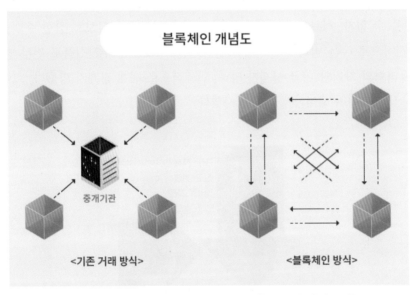

[그림14] 블록체인 거래방식(출처 : 한국전자통신연구원)

그러면 웹 3.0 시대에 기업은 어떻게 NFT를 활용해 고객과 소통하고 질 좋은 서비스를 구축할 것인가? 앞으로 기업의 미래는 웹 3.0 세상에 어떻게 적응하느냐에 달렸다. 웹 1.0, 웹 2.0 시대에 우리가 돈을 벌고, 먹고 사는 방식은 내 시간을 회사에 판매해 돈을 버는 것이었다.

월급은 내 시간에 대한 주도권과 내 시간에 담긴 다른 가능성을 회사에 판 대가이다. 수십 년 동안 웹 1.0, 웹 2.0 시대에 우리가 돈을 벌고, 먹고 사는 방식은 그랬다. 내 시간에 대한 주도권을 회사에 넘기든지 아니면 자영업자가 되든지.

그렇다면 웹 3.0의 시대엔 우리가 돈 버는 방식, 먹고사는 방식은 어떻게 달라질까? 결론적으로 웹 3.0 세상에서는 시간에 대한 주도권을 찾아오는 동시에, 내가 조직에 기여한 부분에 대해 보다 공정하게 배분을 받을 수 있다. 바로 웹 3.0 세상에서 기업의 역할을 대체할 거라는 '다오(DAO)' 즉 '탈중앙화 자율조직'을 통해서라면 가능하다.

다오(DAO)는 약속된 프로토콜(원형)에 따라 움직이는 조직이다. 현재까지 기업은 경영진이 매년 직원을 평가해 경제적 보상을 하고 있다. 하지만 다오(DAO)는 컴퓨터 코드에 약속된 대로 구성원들에게 경제적 보상이 주어지는 조직이다. 미래의 일자리가 다오로 대체된다면 사람들은 동시에 여러 개 다오(DAO)에 소속돼 돈을 벌며 먹고 살 수 있다.

그렇다면 이런 다오가 우리가 돈 버는 방식, 일하는 방식을 어떻게 바꿀까? 우선 다오의 구조를 보자. 다오에 참여하는 방식은 여러 층으로 나눠진다. 가장 중심에는 핵심 기여자 그리고 바운티 헌터, 네트워크 기여자, 토큰홀더로 나눠진다. 다오는 자신의 프로젝트를 통해 발생한 수익을 참여자들에게 어떻게 나눌지 초기에 프로토콜로 약속한다. 그래서 참여자 모두 자신의 기여에 따라 수익창출이 가능하다. 이에 대해 하나씩 알아보자.

(1) W2E(work-to-earn)

핵심 기여자들이 하는 일은 기업에 속한 직장인들과 유사하다. 다오도 프로젝트를 세팅하고 프로젝트가 잘 돌아갈 수 있도록 시간과 노력을 쏟는 사람들이 필요하다. 다오가 정해진 프로토콜에 의해 운영되지만 실제 사람들이 해야 하는 일도 적지 않기 때문이다.

예를 들어 프로젝트의 새로운 소식을 블로그에 업데이트를 하거나 프로젝트를 널리 홍보해야 한다. 또 프로그램에 오류가 나지 않는지 지속적으로 관리하는 개발자도 필요하다. 프로젝트가 다른 기업과 협력해야 한다면 협상을 체결하는 일 그리고 다오에 올라온 제안에 대해 투표를 진행하는 일도 누군가 해야 한다.

이렇게 상시적으로 다오 프로젝트를 위해 일하는 사람들을 '핵심 기여자'라고 한다. 아직 다오의 형태를 갖추지는 않았지만 세계 최고의 NFT 프로젝트인 BAYC(Bored Ape Yacht Club, 지루한 원숭이 요트클럽)를 발행하고 운영하는 '유가랩스'를 예로 들어보자.

유가랩스는 BAYC NFT가 거래되는 과정에는 관여하지 않는다. NFT 마켓플레이스(오픈씨)에서 거래되고 블록체인의 스마트 컨트랙트를 통해 소유권 이전이 기록된다. 또 BAYC NFT를 보유한 사람이 자신의 BAYC를 활용해 어떤 세계관을 만들고 비즈니스를 할지에 대해서도 유가랩스는 관여하지 않는다.

이렇게 BAYC 생태계는 자율적으로 돌아간다. 하지만 BAYC를 더 많은 사람들이 알 수 있도록 홍보하고 다른 기업들과 협력하면서 BAYC의 가치를 높이는 역할을 누군가는 풀타임으로 해야 한다. 이를 유가랩스 직원들이 하는 거다. BAYC 다오(DAO)가 만들어진다면 유가랩스가 바로 핵심 참여자가 된다.

그렇다면 유가랩스 직원들은 어떻게 돈을 버는 걸까? 유가랩스는 BAYC를 발행한 수익 중 일부는 BAYC 생태계의 발전에 사용하고, 일부는 유가랩스 직원들에게 월급으로 준다. 다오의 핵심 참여자들은 기업의 직장인처럼 일해서 돈을 버는 것이다. 즉 '워크 투 언(work-to-earn)'이다.

(2) C2E(Contribute-to-earn)

다오를 위해 헌신하는 사람을 '바운티 헌터(Bounty Hunter)'라고 한다. 재밌게도 영어 바운티는 포상금이라는 의미로 일반적으로 바운티 헌터는 포상금을 노리는 사람을 말한다. 다오에서 바운티 헌터는 다오의 성장에 기여하고 보상을 받는 전문가들을 말한다.

다오도 기업의 역할이기 때문에 재무나 개발 설계 등 특정 분야 전문가의 도움이 필요하다. 이들은 약속된 기간에 정의된 작업을 완료하면 약속된 토큰을 지급받는다. 토큰은 다시 돈으로 교환할 수 있다. 보통 바운티 헌터는 다오 조직에서 공개적으로 모집하며, 신청이나 선정 과정은 다오의 규정에 따라 결정된다. 바운티 헌터들은 조직에 기여 즉 컨트리뷰트를 하고 돈을 번다고 해서 이들이 웹3 세상에서 돈 버는 방식을 '컨트리뷰트 투 언(Contribute-to-earn)'이라고 한다.

때로는 바운티 헌터들로 구성된 다오도 있다. 기업으로 치면 아웃소싱 전문회사다. 만약 다오에서 서비스 업데이트 때만 개발자가 필요하다면, 바운티 헌터 다오에 개발 아웃소싱을 맡기는 식이다. 업무가 마무리 되면 바운티 헌터 다오에 보상금을 준다. 재무관리를 해주는 라마 다오 웹3 소프트웨어 디자인과 개발을 해주는 '레이드 길드(raidguild)' 다오 등이 있다.

(3) P2E(participate to earn → play-to-earn, learn-to-earn, create-to-earn)

P2E는 네트워크 참여자 수입이다. 네트워크 참여자는 다오 프로젝트가 제공하는 서비스의 이용자이자 그 서비스가 잘 돌아갈 수 있도록 하는 사람들이다. 유튜브로 치면 유튜브 크리에이터들이다. 이들은 유튜브를 이용해 자신의 콘텐츠를 만들고 이 콘텐츠들은 유튜브 네트워크를 발전시킨다. 또 페이스북으로 치면 페이스북 사용자들이다.

현재 유튜브에서는 크리에이터들에게 돌아가는 몫이 크지는 않다. 페이스북은 사용자들에게 돌아가는 몫이 아예 없다. 플랫폼을 성장시킨 일등공신이지만 플랫폼 성장에 기여한 만큼 성과를 배분받지 못한다. 하지만 다오의 철학은 개인이 제공한 가치에 대해 리워드(보상)를 준다는 것이다. 참여자들이 네트워크에서 활동하는 것 자체가 네트워크 성장에 도움이 되기 때문이다.

유튜브와 페이스북 같은 서비스가 블록체인 위에서 만들어지면 사용자들 역시 보상을 받게 된다. 이렇게 되면 우리가 지금처럼 소셜미디어에 콘텐츠를 제공하고 또 다른 사람들의 콘텐츠를 이용하는 것 자체가 우리에겐 수익 창출의 기회가 된다. 네트워크에 참여해 돈을 버는 것 즉 'participate to earn'이 된다. 대표적으로 '플레이 투 언(play-to-earn)' 게임이다.

게임 플레이를 하면서 그 게임을 활성화시키고 사용자도 돈을 버는 것이다. 플랫폼의 성격에 따라 사용자가 무언가를 배우거나 또는 콘텐츠를 만들어 네트워크에 참여하고 이를 통해 돈을 벌수도 있다. 네트워크에 참여해 배우는 것이 그 네트워크 활성화에 도움이 된다면 배우는 행위에 대해 보상이 주어진다. 바로 '런 투 언(learn-to-earn)'이다.

현재 일부 웹3 서비스들이 이런 식의 보상을 해준다. 많은 사용자들에게 웹3 서비스는 아직 어렵고 익숙하지 않기 때문에 서비스 사용방법을 배우는 행위에 대해 리워드를 제공하는 것이다. 대표적인 런투 언 플랫폼에는 '레빗홀(rabbithole)'이 있다.

레빗홀에는 사용자가 돈을 벌 수 있는 방식을 여러 가지 제공하고 있다. 그중에서도 탈중앙화 거래소(DEX)인 스시스왑(SushiSwap)에서 사용자가 a 코인을 b 코인으로 교환하는 방법을 배우고, 이를 실제로 실행하면 사용자에게 리워드를 준다. 이를 통해 스시스왑은 새로운 사용자에게 서비스를 홍보할 수 있고, 사용자는 스시스왑 사용방법을 익힐 수 있으니 서로 윈윈 효과를 낼 수 있다.

또 pol은 웹3 기술을 전파하기 위한 대표적인 learn-to-earn 플랫폼인데 사용자가 웹3 개발 과정을 이수하면 토큰을 준다. 고급 과정을 이수할수록 더 많은 토큰을 준다. 과정을 이수한 사람들은 보상을 받아서 좋고, 플랫폼은 웹3 기술을 더 많이 확산시켜서 좋다.

'크리에이트 투 언(create-to-earn)' 즉 뭔가를 창조한 대가로 돈을 버는 모델도 있다. 이 역시 네트워크에 참여해 돈을 버는 participate-to-earn에 해당된다. 예를 들어 이더리움 블록체인 기반 디지털 예술품 NFT 마켓플레이스 플랫폼 슈퍼레어(superrare)는 NFT 창작자에게 슈퍼레어 토큰을 나눠준다. 마켓플레이스를 발전시켜주니까. 창작자들은 NFT를 판매해서 돈을 벌 뿐 아니라 마켓플레이스에 기여한 자체로 토큰을 지급받는다.

(4) I2E(invest-to-earn)

이것은 프로젝트가 발행한 토큰의 보유자다. 이들이 돈을 버는 방식은 '인베스트 투 언(invest-to-earn)' 즉 투자를 해서 돈을 번다. 사실 토큰 보유자는 커뮤니티를 위해 적극적인 활동을 하지 않는다. 다만 토큰을 보유하고 있기 때문에 커뮤니티가 더 성장하도록 제안을 하거나 투표를 할 수 있다. 마치 주식회사의 주주와 유사한 역할이다. 기업이 잘되면 주주들이 배당을 받는 것처럼 커뮤니티가 성장하면 그 수익이 토큰 보유자에게 배분된다.

웹3 세상에서의 일자리와 먹고사는 방식이 지금과 다른 점을 한번 비교해보자. 우선 더 자율적으로 일하고 돈을 벌 수 있다. 핵심 기여자는 상근 역할이지만 바운티 헌터나 네트워크 참여자, 토큰 홀더들은 지금의 직장인과는 많이 다른 개념이다. 이들은 프로토콜에서 정한 기간 동안 정해진 업무만 이행하면 된다.

동시에 여러 다오에 참여자로 활동하면서 돈을 벌수도 있다. 자신이 속한 프로젝트에 일정부분은 동의하지만 방향성이 자신의 철학과 맞지 않다고 판단되면 비슷한 다오를 쉽게 만들 수 있다. 다오의 프로토콜 코드가 오픈돼있기 때문에 필요한 부분만 수정하면 된다. 그렇게 되면 참여자들이 더 많은 오너 십을 가질 수 있다.

기업들이 직원들에게 주인의식을 갖고 일하라고 말하지만 사실 직원들이 주인이 아니기 때문에 주인의식을 갖기는 쉽지 않다. 하지만 다오에서는 모든 참여자들에게 인센티브가 주어진다. 그래야 프로젝트가 확장이 된다. 그래서 참여자들이 오너 십을 가질 수 있다. 인센티브를 주는 비율과 방식도 참여자들의 합의를 통해 결정된다.

또 참여자들은 자신이 원하는 비율과 방식의 리워드(보상) 구조를 가진 다오를 선택해 일할 수 있어 오너 십을 가질 수 있게 된다. 또 다오는 기업보다 더 투명하다. 모든 것이 오픈소스이기 때문이다. 그래서 참여자들이 자신과 가장 적합한 다오를 선택하기에 유리하다. 물론 투명하기 때문에 참여자들이 업무를 제대로 이행하는지 누구든지 바로 확인할 수도 있다.

정리하자면, 웹2.0 시대까지는 주로 회사에서 일정시간 일을 해서 돈을 버는 work to earn이었지만 웹3.0에서는 contribute to earn, participate to earn, learn to earn, Play to earn, create to earn, invest to earn 등 다양한 방식이 가능하다. 물론 실제 이런 식으로 돈을 벌수 있는 세상이 오려면 많은 시간이 걸릴 것이다.

또한 x가 다양해지면서 유연성은 높아지지만 은퇴할 때까지 조직의 보호가 사라지면서 안정성이 떨어지는 문제가 생길 수 있다. 하지만 웹3.0 세상에서 일하는 방식은 내 시간에 대한 주도권을 찾아오면서 동시에 자신이 기여한 부분에 대해 보다 공정하게 대접받을 수 있을 것이다.

5. 메타버스 세계에서 디파이(De-Fi)와 NFT의 역할과 기능

1) 디파이(DeFi)

'디파이(DeFi)'란 탈중앙화 금융(Decentralized Finance)의 약자로써 블록체인의 성질에 적합하다. 사실 디파이가 어떤 서비스인지 정확한 개념은 없다. 다만 블록체인을 활용한 암호화폐를 거래하는 금융 서비스 이런 것들을 총칭 디파이라고 한다. 현재 금융 서비스의 핵심은 대출을 해주고 이자를 받는 것이다. 그런데 대출을 해줄 때 '그냥 인상이 좋아 보이니까 믿고 빌려줄게' 이러지 않는다. 보통 그 사람의 자산을 담보로 잡는다. 즉 땅 문서, 집 문서를 요구한다. 아니면 신용도를 평가하기도 한다.

근데 암호화폐를 빌려주려고 하면 그런 실물을 담보 잡을 수는 없고 그럼 무엇을 담보 잡을까? 이때 NFT가 사용된다. NFT는 디지털 가상자산이다. '내가 어느 메타버스 부동산에 땅을 갖고 있다. 근데 이 땅은 시가 2억 원은 한다. 아니면 누구의 그림을 갖고 있다'는 공증서다.

예를 들면 따분한 원숭이 요트클럽(BAYC) 바닷가 그림 하나있다. 참고로 이 그림은 최저 2억~200억 원하는 것도 있다. 이제 이것을 갖고 있으면 적어도 1억 원을 빌려줄 수 있다고 판단한다. 그러니까 디파이가 성립하기 위해서는 대출을 해야 되는데 자산이 있어야지 담보를 잡을 건데 그 NFT가 가상자산을 만들어주는 거니까 디파이가 성립하는 핵심 요소가 되는 것이다.

그런데 여기서 드는 의문점은 현재 중앙화 된 금융 시스템에서 사용하는 우리 화폐 원화나 달러 이런 것들을 'CBDC'라고 하는데 이 디지털 화폐가 나오면 불편하게 다시 가상화폐로 바꿔 팔고 사고 이렇게 할 필요가 있나? 그냥 계좌에서 보내주면 되는 거 아닌가? 하는 의문이 생길 것이다.

좀 더 자세히 알아보자. 오히려 상거래(커머스)에서 굳이 CBDC를 써야 되는 이유가 없다는 것이다. 왜냐하면 가령 엘살바도르 같은 경우가 중앙 화폐 비트코인을 허용을 하지 않았는가? 여러 가지 이유가 있지만 가장 큰 이유가 그 나라의 약 13%~15% 인구들이 미국에 가서 돈을 벌어 송금하는데, 보통 달러가 이 나라 돈으로 송금할 때 환율 때문에 빠지고, 송금 수수료로 빠지면 약 10~20%가 빠진다. 그게 엘살바도르에서는 엄청나게 큰돈이다.

근데 비트코인으로 송금해버리면 빠지는 게 전혀 없다. 또 우리가 암호화폐를 쓰는 이유 중에 하나가 예를 들어 채굴(연대보증)에 참여하면 그 보상으로 암호화폐를 주는 거라고 했는데, 누군가와 거래를 할 때 프랑스 사람이 채굴에 참여하면 이 사람은 우리나라 CBDC를 원하지 않는다. 그러면 보증을 하는데 달러로 바꿔야 되고 또 프랑이나 유로로 바꾸려면 얼마나 복잡한가?

또 프랑스 사람뿐인가? 러시아 사람도 있고, 멕시코 사람도 있고, 전 세계가 글로벌로 참여하기 위해서는 그런 환전이라는 번거로움이 없어야 한다. 그것이 암호화폐이고 세계 어느 나라에서든 같이 쓸 수 있는 것이다. 환율과 환전이라는 건 결국 중앙이 통화를 제어 하겠다 해서 만든 것이고, 그래서 중앙화 같은 것들을 자꾸 하려는 것인데 그래서 CBDC라는 게 사실은 굉장히 모순적인 개념인 것이다.

2) 커뮤니티가 NFT의 가치를 높인다

얼마 전부터는 NFT 고유 자산과 관련해 활발한 생태계가 구축되는 모습이 보이고 있다. 전적으로 NFT의 영역 안에서 새로운 조직들이 출현하고 있는 것이다. 이 생태계의 상품들은 NFT의 일환으로 출발하면서도, NFT 소유자들이 점점 더 다양해지는 상품, 활동, 경험들에 접근할 수 있는 로드맵을 기획하고 있다. NFT 판매로 발생하는 수익은 브랜드로 다시 투입되고, 그 목표를 날로 확장해 가는 프로젝트들을 지원하게 된다. 이 과정에서 NFT 자체의 가치도 함께 상승하게 된다.

'따분한 원숭이 요트클럽(BAYC, Bored Ape Yacht Club)'의 예를 들어보자. 이는 원숭이가 등장하는 NFT 그림 시리즈로 구매자에게는 온라인 커뮤니티에 접근하는 멤버십을 제공해 준다. 이 프로젝트는 비밀 채팅방과 낙서판(graffiti board)으로 시작됐고, 성장을 거듭하며 최고급 상품 매매, 소셜 이벤트 등의 행사로 확대됐으며 실제로 요트 파티를 벌인 적도 있다.

'섭덕(SupDucks)'과 '거터 캣 갱(Gutter Cat Gang)'도 마찬가지의 사례로 NFT 그림 시리즈로 커뮤니티를 구축하며 온라인 공간들을 규합하며 관계를 맺어 나갔다. 전자는 산책로 테마의 메타버스 게임으로 발전했고, 후자는 화려한 개인 이벤트와 같은 실제 세계에서의 혜택에 집중하는 모습을 보여줬다.

사람들은 이러한 수집 환경 내의 멤버십을 자신의 개인 정체성으로 받아들이는 일이 흔하다. 소셜미디어의 공개용 프로필 사진으로 자신이 제일 좋아하는 NFT 그림을 설정해 놓기도 한다. 각각의 NFT 커뮤니티는 다양한 성격과 목적을 지니며, 자신에게 딱 맞는다고 여길 수 있는 그룹을 누구나 찾을 수 있을 정도로 이제 그 범위는 다양해졌다. 이러한 방식으로 NFT의 소유 행위는 즉각적인 공통의 텍스트를 제공하며, 사람들은 이를 타인과 자신을 서로 연결하는 데 사용할 수 있다.

여기서 더 나아가 이러한 커뮤니티들 중 많은 수에서 소유를 통한 상업적 권리의 부분적·전면적 행사가 가능하며, 커뮤니티 운영에 대한 거버넌스(governance 협치)까지 일정수준 행사할 수 있는 경우도 있다. 즉, 인간 구성원들이 자신이 소유한 NFT 외에도 전체 브랜드의 가치를 신장해 주는 자산구축 행위를 할 수 있다는 것이다.

이로써 팬덤이 브랜드 자체에 피드백과 영향을 주는 경로가 실현된다는 것은 매우 중요한 점이다. 한 따분한 원숭이 회원이 시작한 프로젝트 '주차원 젠킨스(Jenkins the Valet)'는 사실상 자체적인 하위 브랜드가 됐다. 각각의 섭덕 회원이 자신의 NFT에 관련해 생성한 작품과 캐릭터는 섭덕 메타버스에 흡수됐다. 또한 커뮤니티 창작 팬 프로젝트들은 거터 캣 갱의 스토리 아크(story arc)를 확장했다.

결국 2022년 4월 11일 커뮤니티의 힘으로 성장한 일명 지루한 원숭이 요트클럽(BAYC)을 만든 유가랩스(Yuga Labs)가 라바랩스(Larva Labs)로부터 크립토펑크(CryptoPunks), 미비츠(Meebits)를 인수했다. 크립토펑크는 NFT 세계에서 가장 오래되고 가치가 높은 브랜드 중 하나이며, 미비츠는 지난 5월 등장한 후 빠르게 NFT 컬렉션 목록에 합류한 회사다.

이러한 혜택들로 인해 관련 NFT를 갖는다는 행위의 가치는 더 올라간다. 금전적 이득을 위해 작품을 재판매하는 일로부터 소유의 가치를 분리하기 위한 방식이 결과적으로 소유의 가치를 이렇게 높여주고 있다는 것은 역설적이지만 말이다.

3) 코스모스코인(ATOM)으로 De-Fi 따라 하기

디파이(DeFi)란 탈중앙화 금융(Decentralized Finance)의 약자로써 탈중앙화 된 분산금융 또는 분산재정을 의미한다. 일반인들에게는 그냥 '코인으로 이자 받는 법'이라고 생각하면 쉽다. 만약 코인으로 장기 투자를 생각 중이라면 코인을 예치해 이율에 따라 해당 코인을 추가로 더 받는 탈중앙 금융서비스를 가상자산 거래소 같은 업체에서 대행하는 것이 안전하다.

여기에는 크게 두 가지가 있다. 스테이킹(Staking) & 이자농사(Yield farming)이다.

(1) 스테이킹(Staking)

국내 가상화폐거래소 코인원에서 코스모스코인(ATOM)으로 스테이킹(Staking)하기를 살펴보면 코인원은 코인을 일정기간 맡기면 코인으로 보상하는 스테이킹, 갖고만 있어도 보상하는 데일리 등의 서비스 등을 제공하고 있다. 스테이킹이란 은행의 예금을 맡기는 것 (적금)처럼 보유하고 있는 암호화폐의 일정량을 고정시켜 보상을 받는 것이다.

스테이킹이란 말뚝 박기라는 말이다. 코인원에서는 코스모스, 클레이튼, 테조스 세 가지 코인을 스테이킹할 수 있다. 코인원에서 다음 사진처럼 '플러스' 메뉴에 가면 스테이킹이 나온다. 코스모스 코인을 선택하고 원하는 수량을 입력하면 연이자 8.27% 만큼 코인으로 보상해준다. 코인별로 리워드 지급방법과 스테이킹 취소 시 출금과 거래가능 일자가 다르다. 코스모스코인은 스테이킹 취소 후 21일 걸리는데 클레이튼은 7일, 테조스는 제약이 없다.

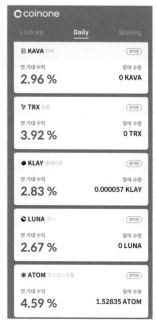

[그림15] 코인원 거래소에서 코스모스코인 스테이킹

(2) 이자 농사(Yield farming)

유동성 공급 대가로 이자를 보상받는 것을 말한다.

〈참고〉 거래소 개설과 지갑간의 송금 방법

국내 거래소, 해외거래소 모두 신원에 대한 정확한 정보를 요구한다. 탈세와 돈세탁에 대한 우려 때문이다. 특히 트레블 룰이 시행되면 절차는 더 까다로워진다. 기본적으로 국내 거래소는 지갑으로 출금을 제한한다.

(3) 트래블룰이란?

자금세탁을 방지하기 위해 기존 금융권에 구축된 '자금 이동 추적 시스템'입니다. 은행들이 해외 송금 시에 국제은행간통신협회(SWIFT)가 요구하는 형식에 따라 송금자의 정보 등을 기록하는 것을 뜻한다. 쉽게 말하면 가상자산을 주고받을 때 정보를 공유하는 규칙이다.

'이자 농사'는 코인을 예치하면 이자를 받는다는 점에서는 스테이킹과 같지만 엄밀히 따지면 전혀 다른 개념이다. 스테이킹이 '블록 검증에 대한 보상'이라면, 이자 농사는 탈중앙화 거래소(DEX)나 코인 대출 플랫폼 같은 '디파이(DeFi)' 시장에 유동성을 제공한 대가로 코인을 받는다. 보통은 스테이킹보다 평균 이자율이 높다.

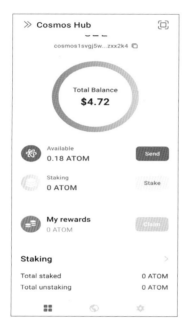
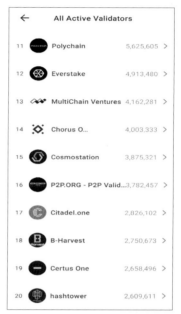
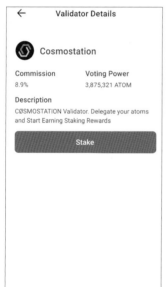
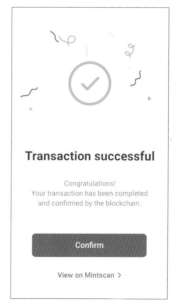
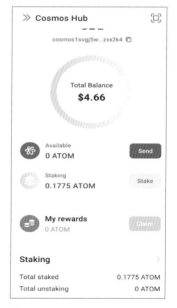

[그림16] 케플러 지갑을 이용한 이자농사

(4) 케플러지갑을 이용한 코스모스코인 스테이킹해보기

구글 플레이스토어에서 케플러 지갑 앱을 다운 받아서 코스모스코인(ATOM)을 예치하고 원하는 밸리데이터(검증인 cosmostation)를 선택해서 원하는 만큼 스테이킹을 하면 된다. 예치하는 코인 종류마다 이자율이 다르다. 이자율은 복잡한 계산식과 여러 변수를 고려해 실시간으로 바뀐다. 하지만 이해하기 쉽게 풀어쓰자면, 유동성 풀에 있는 코인이 빠르게 소진 중이라면 더 많은 자금을 예치하기 위해 이율이 높아진다. 반대로 풀 내 자산이 넘쳐날 경우 대출을 유도하기 위해 이율이 낮아지는 방식이다.

디파이는 탈중앙화 금융이다. 예를 들어 현재 우리나라에서 많이 사용하고 있는 암호화폐 거래소 업비트는 우리가 코인을 매수하고 매도할 때 원화 기준 0.05%의 수수료를 가져간다. 하지만 디파이를 이용한다면 이 거래 수수료를 개인이 가져갈 수 있다.

이번에는 은행을 예로 들어본다. 돈을 예금하기 위해서 우리는 신분증을 들고 은행으로 가서 통장을 만든다. 그리고 대출할 때에도 창구직원이 개인의 신용을 조회해 대출해준다. 이렇게 복잡한 과정 없이 모든 것이 다 블록체인 위에서 일어나는 것이 바로 디파이다. 뿐만 아니라 예금대출과 같은 서비스도 블록체인 위에서 하게 된다면 은행 창구직원을 거칠 필요가 없이 디파이에서 모든 것이 해결되는 것이다. 이게 바로 탈중앙화 금융이다. 미래는 은행이 사라질 수도 있다.

디파이에 유동성을 공급한다는 것이 무슨 뜻일까? 일단 디파이에서 가장 많이 사용하는 시스템이 바로 '스왑(swap) 서비스'이다. 앞에 업비트의 예를 들었듯이 거래소를 끼고 개인이 판 물량을 거래하는 것이 아니고 탈중앙화 된 시스템 안에서 코인들끼리의 스왑으로 거래가 되는 것이다. 시스템 안에서 코인끼리 교환이 가능하려면 이 플랫폼에 비트코인 이더리움과 같은 자산을 제공해줘야 하는데 이것이 바로 디파이에 유동성을 공급한다고 하는 것이다.

디파이 플랫폼 중 가장 핫한 팬케이크스왑(bnb 기반), 유니스왑(이드리움 기반)을 하면 된다. 각 디파이 거래소에는 자사의 코인을 갖고 있는데 코인게코(https://www.coingecko.com)에서 유니스왑은 시총 33위, 팬케익 스왑은 시총 55위를 차지하고 있다.

최근 들어 이드리움은 전송속도와 가격이 비싸서 bnb 코인을 매개로 하는 팬케익스왑이 뜨고 있다. 아마도 이더리움 2.0이 되면 다시 유니스왑으로 가지 않을까? 이렇게 갖고 있는 비트코인과 bnb 코인을 묶어서 유동성을 제공하면 APR(Annual Percentage Rate의 약자) 즉 연이율이 10% 대이다.

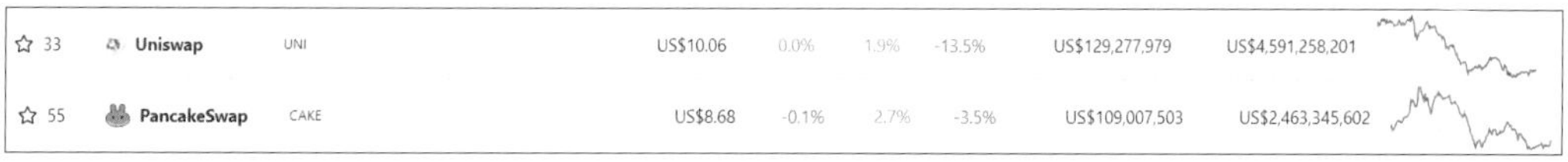

[그림17] 코인게코 거래소의 유니스왑과 팬케익스왑(출처 : 코인게코 거래소)

메이저급은 아니지만 트론이랑 묶어서 유동성을 제공하면 자그마치 60%를 준다. 다만 이것은 팬케익스왑에서 발행하는 케이크 코인으로 받는다는 조건이다. 추가로 비엔비 코인은 바이낸스에서 제공하는 거래소 코인이고 시총 3~4위에 있다. 장기 투자를 할 사람들은 디파이에 묶어 놓으면 이자까지 받을 수 있어서 이득이다.

그 외 디파이 서비스로는 자산토큰화가 있다. 이것은 개인 투자자들도 고가의 부동산이나 예술품에 쉽게 투자할 수 있도록 자산 소유권을 소액으로 나눈 것을 말한다. 여러 개로 나눠진 소유권을 블록체인 기술로 암호화해서 저장하는 것을 '토큰화'라고 하는데 이를 자산 토큰화라고 부른다.

예를 들면 국내 대표 부동산 자산 토큰화 기업이 카사다. 카사는 지난해 12월 역삼동에 있는 101억 원 상당의 빌딩을 5,000 원의 부동산 디지털 수익 증권을 200만여 개로 나눠서 공모를 진행했는데 투자자는 원하는 수량만큼 부동산 디지털 수익증권을 살 수 있다.

투자를 한 후 수익을 낼 수 있는 방법은 총 세 가지다. 먼저 투자자는 일반 투자처럼 임대료를 받거나 역삼동 빌딩을 매각할 때 시세 차익을 벌 수 있다. 그리고 빌딩을 매각하기 전에는 보유하고 있는 수익 증권을 카사의 마켓플레이스를 통해서 판매할 수 있다.

순위	로고	코인	예치 자산	연 환산 이율
1위		솔라나 (SOL)	603	6
2위		이더리움 2.0 (ETH 2.0)	296	5
3위		에이다 (ADA)	287	5.7
4위		루나 (LUNA)	238	6.8
5위		아발란체 (AVAX)	215	9.3
6위		폴카닷 (DOT)	164	14
7위		알고랜드 (ALGO)	106	2.5
8위		바이낸스코인 (BNB)	86	14.4
9위		니어프로토콜 (NEAR)	64	10.6
10위		코스모스 (ATOM)	63	13.3

*현재 가장 많이 스테이킹된 코인은 (단위:억달러, %)
*2022년 1월 6일 기준
*자료:stakingrewards.com

여의도 익스콘벤처타워의
건물주가 되어볼까요?

가격	5,160	— +
수량	100	— +
주문총액	516,000 원	

+ 빌딩을 쉽게 주식처럼 사고팔 수 있어요.
+ 배당주처럼 임대수익 배당금을 받을 수 있어요.
+ 빌딩 가격이 오르는 만큼 매매 차익도 기대해요.

매수하러 가기

[그림18] 스테이킹 코인들(출처 : 매일경제) [그림19] 부동산 토큰화(출처 : 카사의 홈페이지)

6. 투자 시 주의해야 할 점

첫째, 원금 보장이 되지 않는다는 점이다. 아무리 이자를 많이 받아도 묶여있는 기간 동안 그보다 훨씬 큰 폭으로 해당 코인 가격이 하락하면 결과적으로 손해를 볼 수 있다. 단기 하락장에서 이른바 '손절'을 통해 손실을 최소화하고자 하는 투자자에게는 적합하지 않다.

둘째, 스테이킹을 모방한 사기 수법도 조심해야 한다. 일정 기간 암호화폐를 맡기면 고수익을 보장한다고 홍보한 후 코인을 가로채는 방식이다. 실제로 초반에는 수익금을 지급하면서 투자자를 현혹하기도 한다. 하지만 다른 투자자로부터 받은 코인을 일부 지급하는 '돌려막기' 식인 게 대부분이다.

'원금 보장'이나 '지인 추천 시 보너스' 같은 말을 운운한다면 스캠 사이트일 가능성이 높다. 이름난 글로벌 가상자산 거래소나 블록체인 기반으로 운영되는 탈중앙화 거래소, 코인 대출 플랫폼이 아닌 사이트나 앱은 경계해야 한다.

셋째, 문제가 발생했을 때 탈중앙금융은 말 그대로 관리 주체가 제 3자가 아니라 자기 자신이므로 신중하게 관리해야 한다는 어려움이 있다.

Epilogue

예전에 인디언들은 말을 타고 달리다가 가끔 말에서 내려 자신이 달려온 방향으로 서서 가만히 있었다고 한다. 왜냐하면 급하게 달리다가 미처 따라오지 못한 자신의 영혼을 기다리는 것이었다.

우리는 지금 메타버스라는 새로운 공간에서 연결되어 살고 있다. 팬데믹으로 어쩔 수 없이 비대면업무와 비대면사회활동 시간이 늘어날 수 밖에 없는 시대이다. 여기서 우리가 행복할 수 있는 방법은 사회적 관계와 경제적 활동이 조화를 이루고 이 과정에서 정말 중요한 가까운 가족이나 친구들과의 직접적인 만남도 병행해야 할 것이다.

가족간의 식탁에서 우리는 서로의 얼굴을 보며 식사를 하는 것이 아니라 습관적으로 유튜브와 같이 식사를 한다. 잠시 폰을 내려놓고 잠깐이라도 눈을 바라보자. 처음에는 어색할 것이다. 그래도 의식을 행하는 것처럼 해보길 바란다.

메타버스와 함께 하는 미래교육

이은형

Chapter 06

메타버스와 함께 하는 미래교육

Prologue

우리의 아이들은 이미 메타버스 세상에 살고 있다고 해도 과언이 아니다. 메타버스 안에서 한껏 차려입고 보드를 타기도 하고, 친구들과 모여 아이돌 그룹처럼 군무를 하기도 하고, 즐거운 순간을 사진으로 남겨 추억으로 저장하기도 한다. 이렇게 메타버스의 일상을 살아가는 아이들이 여전히 19세기의 학교 시스템과 20세기의 교육방식 아래 놓여있는 아이러니한 일이 지금 우리 눈앞에 펼쳐지고 있다.

메타버스는 우리의 삶에 더욱 깊숙이 스며들 것이고 사회와 경제, 문화, 노동에 이르기까지 우리의 삶 곳곳에서 우리를 움직이기 시작했다. 이런 메타버스 시대에 우리의 교육은 어디쯤 와 있으며 앞으로 우리의 교육에 메타버스는 어떤 역할을 하게 될 것이지 세계 여러 나라의 사례들과 비교해 우리의 나아갈 방향을 모색해 보려고 한다.

1. 메타버스 시대

메타버스는 가상, 초월을 뜻하는 'META'과 세계, 우주를 뜻하는 'UNIVERSE'의 합성어로 '3차원 가상의 세계'를 의미한다. 얼핏 보면 가상현실을 뜻하는 'VR'과 같아 보일 수 있지만, 가상현실은 현실세계와 완전히 다른 상태이다. 메타버스는 현실에서 하던 행동들을 그대로 가상현실에서 할 수 있다는 점에서 차이점이 크다.(잡코리아(2021) 취업뉴스 취업팀)

산업혁명은 사람들의 삶의 방식을 크게 바꿔놓았고 이후 계속된 인터넷과 이동통신, 무선 등의 기술발전이 이제 새로운 4차 산업혁명인 메타버스의 시대로 우리를 안내하고 있다. 코로나19의 대 유행으로 비대면 활동이 증가하게 되면서 메타버스의 역할과 의존도가 높아졌고 우리가 인식하지 못하는 사이에 메타버스 시대는 크게 확산됐다. 이제 메타버스는 제한된 사람들의 전유물이 아닌 남녀노소를 막론하고 누구든지 누릴 수 있는 디지털 세계이며 일상과 사회 경제활동이 모두 가능한 가상현실세계이다.

전 세계적으로 메타버스는 기업, 경제, 문화, 노동에 이르기까지 이제 우리 사회 전반에 걸쳐 사람들의 삶을 움직이고 있다. 이에 메타버스의 다양한 플랫폼을 이해하고 분석해 메타버스를 능동적으로 사용하는 역량을 기르는 교육이 필요하며 메타버스의 사회적 요구를 반영한 메타버스를 활동한 교육프로그램과 콘텐츠를 개발해 교육의 활성화를 가져오는 것이 필요한 시대가 됐다.

2. 메타버스의 특성

메타버스의 특성을 알아보자. 첫째 메타버스는 메타버스 프로그램을 개발한 사람과 이용하는 사람들이 함께 만들고 발전시켜나가는 가상세계이다. 이용자가 플랫폼에서 개발한 것들을 단순히 구매만하는 수동적 소비가 아니라, 이용자들이 직접 다양한 아이템들을 만들어 판매하고 공유할 수 있는 것이 기존의 인터넷과 크게 다른 점이라고 할 수 있다.

제페토에서 다양한 아바타 의상들을 누구나 손쉽게 만들어 판매할 뿐만 아니라 메타버스의 셀럽이 될 수도 있으며 로블록스 또한 자기만의 게임이나 아바타 의상들을 만들어 매매할 수 있다.

둘째 메타버스는 누구나 함께할 수 있는 시공간을 초월한 세계이다. 성별, 학력, 나이, 전공, 직업, 장애 등에 구애받지 않고 누구나 똑같이 누리고 공유하며 소통 가능한 세계이다. 이런 메타버스 안에서는 현실 세계의 제한을 뛰어넘어 활발하고 다양한 소통을 할 수 있다. 그리고 이것은 새로운 문화를 만들고 정착시켜 나가고 있다.

셋째 메타버스의 경제활동은 현실로 이어진다. 2018년 스티븐 스필버그의 영화 '레디플레이어원'에서 2045년 오아시스(OASIS)라는 가상현실 세계에서 가난한 10대 소년이 억만장자가 유산으로 남긴 상금을 찾아 가상세계에서 이뤘던 부가 현실까지 이어지는 결말을 볼 수 있었는데 이것이 영화가 아닌 현실이 됐다.

미국인 청년 이든 가브론스키는 2021년 2월 로블록스가 제공한 무료 플랫폼을 통해 자신이 만든 액션게임 '배드 비즈니스'에서 옷과 무기 등 아이템을 판매해 4만 9,000달러(한화 약 5,500만 원)의 수익을 얻었다.

사용자가 직접 게임을 올리고 수익을 얻는 모델인 로블록스는 게임 내 가상화폐를 현금화 시킬 수 있도록 했으며 미국 경제 매체 CNBC에 따르면 1,200여 명의 개발자가 한 해 동안 로블록스에서 벌어들인 수입은 평균 1만 달러(한화 약 1,100만 원)이고 상위 300명은 10만 달러(한화 1억 1,000만 원)을 벌었다고 발표했다.(중앙일보 2021. 03. 17.)

이러한 메타버스의 특성은 기술이 발전할수록 다양한 메타버스를 서로 연결해 많은 이용자들이 자유로이 왕래하며 정보를 교환할 수 있도록 하는 멀티버스(multverse)로 발전할 전망이다.

3. 온택트 시대의 교육

코로나19로 인한 거리두기와 비대면 활동은 교육에도 영향을 줘 세계적으로 비대면 수업의 활성화를 가져왔고 온라인 플랫폼을 통한 수업은 이제 지극히 일반적이고 보편적인 수업형태가 됐다. 2021년 1월 코로나 대유행으로 대다수의 기업들이 어려운 시점에 미국 화상회의 플랫폼 줌(ZOOM)은 다른 기업과는 다르게 주가는 5배, 수익은 4배 이상 뛰며 사업을 더욱 확장하는 계기가 됐다.

줌은 110년의 역사를 가진 IBM(120조 원)과 어깨를 나란히 할 정도로 아주 짧은 시간 안에 기업가치가 109조 원으로 폭풍 성장을 이뤄냈다. 줌은 학교에선 무료로 사용을 할 수 있도록 플랫폼을 제공해 2021년 기준 세계 12만 5,000여 곳에서 사용하고 있으며 유튜브 보다 더 많은 다운기록 횟수를 자랑하고 있다.(한국일보 2021. 01. 03.)

한국에서도 온라인 수업을 위한 교사 역량 강화와 학부모 지원, 원격수업 모니터링과 평가에 대한 논의를 주도하며 원격수업 준비 측면에서도 뒤떨어짐 없이 성공적으로 시작했다. 온라인 수업을 위해 교사진은 다양한 연구와 콘텐츠 개발을 통해 학생들의 몰입감과 학습참여도를 높이기 위해 애썼다.

그러나 교수 한사람이 수 십 명에서 수 백 명의 학생들을 앞에 두고 진행하는 일방적인 강의시스템은 학생들의 지적성장에 큰 도움을 주지 못했는데 그 이유가 바로 상호작용의 어려움 이였다.(중앙일보 2021. 09. 04.) 교수와 학생사이의 유대감과 상호작용은 가능했으나 학생들끼리의 상호작용에는 한계점이 있어 또래 집단끼리의 유대감과 공동체 의식을 느끼기에는 많이 부족했기 때문이었다.

또한 코로나19로 인한 정서적인 측면까지 교육하고 관리하는 데는 어려움이 있었으며 학생들의 공동체생활 부족으로 인한 사회성 교육의 필요성이 절실했으며 예체능이나 과학 같은 교과는 더욱 상호작용이 어려웠다.

[그림1] 화상회의 시스템이 지닌 근본적 한계를 분석한 〈뉴욕타임스〉 기사(출처 : NYT)

〈내셔널지오그래픽〉지에 '줌피로'가 두뇌에 가하는 충격이라는 특집 기사가 실렸다. 며칠 뒤 〈뉴욕타임즈〉지에는 '줌은 왜 끔찍한가'라는 한층 더 자극적인 제목의 보도를 내보냈다.

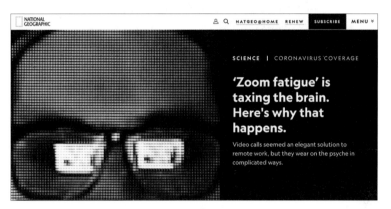

[그림2] 화상회의의 문제점을 다룬 〈내셔널지오그래픽〉 기사(출처 : National Geographic)

교육에 도입된 화상회의 시스템의 단적인 소통은 아동과 청소년들의 공감능력을 잃어버릴 수 있다. 세계 곳곳에서 온라인 교육의 문제점들이 대두되고 있었고 따라서 이런 문제점들을 최소화하면서 더욱 적극적으로 상호작용하며 교육할 수 있는 플랫폼의 활용에 대한 연구가 필요하게 됐다. 그리고 이제 2D 기반을 넘어서 3D를 기반으로 하는 메타버스의 기술을 활용하는 것에 관심을 두기 시작했다.

실제로 메타버스 플랫폼을 사용하는 교육사례가 세계적으로 점점 늘어났다. 대학가에서는 e-캠퍼스를 구축해 입학식, 신입생 환영회, 축제 등과 같은 행사들을 메타버스를 통해 진행했고 초·중·고등학교에서도 메타버스 플랫폼을 활용한 체험수업이나 현장학습 등 학생들이 직접 참여하는 메타버스 활용 수업들이 점차 늘어나고 있는 추세이다.

[그림3] 순천향대학교 메타버스 활용(출처 : 순천향대학교)

한국을 비롯해 세계 여러 국가들은 메타버스를 활용한 교육적 기반을 위한 다양한 정책들을 마련하기 시작했다. 그리고 학생들의 창의성과 주도성을 높이기 위한 메타버스 플랫폼을 활용한 수업을 적극 지원했다. 그 결과 일반적 온라인 교육의 한계점인 학생간의 상호작용이 원만히 이뤄짐으로써 교사와 학생, 학생과 학생사이에 정서적·사회적 친밀감이 형성됐고 학습의 재미를 더하는 긍정적인 효과를 가져왔다.

4. 메타버스를 활용한 해외 교육 사례

1) 미 국

미국은 메타버스 세계 1위의 나라답게 연방정부(교육기술부)와 다양한 IT기업 간의 협력을 통해 모든 교육단계에서 메타버스 활용교육을 시행하고 있다. 미국 연방정부는 AI, AR, VR과 같은 기술을 활용한 교육을 적극 권장하고 기금을 조성해 학교 수업에 필요한 VR 콘텐츠를 개발하고 3D학습 환경을 제공했다. 최근 미국은 전통적인 대학 순위와 함께 AR/VR 대학 순위도 발표하기 시작했는데 매해 탑 25개, 50개 학교를 소개하고 있다.

또한 구글 익스페디션, 구글 아트앤컬쳐 VR, 유튜브 VR 그리고 MS사의 홀로렌즈는 VR 콘텐츠만을 선보이는 플랫폼을 구축해 다양한 VR 콘텐츠 제공했다. 구글 아트앤컬쳐의 경우에는 세계적인 문화유적지, 자연환경 그리고 박물관을 VR 환경에 구축해 학생들이 가상의 세계에서 현장 체험학습을 할 수 있도록 VR 학습 환경과 콘텐츠를 제공했는데 이는 특별히 코로나와 같은 팬데믹 시대에 초·중·등 학교의 현장학습용 콘텐츠로 다양하게 활용됐다.

유튜브 VR 콘텐츠의 경우에도 아프리카 사파리와 놀이동산을 비롯한 다양한 스포츠 체험이 가능한 VR 콘텐츠를 제공함으로써 초·중·등 학교의 과학, 지리, 체육 교과 등에서 활용했다. 홀로렌즈의 경우에는 특별히 의학·과학 분야에서 활용 가능한 혼합 현실 콘텐츠를 제공했다.(2021. 09. 29. edpolicy, 김지혜)

[그림4] HMD를 착용하고 가상현실에서 학습하는 모습(출처 : 과기정통부)

2) 일 본

일본은 GIGA 스쿨 구상을 통해 학생 1명당 1대의 태블릿 PC와 인터넷 환경정비에 속도를 내고 있으며 비대면 교육방안도 다양하게 세워나가고 있다. 2017년 AR과 VR의 기술증진을 위한 과학기술혁신 종합전략을 발표해 2025년까지 학교교실에 AR과 VR 교육환경 구축을 목표로 하고 있다.

2018년 발표된 미래투자전략과 소사이어티 5.0 시대에 요구되는 초·중·등 교육개혁의 하나로 온라인학습, AR, VR 등의 디지털 기술을 활용한 교육과 다양한 디지털 기술을 활용한 교육 콘텐츠 개발을 강조하고 있다. 메이세이 대학과 킨키대학에서는 가상 캠퍼스 내에서 교수와 학생들이 아바타를 통해 수업할 수 있도록 했고, 중·고등학교에서도 VR 기반의 학교를 운영하고 있다.

또한 메타버스 플랫폼을 활용하는 학교도 생겨나고 있는데 졸업식이나 학교 설명회 등을 가상세계에서 개최하고 참가자가 아바타를 통해 실시간으로 교류할 수 있도록 하는 것이다. 예를 들어 오사카의 한난대학과 한난대학고등학교는 올해 2월에 닌텐도(Nintendo)의 '모여봐요 동물의 숲'을 활용한 졸업생 교류장을 제공했다.

'한난대학도'라는 섬에 학교의 일부를 대학교, 고등학교, 졸업식장 3개의 영역으로 재현하고, 대학교 로고(logo)가 새겨진 티셔츠, 축구부 유니폼, 고등학교 교복 등의 디자인을 제공했다. 그리고 고등학교 졸업생과 대학교 졸업생에게 각각 섬을 개방해 졸업생끼리 교류할 수 있도록 했다.(2021. 09. 29. edpolicy, 김지영)

[그림5] 한난대학의 '모여봐요 동물의 숲'을 활용한 졸업생 교류장
(출처 : 한난대학교 https://www.hannan-u.ac.jp/gaiyou/news/2021/n5fenj000003c221.html)

이처럼 일본에서는 초등학교부터 대학까지 메타버스 교육환경을 제공하고 있으며 문부과학성에서는 2016년부터 마인크래프트 교육용 에디션을 초·중등학교에 제공해 다양한 교과의 교육과정으로 연계하고 있다.

3) 독일

독일의 연방정부는 '학교를 위한 디지털 협약(Digitalpakt Schule)'을 통해 2019년부터 2024년까지 디지털 교육의 활성화를 위한 기반마련에 예산지원 50억 유로(한화 약 6조

8,952억 원)을 약속 했으며 2023년까지 국가 교육 플랫폼을 구축해 모든 교육 단계에서의 원활한 디지털 기반 교육이 가능한 환경을 제공하기로 했다.

독일에선 디지털협약 덕분에 초·중등 교육과정에서 메타버스 활용교육 사례를 쉽게 찾아볼 수 있다. 이는 다양한 교과 및 비교과 교육과정에서 나타난다. 연방회의 360도는 코로나19로 인해 현장견학을 하지 못하는 학생에게 연방의회를 체험할 기회를 제공하는 VR 콘텐츠다. 사회 교과와 연계해 연방의회의 모든 것에 대해 배울 수 있는 콘텐츠다.

직업 VR 콘텐츠는 학생들이 가상 세계에서 다양한 인턴을 경험해 볼 수 있다. 학생들에게는 자신의 진로를 정하고 직업을 선택하는 데 도움을 줄 수 있다. 야상 세계 원정대 콘텐츠는 생물 교과에 사용되는 VR 콘텐츠로 교육에 바로 접목할 수 있도록 다양한 질문과 답을 할 수 있는 다양한 자료를 제공한다. 교수학습 내용뿐 아니라 방법까지 제공하는 콘텐츠다.(아주경제 2022. 03. 13. 신승훈)

4) 캐나다

연방정부 혁신과학경제개발부는 2017년 캔코드 정책을 도입해 K-12까지 모든 학생이 디지털 기술 기반의 교육과 코딩교육을 받을 기회를 제공했으며 온타리오(Ontario)주에서는 '가상 학습 전략'을 수립하고 직업교육과 고등교육, 평생교육에서의 5,000만 캐나다 달러의 예산지원을 약속하기도 했다.

직업교육과 고등교육 단계의 수업에서 특정한 상황에서의 시뮬레이션 수업을 진행해 실제 상황에서의 현장감을 높이면서도 그 위험은 간접화함으로써 장점은 강화하고 약점은 대체할 수 있는 학습 환경을 제공했다.

온타리오주 모학 대학교(Mohawk College)에서는 전기기술연구 수업과 용접수업에서 메타버스 환경 내의 체험학습을 실시하고 있다. 브리티시 콜럼비아 공과 대학교에서는 철도기술 입문과정에서 열차탈선과 같은 위험한 상황에 대비할 수 있는 기술을 시뮬레이션을 통해 반복 학습할 수 있도록 했다. 맥길 대학교(McGill University)의 의과대학에서는 해부학과 치의학 수업에서 VR과 AR 기술을 접목한 실습수업을 실시하고 있다.

그러나 실제 메타버스 플랫폼을 적극적으로 도입해 활용하는 경우는 고등교육기관에서 주로 이뤄지고 있으며, 초·중등 교육에서는 사이버안전과 디지털 문해력 교육, 코딩교육, 빅 데이터 활용 및 인공지능(AI) 교육 등 4차 산업혁명에 대비한 관련 지식 습득에 더욱 초점이 맞춰져 있다.(2021. 09. 29. edpolicy, 유지연)

5) 국내의 메타버스 활용 교육

2021년 5월 과학기술정보통신부를 중심으로 교육을 비롯한 6대 분야(교육, 제조, 의료, 선설, 유통, 국방)에서의 메타버스 생태계 조성을 위해 '메타버스 연합'이 출범 돼 2021년 9월부터 교육부는 교육 관계 기관과의 협의를 통해 교육회복의 큰 타이틀 아래 확장가상세계 등 미래교육을 준비하는 협력방안을 지속적으로 논의하고 있다.

각 시도교육청에서도 메타버스의 교육적 활용을 위한 다양한 노력을 기울이고 있는데, 서울시교육청과 부산시 교육청을 비롯한 다수의 교육청에서는 메타버스 공간에서의 수학, 과학 등 교과 프로그램을 설계 및 확산하는데 주력하고 있다. 또한 교사 대상 연수를 통해 다양한 메타버스 플랫폼을 소개하고 이를 교육에 활용할 수 있는 다양한 커리큘럼을 개발·확산하기 위해 노력하는 중이다.

한국교육개발원, 한국교육학술정보원과 같은 교육관련 연구원을 중심으로 메타버스의 교육적 활용에 관한 다양한 연구가 진행되고 있으며 메타버스 상 교육적 활용에 대한 수요를 조사하는 동시에 교사와 학생을 대상으로 하는 다양한 교과·비교과 교육프로그램을 개발·소개하고 이를 확산하고자 노력하고 있다.

초등학교부터 고등학교까지 다양한 교과에서 메타버스를 활용한 수업을 진행하고 있는데 초등학교 저학년의 경우 메타버스를 활용한 수업이 어려울 것이라는 우려에도 2학년 통합교과인 즐거운 생활에서 이프랜드를 활용한 수업이 진행됐다. '우리 동네 직업 놀이'를 주제로 메타버스를 활용한 수업에서는 코로나의 위험이 없기에 학생들은 가상세계 안의 동네를 자유롭게 다니며 다양한 직업군의 사람들을 만나 인터뷰를 하고 역할놀이를 즐겼다.

초등학교 3학년의 경우에도 사회교과 커리큘럼 중 하나인 '우리 고장의 명소'와 관련해 로블록스를 활용해 학생들이 스스로 우리 고장을 메타버스 환경 내에서 만들고 이를 체험하는 수업을 진행해 학생들이 창의적으로 환경을 제작할 수 있고 이 안에서 다양한 체험을 할 수 있었다.

초등학교 5학년을 대상으로는 마인크래프트를 활용해 이야기에 등장하는 주인공의 입장이 돼, 이야기 안의 환경을 꾸미고, 그 안에서 활동함으로써 이야기 속의 다양한 인물들의 시점을 쉽게 이해할 수 있는 수업을 진행했다.

[그림6] 마인크래프트(출처 : 마인크래프트)

초등학교 6학년에서는 3D 환경에서의 블록 쌓기 수업은 윗면·측면에서의 시각적 차이를 이해하는 데 도움이 돼 학생들의 공간지각 능력을 향상시킬 수 있도록 했다.

중등교육 과정에서도 고등학생의 경우에는 게더타운 내 도서실을 구축해 전자도서를 대여할 수 있도록 하고, 팀별 토론이 가능한 다양한 협동학습실을 설계해 학생들의 협업을 지원했는데 장기간 지속되는 원격수업(실시간 수업)에서의 의사소통과 협업부족의 문제를 개선하고 도서실 등의 학교시설을 이용하지 못하는 문제들을 극복했다고 평가됐다.

청원고등학교 음악수업에서는 게더타운 내에 음악실을 구축하고, 음악실 내의 다양한 공간에서 서로 다른 시대의 음악을 감상하고, 그 특징을 자연스럽게 알아갈 수 있는 환경을 조성하기도 했다.

[그림7] 유튜브 음플릭스 '청원고 게더타운 방 탈출 음악수업 실황'(편집 : 윤진 선생님)

[그림8] 유튜브 음플릭스 '청원고 게더타운 방탈출 음악수업 실황'(편집 : 윤진 선생님)

   한국교육개발원 스쿨포유에서는 코로나로 인한 건강장애 학생들의 체육활동과 학교생활의 공백을 채우는 방안으로 메타버스를 활용한 체육대회 개최했다. HMD를 활용해 체육활동이 제한되는 건강장애 학생에게 자신의 안전한 방과 병실에서도 할 수 있는 다양한 e-스포츠를 제공할 수 있었다. 학생들은 메타버스 상에서의 체육대회를 통해 교사와 또래 친구들과의 소통을 높였고 다양한 신체활동에 참여할 수 있도록 함으로써 건강장애 학생의 학습실재감을 높이고 몰입도를 높일 수 있도록 다양한 커리큘럼을 제공했다.(과기정통부)

[그림9] HMD를 활용한 체육활동(출처 : 과학기술정책지원서비스)

5. 메타버스 플랫폼을 활용한 교육사례

1) 제페토

제페토는 메타버스 플랫폼 중에 SNS와 같이 사용할 수 있는 기능이 가장 많은 플랫폼이다. 자신만의 아바타로 현실세계에 존재하는 곳에 가볼 수도 있고, 상점에서 구매도 할 수 있고, 현실과 비슷한 생활을 하고, 다른 아바타들과 실시간 소통을 할 수 있다. 동시 참여인원이 16명 미만이기 때문에 대그룹 활동보다 개별상담이나 멘토링 또는 소수를 대상으로 진행하는 프로그램에 적합하다.

[그림10] 저자 제페토 월드

교육부 교육회복 지원관련 사업 중 하나인 '선배 후배 멘토링 프로그램'에서 직접 만나는 부담을 줄이기 위해 메타버스 플랫폼을 활용하고 있다. 도 교육청은 내년 2월까지 중2와 고1 학생을 대상으로 선배동행 프로그램을 시범운영한 뒤 현장의견을 수렴해 2022 학년도 계획을 수립할 방침이다.

도 교육청 김범진 학교정책과장은 "졸업생 선배가 후배를 챙기는 개별 상담체제인 선배동행은 전국 시도교육청 중 경기도 교육청만 추진하는 프로그램"이라며 "선배 동행은 비대면 대화에 익숙한 학생들에게 확장된 가족을 만들어줌으로써 선배와 후배가 함께 성장하는 시간이 될 것"이라고 말했다.(연합뉴스 2021. 10. 21.)

[그림11] '선배 후배 멘토링 프로그램'(출처 : 경기도 교육청)

한국청소년상담복지개발원과 네이버제트(주)는 메타버스 플랫폼 제페토에서 '청소년상담1388'을 알리기로 했다. 청소년상담1388 홍보가 이뤄지는 '교실2' 맵은 제페토에서 가장 인기 있는 공간이다. 청소년은 학교라는 공간 몰입에서 깨지 않고 자연스럽게 청소년상담1388을 접할 수 있고, 도움이 필요하다는 생각이 들 때, 제페토를 이용하고 있는 스마트폰으로 바로 상담 서비스를 요청할 수 있다.

특히 청소년사이버상담센터는 365일 24시간 운영돼 청소년 제페토 이용자가 편리하게 접근할 수 있다. 청소년사이버상담센터는 일상적인 고민뿐 아니라 폭력, 우울, 가족 등 청소년의 문제를 채팅, 게시판 등 다양한 방법의 상담과, 심리검사와 같은 콘텐츠를 제공해 맞춤 지원 한다.(학부모뉴스24(http://www.sptnews24.com))

[그림12] 제페토 내 청소년사이버상담센터(출처 : 청소년사이버상담센터)

초등학생이 제페토를 활용해 가상학교를 만들어 등교하는 메타버스 체험수업을 받았다. 학생은 메타버스 개념을 배우고, 가상현실을 만들어 그곳에서 친구와 소통했다. KT는 초등학교 4~6학년 학생 100명 대상으로 메타버스 교육 'Become a ZEPETO Creator'를 2021년 11월 6일부터 14일까지 진행했다. 2주간 토·일요일 오전 10시~12시까지 2시간, 4회 총 8시간 수업했다. 교육은 미래와소프트웨어재단 주관, 전자신문사·이티에듀·코드클럽 한국위원회 후원이다.

수업에 참여한 한 학생은 "내 앨범 배경에 친구를 추가해 영상을 제작하고, 카메라로 증강현실(AR)도 경험했다"며 즐거워했다. 수업을 맡은 이정은 강사는 "학생 질문도 많고, 패들렛 공유도 적극적이라 수업이 즐거웠다"면서 "학생이 메타버스를 이해하는 좋은 기회가 될 것"이라고 전했다.(전자신문 2021. 11. 09. 권혜미)

[그림13] KT의 초등학생 대상 'Become a ZEPETO Creator'

(출처 : https://m.etnews.com/20211109000084)

2) 이프랜드

이프랜드는 방장을 제외한 참여인원은 최대 130명이 참가 할 수 있고 동영상이나 문서 등을 공유하며 줌 플랫폼처럼 호스트가 마이크제어를 설정할 수 있고 대화도 할 수 있다. 콘퍼런스 홀, 마체, 교실 등 다양한 샘플 맵을 통해 편리하게 방을 개설할 수 있고, 비밀방 기능을 통해 특정인원만 모일 수 있다.

[그림14] 저자 이프랜드

2021년 9월과 10월에 고등학교 최초로 충남 건양대학교병설 건양고등학교에서 입학설명회를 이프랜드 플랫폼을 활용해 진행했다. 학교 홍보영상시청, 학교장 인사 및 비전제시, 학교교육 과정, 대학입시, 장학혜택, 2022학년도 신입학 전형안내 등 일반적인 입학설명회에서 제공하던 정보들을 모두 소개했다.

대면으로 모이는 집합형 입학설명회가 개최되기 어려운 상황에서 MZ 세대가 열광하는 메타버스를 활용해 학생, 학부모, 교사 등 많은 사람을 대상으로 입학설명회를 개최한 이 사례를 통해 앞으로 다른 학교에서도 사용될 것으로 기대한다.(충청신문. 2021. 09. 15. 백대현)

[그림15] 건양고등학교 메타버스를 활용한 입학설명회(출처 : 충청신문)

지난 2021년 9월 4일 경기 하남시 덕풍청소년문화의집과 강원 영월군 청소년들이 메타버스 플랫폼 '이프랜드'에서 만나 자매도시 교류 활동을 펼쳤다.

"청소년 참여위원회 활동 2년차인데 딱 코로나19 시기랑 겹치잖아요. 행사가 연기되고 취소되는 것이 많아 저희도 고민을 해본 거죠. '코로나19 시기에 어떻게 청소년 활동을 지속할 수 있을까?' 하고요. 그래서 자매도시를 맺은 영월의 친구들과 메타버스에서 만나기로 했어요." 열여덟 살인 김예성 하남시청소년참여위원회 위원장의 말이다.

하남시청소년참여위원회와 영월군청소년참여위원회 소속 학생들은 이날 오후 4시~5시까지 한 시간 동안 콘퍼런스 홀 가상공간에 마련된 큰 화면을 활용했다. 하남과 영월 등 자기가 사는 지역에 관한 홍보영상을 메타버스에 띄우고 자기소개 피피티(PPT)를 한 장씩 넘겨가며 '삼행시', '댄스파티' 등 다양한 레크리에이션을 함께 즐겼다.(한겨레 2021. 10. 04.)

[그림16] 하남시와 영월군 청소년들의 메타버스 교류활동(출처 : 하남시 덕풍 청소년문화의집)

경기 일산서부경찰서 명예경찰 겸 청소년 정책자문단으로 활동하는 십대 9명과 현직 경찰관들은 지난해 7월 19일 제페토에서 만나 학교폭력 이슈에 관해 깊이 있는 대화를 나눴다. 일산서부경찰서 경찰관들과 십대들은 각자 아바타를 만든 뒤 가상공간에 마련된 교실에 모여 학교폭력 예방법, 문제점 등에 대해 말했다. 대화를 마친 뒤에는 청소년들과 경찰관이 메타버스에서 함께 '셀카'를 찍으며 토론회를 마쳤다.(한겨레 2021. 10. 04. 김지윤)

[그림17] 메타버스 학교폭력 예방 교육과 토론(출처 : 일산서부경찰서)

SK텔레콤은 고려대학교, 순천향대학교와 협력해 메타버스 플랫폼 이프랜드에 각 학교의 상징적인 장소, 건물 등을 실감나게 구현한 이프랜드 메타버스 캠퍼스를 2022년 2월 28일 오전 9시부터 선보인다고 밝혔다.

[그림18] 이프랜드 메타버스 캠퍼스를 이용하는 모습(출처 : sk텔레콤)

이프랜드 메타버스 캠퍼스는 오프라인 속 대학 캠퍼스를 메타버스 공간에 그대로 구현한 곳으로 각 대학의 로고, 대표 건물, 상징물들을 메타버스 공간 내에 생생하게 구현할 수 있다.

김용찬 고려대학교 공과대학장은 "공과대학 신입생들에게 메타버스를 활용한 학과별 입학식이라는 특별한 경험을 제공하게 돼 기쁘다"며, "향후 메타버스 캠퍼스가 강의, 토론 수업 등 다양한 방법으로 활용될 수 있기를 기대한다"고 밝혔다.(AP신문 2022. 04. 20. 이주원 | (주)인터쉐어(http://www.apnews.kr))

[그림19] 이프랜드내에 고려대학교 메타버스 캠퍼스 이미지(출처 : sk텔레콤)

3) 게더타운

게더타운은 2D 형식의 픽셀형태로 실제 얼굴과 목소리를 공개할 수 있지만 아바타 선택의 폭이 작다. 25명까지 무료 사용이 가능하며 문서, 게임, 영상, 화이트보드 등의 기능을 사용해 다양한 방식의 모임을 진행할 수 있다. 또한 무료로 직접 맵을 만들 수 있어서 교육용도에 따라 다양한 맵을 제작할 수 있으며 참여한 학생들을 관리할 수 있다.

서울대, 고려대, 연세대, 성균관대, 서강대, 한양대 등 6대 대학 연합으로 메타버스를 활용한 온라인 취업박람회를 게더타운 플랫폼을 활용해 2021년 9월 1일부터 15일까지 2주간 열었다.

학생들은 소속 대학의 정해진 인터넷 주소(URL)을 통해 가상으로 구현된 각 대학의 취업박람회장으로 입장한 뒤 희망하는 기업의 취업담당자와 상담을 하거나 채용설명회를 들을 수 있었다. 또 학생들끼리 채팅으로 소통하며 정보를 교환할 수도 있었다.(매일경제 2021. 09. 01.)

[그림20] 성균관대 메타버스 취업 박람회(출처 : 연합뉴스)

연세대학교 글로벌인재대학은 2022년 4월 5일 오후 6시부터 4시간 동안 학생 100여 명이 참석한 가운데 메타버스 MT를 개최하기도 했다. 가상공간 모임 플랫폼인 게더타운 (Gather Town)을 통해 열렸으며, 로블록스(Roblox) 애플리케이션을 병행해 넷플릭스 드라마 '오징어게임'의 '무궁화 꽃이 피었습니다' 등 온라인 게임과 조별 랜선 파티, 오디션 프로그램인 'GLC GOT TALENT' 등이 진행됐다.

연세대 김성문 글로벌인재대학장은 축하 인사를 통해 "대규모 모임이 어려운 코로나 시대에 한류 붐을 일으키고 있는 오징어게임을 100명의 학생들이 국내 대학 최초로 메타버스를 통해 실감 나게 체험했다는 데 큰 의미가 있다"며 "이번 MT뿐만 아니라, 포스트 코로나 시대가 와도 전공 설명회, 취업특강, 교수 및 학생 교류를 메타버스를 통해 계속 이어갈 예정"이라고 덧붙였다.(기독일보 2021. 11(https://www.christiandaily.co.kr/news/109137#share))

[그림21] 오디션 프로그램인 'GLC GOT TALENT'참여 학생들(출처 : 연세대학교)

MT에 참여한 학생들도 긍정적인 소감을 밝힌 것을 통해 포스트 코로나 시대에서도 학생들이 메타버스를 통해 더 활발히 소통할 수 있을 것으로 기대한다.(교육부 공식 블로그) 이와 같이 메타버스는 단적인 온라인 수업에 비해 소통의 절대적 강점을 갖고 있어 필요에 따라 다양하게 활용이 가능하다.

고등학교의 사례를 보면 밀양여고 학생들은 게더타운에서 동아리별 부스를 만들어 놓고 전국을 대상으로 동아리 발표회를 진행했다. 고3 학생들은 후배들과 수시로 활동상황을 교류하면서 우리 학교라는 공간을 넘어 내가 만드는 내 동아리 부스를 통해 창의력을 발휘하고 교류를 통한 성장을 이뤘다.

　밀양여고는 동아리 발표회를 통해 미래 교육 모델을 제시하였는데 중학교와 대학입학사정관을 초청, 고교학점제에서 공간의 벽을 넘어 중·고교 및 대학 연계 교육모델을 제시하고 학생들이 메타버스 공간에서 소통하면서 미래학습자 역량을 자연스럽게 학습하도록 구성한 것이다.

　석희섭 밀양여고 교장은 "밀양이라는 중소도시에서 '메타버스'는 새로운 교육적 기회"라며 "공간의 벽을 넘어 세계와 교류하는 지역인재로 육성하기 위한 미래형 교육과정을 적극적으로 도입할 것"이라고 말했다.(교육플러스(eduplus) 2021. 10. 25. 지성배(http://www.edpl.co.kr))

[그림22] 밀양여고 메타버스 동아리발표회 사전교육 현장 캡쳐(출처 : 밀양여고)

　초등학교에서도 메타버스를 활용한 수업들이 진행되었는데 신미림초등학교의 과학수업은 게더타운을 통해 때로는 학교 운동장에서, 때로는 집 거실에서, 더 나아가서는 우주공간, 화산 내부, 곤충 뱃속에서도 수업을 진행한다. 신미림초등학교에서 4·6학년 과학수업을 맡은 김행선 과학정보교육부장은 "원격수업을 할 때면 게더타운 플랫폼을 적극적으로 활용한다. 수업 주제에 따라 정도의 차이는 있지만 평균 한 단원 당 한 차시가량 게더타운 기반 수업을 진행한다"라고 전했다. 김행선 교사가 온라인 수업에 게더타운을 도입한 이유는 기존 원격수업 플랫폼만 활용했을 때보다 더 큰 교육적 효과를 얻을 수 있기 때문이다.

[그림23] 게더타운을 활용한 신미림초등학교의 수업사례(출처 : 서울과학교육)

서울삼성초등학교 5학년 3학급 54명의 학생은 특별한 수업을 경험했다. 원격으로 이뤄진 수업에서 메타버스로 구현한 가상세계를 체험한 것이다. 학생들은 메타버스 기반 플랫폼인 게더타운을 활용해 가상공간에 만들어진 과학전시관에서 자신의 아바타를 조작해 둘러보면서 가상현실을 체험했다. 또한 인공지능 그리기 프로그램인 오토드로우(Auto Draw)와 퀵드로우(Quick Draw), 음악프로그램인 크롬뮤직랩(Chrome Music Lab), 천문관측프로그램인 스텔라리움(Stellarium) 등 메타버스 기반 인공지능프로그램을 경험했다.

이 수업은 원격수업을 받는 학생들을 대상으로 서울특별시 교육청 과학전시관에서 실시한 '메타버스 기반 과학창의력교실' 프로그램이다. 과학창의력교실은 1학기에 87교(초 5~6, 중1, 특수)를 대상으로 대면수업을 진행했으나 코로나19로 원격수업을 진행하거나 외부 체험학습을 하지 못하는 학교가 발생하자 2021년 8월 말부터 메타버스를 활용한 온라인 실시간 쌍방향 수업을 운영하기 시작했다.(http://webzine-ssp.kr/special_theme/42 서울과학교육)

김연배 서울시교육청과학전시관 관장은 "앞으로 「메타버스 기반 과학창의력교실」 운영으로 가상현실과 인공지능 프로그램의 체험 기회를 적극적으로 제공하고, 코로나 19 상황에 따른 학교 맞춤형 프로그램 지원을 통해 융합과학교육의 허브로서의 역할 수행에 최선을 다할 것이다"라고 하였다.(한국강사신문(http://www.lecturernews.com))

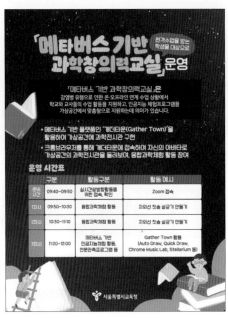

[그림24] 메타버스기반 과학 창의력 교실(출처 : 서울시교육청)

학교수업 이외에 게더타운을 통한 청소년 진로·인성 교육도 열리고 있다. 경북 김천시는 '메타버스 타고 떠나는 청소년 진로·인성캠프'를 마련했다. 이번 진로·인성캠프는 '게더타운'이라는 메타버스 플랫폼을 활용해 온라인 학습전략검사(MLST), 앱을 활용한 프레디저(prediger) 진로설계, 마음 챙김 명상 등의 내용으로 진행됐다. 아직은 메타버스가 낯선 일부 십대들도 이번 캠프를 통해 확장 가상세계에 익숙해졌다고 말했다. 송 아무개 학생은 "마음 챙김이라는 개념을 배운 뒤 자아존중감, 진짜 내 마음에 관심이 생겼다"라고 말했다.

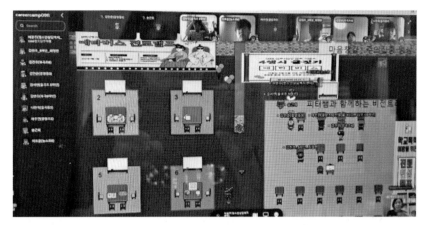

[그림25] 경북 김천시는 '메타버스 타고 떠나는 청소년 진로·인성캠프'(출처 : 김천시)

경기도 구리남양주교육지원청은 남양주시청소년수련관, 굿네이버스 경기구리남양주지부와 공동으로 주관한 청소년 온라인 축제 '어쩌다, 게더타운'을 운영했다고 밝혔다. 2021년 11월 6일 진행된 이 행사는 교육복지우선지원사업의 일환으로, 남양주 지역 아동청소년 네트워크 20여개 기관이 함께 참여했다.

메타버스 플랫폼을 기반으로 열린 이 행사에 동시 접속 가능한 인원이 500명으로 사전 신청을 통해 16개 체험부스에 300여명이 참여했다. 당일 참여로 10개 청소년 동아리 활동 영상 부스, 방 탈출, OX퀴즈, 미로 찾기 등 다양한 이벤트에서 청소년들이 서로 소통했다. 처음으로 시도하는 메타버스 축제였지만 많은 청소년들의 관심과 참여로 성황리에 행사를 마쳤다.(출처 : 경기북부탑뉴스(http://www.gbtopnews.net))

구리남양주교육지원청 신숙현 교육장은 "코로나19로 청소년들의 온라인 접근성이 높아지고 있는데 이번 온라인 축제가 청소년들의 건강한 온라인 문화를 정착시키는데 긍정적인 영향을 미칠 수 있기를 바라고, 예기치 못한 변화 속에서도 유연하게 변화하는 청소년축제로 발전해가기를 기대한다"며 "빠르게 변화하는 청소년의 관심사와 눈높이에 맞는 교육활동이 제공될 수 있도록 교육지원청이 역할을 해 나가겠다"고 말했다.(폴리스타임즈 2021. 11. 08. 손준용)

[그림26] 구리남양주교육지원청의 청소년축제 '어쩌다, 게더타운'(출처 : 구리남양주교육지원청)

충남 천안고등학교가 코로나19의 장기화에 대한 선제적 대응 등을 위해 메타버스 플랫폼 게더타운(Gather town)으로 학교 맵을 실사와 같이 구축·운영으로 호응을 얻고 있다.

[그림27] 천안고등학교 진로진학캠프 게더타운 맵(출처 : 천안고등학교)

천안고에 따르면 전국 초·중·고 최초로 구축된 '게더타운'은 상시오픈 형으로 기존 원격 수업 플랫폼과 차이를 보이며, 현실적인 가상공간 연결로 몰입감이 매우 크다. 메타버스와 일대일 화상상담이 합쳐진 게더타운 시스템으로 가상공간에서 상호작용하며 실시간 소통이 가능하도록 현장감 있게 구현해 학생들이 능동적으로 사용가능하며, 쉽게 콘텐츠 구성과 활용 가능한 특징이 있다.

학교에서는 구축 후 신입생을 대상으로 입학 전 '미리 보는 고교와 진로캠프'를 메타버스로 운영했다. 학교투어에 참여한 한 신입생은 "진로 등 고민도 많고 고교입학을 앞두고 걱정이 많았지만, 메타버스 플랫폼을 이용해 미리 학교도 둘러보고, 학교 선생님과 함께 소통하는 과정에서 값진 정보를 얻을 수 있었다"라며 "앞으로 더 큰 포부를 갖고 고등학교 생활에 임할 수 있는 자신감이 생겼다"고 방명록을 남겼다.(파이낸셜뉴스 2022. 02. 17.)

[그림28] 천안고등학교 게더타운 맵(출처 : 천안고등학교)

6. 메타버스 활용교육의 다양성

1) 메타버스 예술교육

이제는 집에서 편안하게 '쥬라기 공원'에서 영어 단어를 배우고, 경주로 수학여행을 가고, 백범 김구 선생한테서 역사를 배울 수 있다. 미술을 공부해 직접 전시도 하고, 우주 공간에서 수업까지 들을 수 있다. 또한 예술교육까지 메타버스를 통해 효과를 극대화 할 수 있는데 기업 '이닷'이 개발한 가상현실로 구현한 미술관이다. 주어진 그림을 내 마음대로 색칠한 후, 해당 기기에 스캔하면 비어있는 액자에 색칠한 그림이 그대로 걸린다. 스캔하는 데

약 3~4초 걸렸다. 이닷 전서현 PD는 "코로나19로 참여형 교육에 목마른 아이들의 예술교육에 안성맞춤이다"고 말했다.(Ai타임스 2021. 10. 28.)

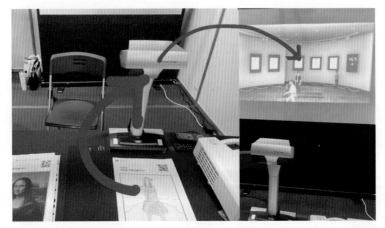

[그림29] 색칠한 그림을 스캔하면 비어있는 액자에 해당 그림이 전시 된다.

(촬영·편집 : 김미정 기자)

2) 메타버스 운동회

대면으로만 가능할 것 같았던 운동회나 현장체험 학습들이 메타버스를 통해 성공한 사례들이 계속 이어지고 있다. KT는 용산구청과 2021년 6월 21일부터 22일까지 용산구 육아종합지원센터, 용산 맑은 숲 어린이집, 용산구 공동육아나눔터에서 등 관내 4개의 기관에서 메타버스 운동회를 개최하였다.

이번 행사는 신종 코로나19로 외부활동이 제한된 상황에서 어린이들의 체육활동을 지원하기 위해 현실 공간에 반응형 기술과 위치 및 동작 인식이 가능한 센서를 연동해 가상현실(VR) 기기(HMD)나 증강현실(AR) 글래스와 같은 별도 장비를 착용하지 않고도 가상환경을 체험할 수 있는 혼합현실(MR) 서비스를 제공했다.

KT는 운동회에 참여하는 어린이집을 네트워크로 연결해 실시간으로 대항전을 진행하는 등 어린이들이 실감나고 재미있게 체육활동을 할 수 있도록 했다.

성장현 용산구청장은 "정보통신기술이 우리 삶을 새롭게 해주고 있다"며 "앞으로도 스마트 보육행정은 물론 어르신들의 인지·정서 기능 향상을 위해 지원을 지속하겠다"고 말했다.

[그림30] 서울 용산구 맑은숲 어린이집 원생들의 메타버스 운동회 참여(출처 : KT)

3) 한글날 계기교육(비대면 현장체험학습)

롯데그룹 여행기업 롯데제이티비는 한글날을 맞이해 메타버스 플랫폼 중 하나인 게더타운을 활용한 초등학생 대상 '한글날 계기교육(비대면 현장체험학습)'을 새롭게 선보였다. 메타버스 속 가상공간은 '한글의 역사, 한글을 바로 세운 인물, 세계 속의 한글, 바른 말 고운 말'까지 총 4가지 테마로 구성된 방을 오가며 한글에 대해 다양한 각도에서 접근할 수 있도록 구현했다.

각 방에서는 카드뉴스, 동영상, O/X퀴즈, 자유로운 의견작성 등 다양한 콘텐츠를 학생들이 직접 조작하며 시청 및 체험을 할 수 있어 기존의 온라인 비대면 수업보다 더 높은 참여도를 이끄는 동시에 즐거운 요소까지 가미됐다. 이번 행사에는 부산 대천초등학교 외 4개의 학교가 참가했으며 4~6학년 대의 16개 학급, 약 500명의 학생들이 참여했다.

본 행사는 코로나19로 인해 대면수업 및 현장체험학습의 기회가 부족한 초등학생들을 위해 사회공헌 활동의 일환으로 준비됐으며, 오늘날 학생들이 한글날에 대해 다시 한 번 되새길 수 있도록 눈높이에 맞는 학습기회를 제공했다.(시사매거진 2022. 04. 10.)

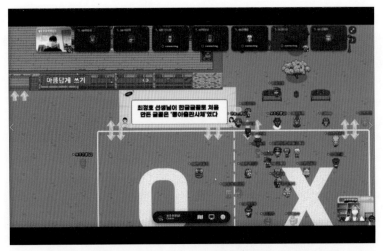

[그림31] 메타버스 '한글날 계기교육' 비대면 현장체험학습(출처 : 롯데제이티비)

4) 메타버스-현장 연계 체험 프로그램

울산교육청이 코로나19 장기화로 인한 교우관계 형성의 어려움을 극복하고 사회성 회복을 위해 중학생을 대상으로 2021년 10월 25일 부터 11월 30일 까지 5주간동안 '메타버스-현장 연계 체험 프로그램'을 운영했다. 이 프로그램은 울산의 자연생태환경과 문화체험 처 5곳(태화강 국가정원, 영남알프스복합웰컴센터, 반구대 암각화, 처용암공원, 대왕암공원)을 직접 방문해 체험하는 한편, 교외 체험 장소 5곳을 가상세계 메타버스(웹상에서 아바타를 이용해 가상세계 체험) 플랫폼을 구축해 가상세계를 함께 체험하도록 구성했다.(울산신문 2021. 10. 24. 김지혁)

5) 도서관 현장체험학습

경기성남교육도서관은 6일부터 가상공간인 메타버스를 활용해 '도서관 현장체험학습'을 운영한다. 이는 현실과 가상세계에서 시간과 공간 제약 없이 도서관을 체험함으로써 책과 독서에 관심을 높이기 위해 마련했다. 체험 대상은 16개 유치원·어린이집과 2개 초등학교가 참여해 성남지역 5세 이상 유아와 초등학생 총 800여 명이 25회 차에 걸쳐 진행한다. 체험 내용은 ▲도서관소개 ▲도서관시설견학 ▲도서관 이용안내 ▲동화 구연 등이다.(PAX경제 2022. 04. 06.)

[그림32] 실제 도서관을 가상현실에서 그대로 구현(출처 : 경기성남교육도서관)

6) 신나는 메타버스 수학여행

서울시교육청이 2021년 12월 16일 부터 서울 수학학습 메타버스 플랫폼(SEMM : Seoul Edu Math Metaverse) '신나는 메타버스 수학여행'을 활용해 전환기 프로그램을 운영한다.

'신나는 메타버스 수학여행'은 수학교육 활성화를 위해 지능정보기술을 활용·구축한 서울 수학학습 메타버스 플랫폼으로 경복궁, 광화문광장, 동대문 디자인 플라자(DDP), N서울타워 등 서울의 주요 명소들을 메타버스(가상공간)로 구현하고 참가자들이 자신만의 캐릭터(아바타)로 수학학습 테마와 연계된 게임 및 콘텐츠를 활용해 소통과 협력활동을 기반으로 수학을 경험하고 체험하도록 구성했다. 서울시교육청은 2022년 3월 상시적으로 수학학습을 지원하는 서울 수학학습 메타버스 플랫폼 「신나는 메타버스 수학여행」을 정식으로 운영하기 위해 지속적으로 콘텐츠를 개발하고, 운영의 안정성을 도모할 계획이다.

조희연 서울시교육감은 "지능정보기술 발달에 따라 학생들은 더 빠른 속도로 인공지능, 메타버스, VR과 같은 새로운 방식의 교육활동에 노출될 것이며, 수학학습 메타버스 플랫폼 「신나는 메타버스 수학여행」을 시작으로 현장에서 활용가능한 새로운 학습모델을 개발하고 지원하여 지능정보기술 기반 교수-학습의 혁신을 이끌어 가도록 하겠다." 라고 밝혔다.(ENB교육뉴스방송 2021. 12. 15. 이연호(http://www.enbnews.org))

[그림33] 서울시교육청의 '신나는 메타버스 수학여행'(출처 : 서울시교육청)

7) 초등 맞춤형 음악미술교육 '루디벨'

루디벨은 "메타버스에서 초등학생 음악·미술 교육과정을 학생 개개인의 레벨에 맞게 선택할 수 있고, 아이템을 획득해 전시공간을 꾸미며 학생들의 자발적 예술 호기심을 이끌어 내 학습 효과를 높인다"라고 설명했다.

2018년 설립된 루디벨은 음악교육 노하우를 기반으로 '루디벨 ARtist' 증강현실 교구를 출시했다. 누리과정부터 초등학교 교과서에 나오는 클래식 음악 주제를 엄선하고, 이를 영어 스토리텔링과 함께 실제 오케스트라 악기를 3D로 입체감 있게 구현했다.

'루디벨 ARtist'는 전국 음악학원 350곳과, 유·초등학교 20곳에서 4,000명 이상 학생들의 특강 및 정규 음악수업에 활용되고 있다. 루디벨 교구는 모두 국내에서 생산되며 KC 인증을 받았다.

[그림34] '루디벨 ARtist' 증강현실(출처 : 루디벨)

　박인혜 루디벨 대표는 "이번에 초등학교에 입학한 친구들은 인생의 아주 많은 시간을 코로나19와 함께한 셈이다. 이 아이들이 마스크를 끼고 세상과 반쪽짜리로 소통하는 모습이 안타까웠다"라며 "놀이터에서 신나게 뛰어노는 기분으로 루디벨 메타버스 예술수업을 경험하길 바란다"라고 말했다.

　이어 "이미 메타버스 안에서 활성화한 수학·영어·코딩교육 분야와 같이 음악·미술교육도 가상공간 안에서 활발히 이뤄질 수 있도록 노력할 것"이라고 덧붙였다.(출처 : 베이비뉴스(https://www.ibabynews.com))

8) 메타버스 진로교육

　매년 상·하반기 2회씩 청소년 진로캠프를 개최한 재단법인 미래와소프트웨어는 '제4회 미래와소프트웨어와 함께 하는 꿈 찾기 캠프–브이알웨어로 만드는 미래직업'을 개최한다. 메타버스 플랫폼은 국산 플랫폼인 '브이알웨어(VRWare)'를 활용한다. 브이알웨어는 국내 메타버스 전문 기업 글러브포인트의 교육 프로그램이다.

　수업 내용은 메타버스에 대한 개념과 가상현실(VR) 이해하기 등으로 시작하고 여러 주제를 활용해 실습수업도 진행한다. 또한 마지막 날은 메타버스 공모전 준비시간도 주어진다.

이 캠프를 수료한 학생은 전원 공모전에 참여해 브이알웨어로 미래직업을 만들게 된다.(출처 : 교육정책뉴스(http://www.edupolnews.com))

[그림35] '제4회 미래와소프트웨어와 함께 하는 꿈 찾기 캠프-브이알웨어로 만드는 미래직업'
(출처 : https://if-blog.tistory.com/13094 교육부 공식 블로그)

7. 메타버스와 함께하는 교육의 미래

최재용 한국메타버스연구원 원장의 칼럼을 소개하고자 한다.

신종 코로나바이러스 감염증(코로나19) 팬데믹(세계적 대유행) 사태가 우리의 일상을 많이 바꿔놓았다. 일선 교육현장도 예외는 아니다. 코로나19로 인해 비대면 수업이 도입되면서 교사와 학생들은 처음엔 적응하기 힘들어했다. 그러다 교육당국과 일선 교사들의 노력으로 차츰 익숙해지더니 이제는 교육 혁신으로까지 발전한 상황이다.

메타버스 시대에 맞는 수업은 단순히 온라인 수업 영상만 학생들에게 보여주는 것에 그치면 안 된다. 먼저 온라인 동영상을 통해 수업을 미리 듣게 하고 줌과 유사한 게더타운에서 오프라인처럼 출석해 강의도 듣고 모둠 활동을 하고 발표를 하게 하는 것이 효율적이다.

[그림36] 한국메타버스연구원 최재용 원장

메타버스 공간에서 수업을 진행해본 교사들에 따르면 현실 공간에서는 발표를 주저하던 학생들이 가상공간에서는 아바타(온라인에서 개인을 대신하는 캐릭터)로 적극적으로 활동하며 발표력이 향상됐다고 한다. 이런 메타버스 러닝을 활성화하기 위해서는 메타버스 러닝 플랫폼이 있어야 하지만 우리나라 최고의 대학이라는 서울대학교 조차도 줌으로 수업을 할 정도로 국내 비대면 교육시장은 줌이 80% 이상을 장악하고 있다.

이제라도 국내기업이 나서서 게더타운 같은 메타버스 플랫폼을 만들어 보급하고 국내를 넘어 해외시장까지 개척해야 하며 학교 현장에서는 온라인 수업뿐 아니라 교육청 주관으로 각 분야의 전문가를 메타버스 공간에 초대해 특강도 하고 진로지도 설명회 같은 것도 메타버스 공간에서 진행하면 학생들에게 큰 호응을 얻을 것이다.(뉴스투데이 2021. 08. 23.)

장기초등학교는 메타버스 교실 안에서 학생들은 도서관, 음악실, 방송실 등 각 교실을 넘나들며 선생님 및 친구들과 함께 다양한 교류를 하고 있다. 이곳에서는 친구와 이야기를 하기 위해 각자의 캐릭터가 서로에게 가까이 다가가야 한다. 이처럼 메타버스 교실은 단순한 공간 재현을 넘어 현실 속 공간의 개념을 동일하게 적용하고 있다.

또한 메타버스 속 등장하는 모든 공간들은 학생들이 직접 작은 아이콘들을 배치해 만든 가상 공간이라고 한다. 온라인 수업 시간에 '메타버스 교실 만들기' 수업을 진행한 선생님들의 노력 덕분에 현재는 학생들이 직접 메타버스 공간을 제작하고 운영하며 적극적으로 활동에 참여한다. 최근에는 메타버스를 활용한 '안전맵 VR지도'를 제작하는 프로젝트를 진행하며 메타버스와 현실을 연결 짓는 교육을 진행하고 있다.(출처: https://if-blog.tistory.com/13094 교육부 공식 블로그)

[그림37] 메타버스를 활용한 '안전맵 VR지도'(출처 : 장기초등학교)

미래 메타버스 시대에는 메타버스를 이해하고 자유롭게 사회·경제적 활동을 할 수 있는 메타버스 리터러시가 기본적 역량으로 요구된다. 메타버스에서 자유롭게 소통하고 사회, 경제적 활동을 할 수 있는 사람과 그렇지 못한 사람은 학습과 성적에서 격차가 벌어지고 이에 따라 진학, 취업, 승진의 편차가 발생할 것이다. 결국 메타버스 리터러시는 인간다운 삶을 살기 위한 기본적 역량이고 급변하는 세상에서 모두에게 꼭 필요한 역량이다.

따라서 학교에서도 메타버스 활용교육이 체계적으로 이뤄져야 하며 다양한 메타버스를 경험할 수 있는 기회를 제공해야 할 것이다. 또한 각 교과별로 어떤 플랫폼을 기반으로 하는 교육이 가장 효과적인지 살펴 구체적인 환경을 제공하는 등 적극적으로 교육에 임해야 할 것이다. 메타버스를 활용한 인재양성을 위해 많은 재정과 시간을 투입하며 수업 프로그램들을 개발 보급하기 위해 아낌없는 지원과 투자도 필하다고 본다. 메타버스 시대지만 교육의 목표는 메타버스가 아닌 미래사회의 역량을 가진 창의융합인재를 길러내는 것이 교육의 목적이기에 더욱 주체적으로 학습할 수 있도록 환경으로 전환해야 한다.(미래사회에서의 메타버스 교육의 방향 : 박상준)

메타버스의 교육적 효과와 긍정적인 활용가능성에 대한 기대만큼 우려도 있다. 한국교육학술정보원 〈메타버스의 교육적 활용 : 가능성과 한계〉에서는 메타버스의 특성에 따라 발생할 수 있는 문제들을 다뤘다. 메타버스 속 가상의 정체성으로 맺어지는 사회적 연결이 현실 세계보다 가볍게 이뤄질 수 있다는 점과 개인의 프라이버시 문제발생, 익명성에 따른 범죄노출 가능성 등을 제시했다. 또한 메타버스 속 세계가 정체성이 확립되지 않은 학생들에게 현실의 '나'와 가상의 '나' 사이에서의 정체성 혼란을 야기하고 현실 세계 부적응을 유발할 수 있다는 점도 지적했다.

팬데믹 이후 갑작스럽게 급성장한 메타버스는 여러 가지 장점과 함께 적절한 법과 규제가 아직 마련되지 않은 위험요인도 갖고 있다. 그럼에도 불구하고 메타버스는 기존 인터넷 시대와 차별화된 교육적 경험 가치 제공이 가능하다는 측면에서 2D 기반 온라인 원격수업의 한계를 극복한 대안으로 주목받고 있다. 따라서 예상되는 부작용을 최소화하고 효과적으로 메타버스를 활용하기 위해서는 미래사회를 예측하며 준비하고, 인류에게 유익한 방향으로 작용할 수 있도록 이끌어나가는 자세가 필요하다.(출처: https://if-blog.tistory.com/13094 교육부 공식 블로그)

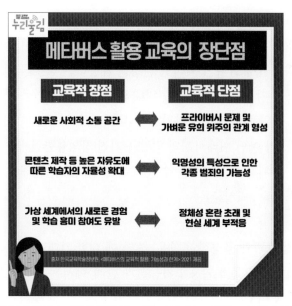

[그림38] 메타버스, 교육현장을 바꾸다(출처 : 한국교육학술정보원)

메타버스는 모두 자율성을 갖고 있기 때문에 학교, 교실, 교수형태, 학습 방법 등에 따라 언제든지 환경을 변형할 수 있다. 이러한 유연성은 학생들이 언제 어디서나 수업에 자유롭게 참여 할 수 있게 할뿐만 아니라 메타버스를 통한 연결고리를 통해 시공간을 초월한 소통을 나눌 수 있다. 또한 실시간 활동의 결과물을 서로 주고받을 수 있어서 서로 상호작용하며 적극적으로 소통하며 결과를 발전시켜 나갈 수 있는 온라인 플랫폼인 것은 틀림없다.

과학과 기술이 발전하고 코로나 팬데믹과 같은 혼란과 위기상황에 능동적으로 대처하기 위해서라도 시간과 공간의 제약을 받지 않는 메타버스를 통한 교육활동은 앞으로 필요하며 교육적으로 어떻게 접근해 더욱 가치 있는 활동으로 활발하게 이뤄질 것인지 더욱 주의 깊게 생각해야 할 것이다.

인공지능 시대에 인간만이 가진 고유영역인 '나다움'의 교육이 중요한 시대에 누구에게나 똑같은 지식을 주입하는 교육이 아닌, 자신만의 고유한 자아가 담긴 아바타를 통해 자아실현을 할 수 있어야 한다. 동시에 자신의 아바타를 조정하며 더욱 적극적으로 재미와 즐거움을 갖고 수업에 참여할 수 있어야 한다. 또한 학교라는 지역 제한적 한계에서 벗어나 다양한 체험을 통해 마치 실제로 보고 듣고 배우는 효과를 누릴 수 있어야 한다.

또한 교육부 관계자는 "앞으로 메타버스가 디지털 네이티브 세대, 더 나아가 교육과 맞물려 어떤 시너지 효과를 낼 수 있을지 기대가 된다. 메타버스가 단순히 신기성 효과에 그치지 않고 기술에 편중된 접근이 아닌, 교육현장에 적절하게 활용될 수 있기 위해 함께 고민해야 한다"라고 전했다.

시대가 주는 무한한 가능성과 에너지를 이제 교육에서 더욱 적극적으로 활용해 능동적이고 진취적인 자세로 교사, 학생, 기술이 함께 하며 바람직한 미래교육으로 나아가는 교육, 전략적 플랫폼이 되기를 기대한다.

Epilogue

자료들을 찾고 연구하면서 아직까지 우리나라 교육에서 메타버스를 활용하는 사례들이 생각보다도 더 미비하다는 것을 알게 됐다. IT 강국의 나라에서 정말 의외의 일이 아닌가 생각이 들었다. 메타버스를 활용한 교육이 자리 잡기 위해서는 소외된 계층 없이 모두가 메타버스 플랫폼을 구동할 수 있는 시스템의 보급이 가장 시급할 것으로 생각된다.

폰을 기반으로 하는 제페토와 이프랜드는 폰의 사양이 낮으면 구동되지 않았고, PC를 기반으로 하는 게더타운 역시 PC의 사양이 낮으면 구동이 어려웠다. 메타버스를 활용한 교육 프로그램과 콘텐츠 개발과 함께 시스템 보급이 가장 시급하다. 이를 위해 기업과 국가 차원의 재정적 자원을 확보하는 것이 일차적인 우리의 과제가 아닌가 생각된다.

PART

02

실 전

제페토에서 놀아보자

남기경

제페토에서 놀아보자

Prologue

네이버제트(Z)가 운영하는 '제페토(zepeto)'는 증강현실(AR) 아바타 서비스이며 메타버스 플랫폼의 하나로 국내에서 가장 많이 활용하고 있는 플랫폼 중 하나이다. 주로 젊은 MZ 세대에게 인기가 많다.

먼저 메타버스에 대해서 알아보자. 가상현실(VR)은 들어봤을 것이다. 가상현실보다 한 단계 발전했다고 생각하면 되는데, 아바타를 활용해 다양한 활동을 할 수 있는 공간을 말한다. 2018년 8월 출시된 제페토는 AR 콘텐츠와 게임, SNS 기능을 모두 담고 있어 젊은 10대들의 핫한 아이템중 하나이다. 현재 3억 명 이상의 이용자를 보유하고 있다.

코로나19로 많은 사람들이 경제적 활동에 제동이 걸려 힘들어 하고 있다. 메타버스는 그런 중에서도 비대면이란 특수 상황 속에서 오히려 빛을 발하고 있다. 비대면과 거리두기로 인해 많은 경제활동과 소비활동이 멈춰버렸지만, 오히려 메타버스 세계에서는 돈이 거래되기 시작했고, 기업들이 속속 입점하고 있어 성장을 거듭하며 발전하고 있다.

특히 제페토의 경우는 젊은 층에서 선호하는 플랫폼으로 이미 국내는 물론 전 세계적으로 알려져 이용자의 95% 3억명 해외 이용자들로 구성돼 있다. 이들이 국내 메타버스 플랫폼에 열광하는 이유는 분명 있을 것이다.

그중 하나가 제페토는 즐기고 노는 놀이도 있지만 놀더라도 창작을 할 수 있고, 창작 솜씨가 좋다면 돈을 벌수 있는 기능을 탑재하고 있기 때문이다. 제페토를 통해 아바타를 멋지게 꾸며 친구들에게 자랑하는 것이 이용자들의 또 하나의 놀이감이다.

뿐만 아니라 빌드잇을 통해 다양한 공간 디자인이 가능하기 때문에 이와 같은 아바타 의상 크리에이터, 제페토 빌드잇 공간디자이너 등은 젊은 층에서 선호하는 직업으로 급부상하고 있다.

자, 이제 제페토 기본으로 들어가 제페토 활용부터 알아보자.

1. 제페토 활용하기

제페토는 이용자와 꼭 닮은 3차원(3D) 캐릭터를 만든 뒤 AR 기술로 실제 사진이나 가상 배경에 자연스럽게 합성해 주는 방식으로 이뤄진다. 우선 구글플레이 스토어에서 APP을 실행시키고, 카메라로 자신의 얼굴을 촬영하면 인공지능(AI) 기술을 통해 사용자와 닮은 캐릭터가 생성된다.

사용자는 표정과 몸짓, 패션스타일은 물론 캐릭터의 모든 요소를 본인이 원하는 대로 바꿀 수 있다. 또 SNS 기능도 접목돼 있어 이용자들끼리 여러 가상공간에서 문자·음성·이모티콘 등으로 교류할 수 있으며 가상세계 안에서 이용자들이 모여 게임을 진행하거나 춤을 추는 등 다양한 활동을 할 수 있다.

제페토는 최근 유명 브랜드와 연예기획사와의 제휴도 활발히 진행되고 있는데, 국내 대표적인 엔터테이먼트 업체인 SM, YG, JYP, 빅 히트 등이 약 150억을 투자해서 만든 메타버스 공간으로 여러 가지 다양한 콘텐츠를 내 놓으면서 큰 인기와 관심을 끌고 있다.

[그림1] 제페토 소개(출처 : 앱 스토어, Google Play)

1) 제페토 회원가입

아이폰은 'APP Store' 안드로이드폰은 'Google Play'에서 제페토를 검색한다. [그림3, 4]
는 제페토 검색 후 설치와 열기 화면이다.

[그림2] 제페토 회원가입

[그림3, 4] 플레이스토어에서 제페토 찾아 설치하고 열기

제페토 가입 시 3가지 방법이 있다. 첫 번째 휴대폰으로 시작하기, 이메일로 시작하기, 페이스북으로 시작하기(SNS로 시작하기)가 있다. 필자는 휴대폰 번호로 시작하기를 선택했다. 휴대폰 인증을 해주고 비밀번호를 설정해준다.

'네, 모두 동의합니다' 앞에 체크해주고 하단의 '동의합니다'를 클릭해준다.

[그림5] 이용약관동의

화면을 좌우로 드래그해서 내가 원하는 캐릭터를 선택한 후 다음을 클릭한다. 캐릭터 이름은 이쁜 이름으로 정해준다.

[그림6] 캐릭터 선택

[그림7] 캐릭터 이름 설정

생년월일은 필수, 정확히 입력했는지 한 번 더 확인해준다.

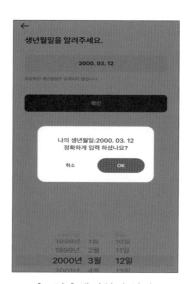

[그림8] 생년월일 입력

새로운 캐릭터에 SNS를 연결하고 제페토 속으로 들어간다.

[그림9] 로그인 연결할 계정선택   [그림10] 제페토 처음 접속화면

2) 제페토 캐릭터 설정방법

자 이제부터 하나하나 설명하도록 하겠다. 메인 화면에서 '퀘스트'를 터치하면 [그림12]와 같은 화면으로 이동하고 여기서 캐릭터 좌측 상단에 있는 '보상받기'를 클릭해준다. 제페토 가상세계에서 살아남는 법을 배우는 과정이다.

[그림11] 제페토 메인화면

[그림12] 보상받기

다시 메인화면에서 우측 상단에 '캐릭터' 클릭 후 '머리 모양'을 선택해준다.

[그림13] 우측상단 캐릭터 클릭

[그림14] 헤어 선택

이번에는 내가 원하는 옷 고르기이다. 우측에서 머리 모양 밑 '상의 모양'을 선택한다. 참고로 잼이라는 제페토 가상화폐를 구입하거나 미션을 통해서 돈을 모을 수 있다.

[그림15] 캐릭터 옷 꾸미기

[그림16]은 인기 많은 아이템만 모아놓은 곳, 한마디로 유행하는 옷들이다.

[그림16] 인기 많은 아이템

[그림17]은 나만의 가상세계 방을 꾸밀 수 있는 공간이다.

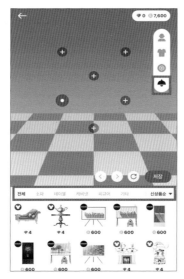

[그림17] 나만의 공간 만들기

3) 프로필 편집

우측 하단에 '사람 모양'을 클릭, 친구를 추가해 보자. 팔로우를 늘려준다.

[그림18] 우측하단 사람모양 클릭   [그림19] 팔로우로 친구추가

프로필 편집은 중간의 '프로필 편집'을 눌러준다. '상태메시지'를 설정하자.

[그림20] 좌측 중간 프로필 편집

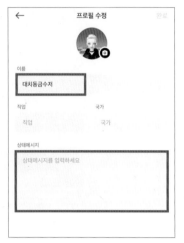

[그림21] 이름, 상태메시지 변경

K-POP 춤, 멋진 사진을 내가 만든 아바타로 표현할 수 있다. 하단 중앙의 '+ 버튼'을 누르면 [그림23]과 같이 다양한 장면들을 볼 수 있다.

[그림22] 하단에 + 클릭

[그림23] 원하는 사진, 동영상 만들기

제페토 월드는 하단의 '지구 모양'을 터치하면 월드로 들어갈 수 있다. 월드에 입성해서 친구도 만나고 메타버스 세계에 빠져본다.

[그림24] 하단 좌측 지구모양 클릭   [그림25] 가고 싶은 월드선택

4) 크리에이터 맛보기

MZ 세대의 핫한 직업으로 떠오르고 있는 크리에이터가 돼 보도록 해보자. 우측 하단의 '사람 모양'을 터치하고 우측 상단의 '톱니바퀴 모양'의 '설정'을 터치하면 중간의 '크리에이터 되기'가 나온다. 이 부분을 터치한다.

[그림26] 우측 하단 사람클릭

[그림27] 우측 상단 톱니바퀴

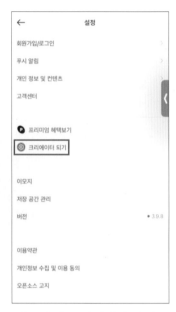

[그림28] 크리에이터 되기

[그림29] 제페토 시작하기

[그림30] 카카오톡 연결하기

[그림31] 카카오톡 로그인

제작하고 싶은 아이템 선택 후 [그림33]의 '편집'을 터치하고 [그림34]와 같이 '템플릿 다운로드'를 터치한다.

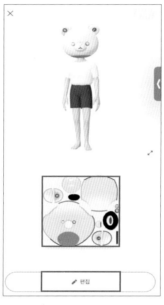

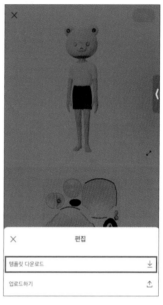

[그림32] 아이템선택   [그림33] 편집 클릭   [그림34] 템플릿 다운로드

여기까지 했으면 스마트폰의 홈 버튼을 눌러 구글 플레이스토어 또는 앱스토어에서 '이비스 페인트' 앱을 검색해서 다운로드 하고 실행한다. 가운데 부분의 좌측에 있는 '나의 갤러리'를 선택한다. 하단 좌측의 '+'를 터치하면 [그림37]과 같은 화면이 나온다. 여기서 좌측 상단의 사진 가져오기 밑 사이즈는 '512×512'로 정하고 좌측 상단의 '사진 가져오기'를 클릭한다.

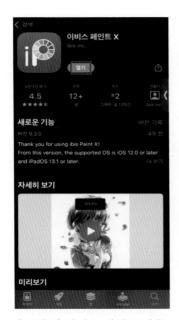

[그림35] 이비스 페인트 다운

[그림36] 나의 갤러리 선택

[그림37] 사진 가져오기

사진 가져오기 하면 '선드로잉 추출'에서 '취소'를 선택한다. 우측 상단 '사진 모양'을 선택 클릭하면 패턴이 뜬다. 여기서 내가 원하는 이미지 패턴 선택 후 손가락으로 크기조정을 한다.

[그림38] 선 드로잉 추출 취소

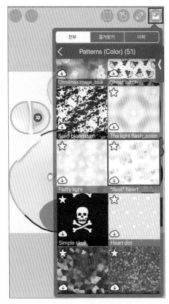

[그림39] 패턴선택

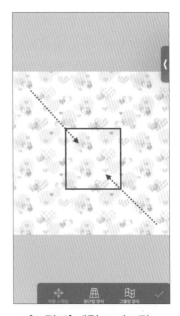

[그림40] 패턴 크기조정

첫 번째 사진 우측 하단 초록색의 '체크표시'를 클릭하고 하단 우측의 '← 표시'를 클릭하고 가운데 'PNG로 저장하기'를 선택한다. 다시 홈 버튼을 누르고 제페토 스튜디오로 다시 가서 '편집'을 누르고 이번에는 '업로드 하기'를 선택한다. 방금 전 갤러리에 PNG로 저장한 파일을 선택한다.

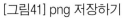

[그림41] png 저장하기

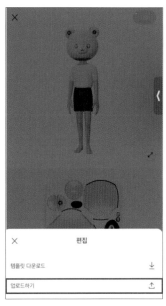

[그림42] 업로드 하기

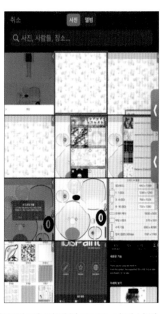

[그림43] 저장한 PNG 사진선택

그러면 내 아바타가 내가 만든 패턴의 의상을 입고 있는 모습을 확인할 수 있다. 이때 우측 상단의 '다음'을 누르고 디자인한 아이템 '이름' 정해주고, '태그설정', '판매금액 입력' 후 우측 상단의 '저장'을 선택한다.

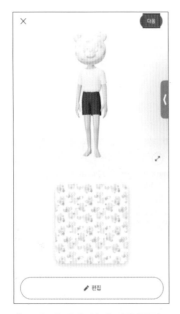

[그림44] 우측상단 다음클릭   [그림45] 아이템 정보입력   [그림46] 가격설정

제페토 스튜디오 아이템 만들기로 돌아가 하단 가운데 '내 아이템'을 선택한다. 그러면 방금 제작한 아이템을 볼 수 있다. 여기서 제출된 아이템 우측의 점 3개를 터치하고 '휴대폰에서 미리보기'를 선택한다. 그러면 '알림이 전송되었습니다. 제페토 앱에서 알림 메시지를 확인해 주세요'라는 자막이 잠간 뜨고 사라진다.

다시 앞으로 화면을 넘겨 제페토 홈 화면으로 돌아가서 우측 상단의 종 모양을 터치하면 미리보기를 여기서 할 수 있다. 화면을 좌우로 돌려보며 여러 각도로 살펴보며 내가 만든 의상이 이상이 없는지 확인한 후 다시 하단의 '사람 모양'을 클릭한다. 그리고 우측 상단 톱니바퀴 모양의 '설정'을 선택하고, 하단 중간의 '내 아이템'을 선택한 다음, 방금 전에 만든 아이템을 선택해 화면이 뜨면 우측 상단의 '제출하기'를 누른다.

이렇게 제출된 내 아이템은 제페토 심의 통과 후 판매가 가능하다. 심사는 최대 2주 소요되며 심사가 통과되기 전에는 다시 새로운 아이템 제출이 안 된다.

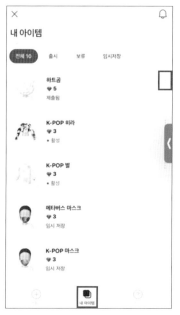

[그림47] 하트곰 우측 점3개 클릭

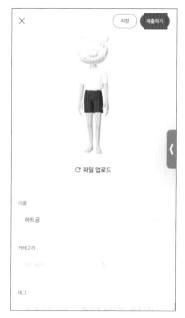

[그림48] 제출하기 클릭

Epilogue

제페토는 2020년 2월 가입자 2억 명 돌파하고 약 2년 만에 3억 명 돌파했다. 이렇게 제페토가 단 시간에 이용자가 급격히 증가하는 데는 조작이 쉬우면서 전 세계 친구들을 사귈 수 있는 메타버스 공간이란 장점 때문이다.

비대면 코로나 시대에 친구뿐 아니라 공연 및 전시회 등 모일 수 없는 현실에서 가상공간 안에 전 세계 사람들이 집중하고 있다. 렌지는 크리에이터로 돈을 버는 하나의 직업으로 제페토를 이용하고 있으며, 구찌, 선미의 신곡발표 등 여러 분야에서 제페토 가상공간을 이용하고 있다.

올해가 지나면 제페토는 모르는 사람이 없을 정도로 일상 속에 한 부분으로 자리 잡을 것이다. 메타버스가 세상에 소개됐을 때 많은 사람들이 메타버스는 IT 전공자 혹은 어린 아이들처럼 게임에 능수능란한 사람들이 다룰 수 있는 것으로 생각했다.

그만큼 접근성이 떨어지는 분야이다. 그러나 메타버스가 하루가 다르게 발전을 거듭하고 있고 많은 이용자들이 늘어나고 있는 데는 제페토와 같이 사용방법이 어렵지 않고 스마트폰으로도 얼마든지 활용이 가능한 플랫폼이 존재하기 때문이다.

이제 제페토는 활용가치에 있어서 더 많은 이들의 시선이 집중되고 있다. 이유는 제페토 스튜디오를 통해 아바타 의상, 소품 등을 제작해 판매가 가능하기 때문이다. 즉 수익창출의 창구로도 활용가치가 생긴 샘이다.

코로나19로 많은 젊은이들이 직장을 잃었고 취업 역시 어려운 실정이다. 기업에서 코로나19에 따른 불경기로 신입사원을 모집하지 않기 때문이다. 그래서 더 제페토가 젊은이들의 경제활동이 가능한 구조를 갖고 있어 보다 많은 이들이 제페토 크리에이터로 활동에 뛰어들기 시작했다.

자, 이제 더 많은 이들이 이 플랫폼을 이용하기를 바라며 이로써 지금과 같은 어려운 시기에 창직과 수익 두 마리 토끼를 다 잡을 수 있는 플랫폼으로 자리매김 하기를 기대한다.

멋지게 제페토 월드 개설하기

조현숙

Chapter **02**

멋지게 제페토 월드 개설하기

Prologue

국내에 대표적인 메타버스 플랫폼이다. 2018년 8월에 출시된 제페토는 얼굴인식과 증강현실(AR), 3D 기술 등을 이용해 '3D 아바타'를 만들고 옷도 만들어서 사용자들과 소통하거나 다양한 가상현실 경험을 할 수 있는 서비스를 제공한다. 특히 초등학생들 10대 등 젊은 층을 중심으로 인기를 끌고 있으며, 2022년 현재 3억 명 이상의 이용자를 보유하고 있고, 직접 아이템을 만들어 판매도 할 수 있다.

메타버스 채용박람회는 심심찮게 발견할 수 있다. 넷마블은 지난해 9월 메타버스를 활용한 채용 박람회를 열었다. 온라인 채용 박람회인 '넷마블 타운'을 개최, 지원자 상대로 실시간 직무상담과 이벤트 등을 마련했다.

CJ그룹도 같은 기간 신입사원 모집에 나서면서 메타버스를 적극 활용했다. 메타버스 플랫폼 '게더타운'에 채용 설명회를 열어 아바타로 입장한 지원자들과 실시간 상담 등을 가졌다. 동원그룹과 OK금융그룹 등도 메타버스 채용박람회를 적극 활용하는 등 디지털 채용으로의 전환을 서두르고 있는 모습이다.

채용된 뒤에는 메타버스로의 교육으로 이어지고 있다. SSG닷컴은 게더타운에 가상 연수원인 '쓱 타운'을 개장해 2022년 상반기 신입사원 교육을 진행하기로 했다. 게더타운은 온라인 게임처럼 직접 캐릭터를 만들어 일정한 공간을 돌아다닐 수 있다. 또 강의실 단상에 올라 강연을 하거나 함께 게임도 할 수 있어 시각적으로 특정 공간에 모여 있다는 느낌을 준다.

SSG닷컴은 신입사원들의 입문교육 외에도 사내행사나 워크숍 등 다양한 목적으로 메타버스를 활용할 수 있을지도 기대하고 있다.

11번가도 게더타운을 통한 신입 개발자들의 교육을 이어가고 있다. 현재 개발 직무 신입사원 25명을 대상으로 지난달 7일부터 교육을 시작해 하루 8시간 종일과정으로 이달 25일까지 총 264 시간의 교육을 진행할 방침이다. 각 조별 토의 공간과 휴식 룸 등도 공간이 분리돼 파트너와의 팀워크도 키울 수 있다.

한화생명은 메타버스 가상연수원인 '라이프플러스 타운'을 만들었다. 실제 한화생명 연수원의 원형건물을 본떠 현장감을 고취시켰다. 아울러 양방향 소통으로 임직원 간 몰입도와 참여도도 제고했다.

이 밖에 아모레퍼시픽은 창립 기념식을, 하나금융은 신입행원들의 수료식을, 푸드 이커머스 쿠캣은 타운홀 미팅을 메타버스로 진행하면서 메타버스를 다양한 창구로 활용하고 있다. 지금부터 제페토 월드 세상으로 떠나보자.

1. 제페토 월드개설

1) 제페토 월드 장점

제페토는 빌드잇이라는 곳에서 제페토 월드를 구축한다. 제페토 스튜디오 빌드잇에서 기본적인 월드맵을 제공하고 응용할 수 있고 아무것도 없는 플래인에서 새롭게 구축도 할 수 있다.

2) 제페토 월드의 단점

지자체, 대학교, 기업 등 월드를 구축해서 활용하게 될 경우 제작에 필요한 비용이 적게 들지만 한번 구축하면 이용인원에 제한은 없으나 실시간 동영상이나 사진 등 콘텐츠를 제공하는 것은 제한된다. 제페토 월드를 활용하는 방법은 행사, 공연, 월드구축을 통한 홍보 등이 있다.

2. 제페토 월드 시작하기

1) 제페토 어플에서 월드 활용하기

제페토 월드는 이미 회원가입이 돼 있기 때문에 제페토 어플 열기만 하면 [그림1]과 같은 화면이 나온다. 제페토 어플 열기를 하면 화면아래 부분에 지구 (◍)모양을 터치한다. 상단에 보면 월드에서 우측 '+ 방 만들기'를 터치한다.

[그림1] 지구 모양을 선택   [그림2] 방 만들기 선택

2) 월드 방 만들기

제페토는 기본적으로 특정 콘셉트를 가진 '월드맵'을 기반으로 제페토 이용자라면 누구든지 해당 월드맵을 기반으로 '방'을 개설할 수 있다. 해당 방에 이용자가 0명이 된다면 특정시간 이후 자동으로 방이 없어지게 된다.(1분 내외)

방 만들기를 선택한다. 방 만들기 아래쪽에 제목 란에 제목 이름은 임의로 설정한다. 내용은 40자까지만 사용할 수 있다.

[그림3] 제목입력

방 설정에서 관전 허용 방 만들기는 우측의 '설정'을 클릭한다.

[그림4] 방 설정 관전 허용

설정을 클릭하고 관전 허용 활성화를 하면 내가 생성한 방에 다른 사람들이 관전자로 참여할 수 있다.

제목 아래 부분의 월드를 선택한다.

[그림5] 월드 선택

월드를 선택하면 여러 가지 템플릿 종류들이 있다. 월드 검색 창에 '한강'이라고 입력해 보자.

[그림6] 월드 테마 종류

[그림7] 검색 창 한강 검색

[그림8] 한강공원 선택

한강공원을 선택하면 실제 한강공원으로 참여할 수 있다. 한강공원 편의점에 가서 원하는 물건도 구매 가능하다. 월드로 이동하려면 데이터를 내려 받고 난후 월드로 이동해 입장한다.

[그림9] 데이터 내려 받음

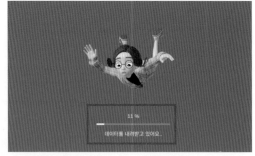

[그림10] 월드로 들어감

한강으로 이동하면 '헤라 위시로켓 탐험하기' 메시지 박스가 나타나고, 아랫부분에 '다음부터 보지 않기'를 선택하면 된다.

[그림11] 다음부터 보지 않기 선택

[그림12]처럼 링크를 복사해 친구에게 보내주면 친구들이 들어올 수 있다. 입장하기 위해서는 '링크복사'를 터치하면 한강 공원으로 바로 입장할 수 있다.

[그림12] 링크 복사 선택

월드 방에서 한강 공원으로 들어가 보자.

[그림13] 한강 공원 입장

3) 제페토 월드 한강공원 안에서 기능 익히기

제페토 월드에 들어와 사용할 수 있는 기능들을 알아본다.

[그림14] 기능 구성

① 사람모양

참석한 인원을 확인할 수 있다. 사람 모양과 2/25 숫자는 25명 중 2명이 들어 왔다는 표시이다. 최대 참여 인원은 25명이며 아바타로 등장한 모습으로 보이는 인원이 25명이다.

[그림15] 참석 인원 확인

② 방 공지

소리모양은 방 공지사항을 작성할 수 있다. 마이크 음소거 돼 있으면 음소거 해제 해 달라는 글을 공지하면 된다. 아래 부분 오른쪽 하단에 연필 모양을 터치해 글을 수정할 수 있다.

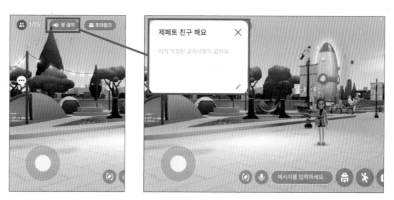

[그림16] 방 공지

③ 초대 링크 공유

초대 하고 싶은 대상에게 카카오톡으로 링크를 보내 이방에 초대 할 수 있다.

[그림17] 초대하기

링크를 보낼 대상을 선정해 보내기 하면 초대받은 사람은 링크를 열어 한강공원으로 들어 올수 있다.

[그림18] 상대방에게 카카오톡으로 링크 보내기

카카오톡으로 원하는 대상을 선택하고 확인하면 상대방 톡으로 링크가 전달된다. 또는 나에게 보내도 된다.

[그림19] 카카오톡 보내기 선정

④ 아바타 이동(조그 셔틀 기능)

동그라미를 좌우로 터치하면 아바타가 앞으로, 뒤로 걸어갈 수 있다.

[그림20] 아바타 상호작용

⑤ 화면 전환

화면을 가로·세로 모드로 전환 할 수 있다.

[그림21] 가로 세로 채팅 모드로 전환

⑥ 소리 기능

마이크 음소거를 할 수 있다. 마이크를 켜면 목소리로 대화가 가능하다.

[그림22] 음소거 확인

⑦ 채팅창

'메시지를 입력하세요' 란에 '안녕'이라고 입력하면 아바타의 머리 위 말풍선에 '안녕'이라는 글자가 입력 된 것을 볼 수 있다.

[그림23] 메시지 입력

⑧ 상 점

탈것, 아이템, 놀이를 구매할 수 있는 상점이다.

[그림24] 상점 선택

[그림24]의 오른쪽 아래 부분 '상점' 아이콘을 선택하면 상단 오른쪽에 탈것 코너를 볼 수 있다. 여기서 탈것 아이템을 선택하면 다양한 탈 것 종류를 볼 수 있다.

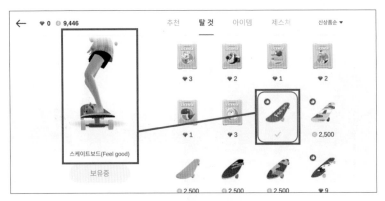

[그림25] 스케이트보드 선택

구매를 선택하고 스케이트보드(Feel good)를 구매하려면 2,500 코인이 있어야 구매 완료가 된다.

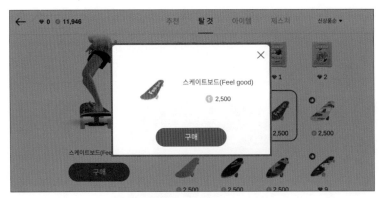

[그림26] 스케이트보드 구매

⑨ 율동(제스처)

오른쪽 하단의 사람모양을 선택하면 오른쪽 상단에 제스처와 포즈를 볼 수 있다. 여기서 원하는 포즈를 지정할 수 있다. 오른쪽 하단에 '모두표시'를 선택하면 다양한 포즈를 선택할 수 있다.

[그림27] 사람 모양 선택

[그림28] 모두표시 선택

[그림29] 오른쪽 하단의 동그라미 아바타를 선택하면 제스처, 포즈, 놀이, 아이템 중 원하는 항목을 선택해 '슬롯'에 등록할 수 있다.

[그림29] 동그라미 아바타 선택

[그림30]은 초기화와 저장 중에서 선택하기이다. 초기화를 선택하면 원래화면으로 돌아간다. 저장을 선택하면 아바타 포즈가 등록된다. 초기화 위에 아바타를 선택하면 선택된 아바타 포즈가 지정된다. 상점을 선택하면 다시 제스처, 포즈, 놀이를 선택할 수 있다. 상점 옆에 사람모양을 터치하면 다시 아바타의 포즈를 볼 수 있다.

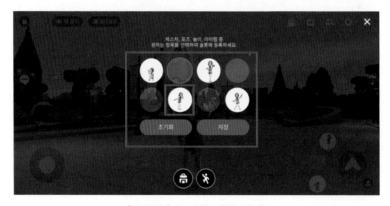

[그림30] 초기화 저장 선택

⑩ 사진촬영

카메라 아이콘을 누르면 사진이 캡처돼 내 갤러리에 저장된다. 카메라 기능으로 월드 안에서 사진과 동영상을 촬영해 저장 또는 피드에 게시할 수 있다.

[그림31] 카메라 선택

카메라 기능을 선택하면 바로 사진이 캡처(저장)된다.

[그림32] 사진 캡처

왼쪽 하단의 '저장, 자랑하기, 공유' 기능이 있다. 상대방에게 공유도 할 수 있고 피드올리기를 바로 할 수도 있다.

[그림33] 피드올리기

피드올리기를 선택하면 바로 확인할 수 있다. 친구 등록돼 있으면 바로 확인이 된다.

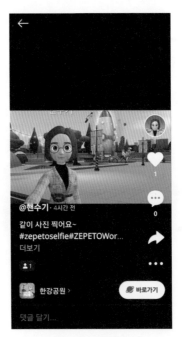

[그림34] 피드올리기

우측 하단의 삿갓 모양은 아바타가 돌아다니다 장애물을 만났을 때 점프할 수 있는 기능이다. 이 버튼을 터치하면 아바타가 위로 점프해 올라간다.

[그림35] 아바타 위로 움직이는 기능

⑪ 월드 퀘스트

벚꽃정원으로 들어가서 벚나무 벤치에 앉아 다양하게 풍경을 볼 수 있다. 원하는 월드 퀘스트에 들어가서 팔로우를 많이 하다 보면 퀘스트가 깨진다. 그러면 코인도 받을 수 있고 젬도 받을 수 있다.

[그림36] 월드 퀘스트

⑫ 팔로워 팔로잉 하기

친구 목록 보기에서 월드 방에 친구들을 초대할 수 있다. 월드에서 서로 다른 사람을 팔로우하고 소통할 수 있다.

[그림37] 팔로워 / 팔로잉 하기

- 팔로워 : 나를 친구로 추가한 사람을 팔로워라고 말한다.
- 팔로잉 : 내가 상대를 친구로 추가하는 것을 팔로잉이라고 한다.

⑬ 설정하기

설정을 클릭하면 음성 듣기, 배경음 듣기, 말풍선 표시, 이름 표시, 방 초대받기, 시점 등의 변경이 가능하다.

[그림38] 설정하기

가. 음성 듣기 : 소리가 들리지 않는다면 활성화를 시키면 된다.

나. 배경 음악 듣기 : 배경 음악을 듣지 않으려면 비활성화 시키면 된다.

다. 말풍선 표시 : 메시지에 말풍선 모양을 없애려면 비활성화 시키면 된다.

라. 이름 표시 : 아바타 머리 위에 닉네임이 나타나지 않게 하려면 비활성화 시키면 된다.

마. 방 초대 받기 : 초대 받기를 거부하고 싶을 때 비활성화 시키면 된다.

바. 시점 : 처음으로 시작되는 곳(1인칭에서 3인칭으로 변경된다.)

⑭ 종료

월드방 나가기 버튼이다. 방나가기를 선택하면 방은 종료된다.

[그림39] 월드 종료

Epilogue

제페토 월드 활용 지침서를 만드는 동안도 여러 명의 방문자가 필자의 월드를 방문했다. MZ 세대들처럼 가상공간에서 함께 한강 공원을 뛰어다녔다. 아바타의 모습으로 한강공원을 뛰어다니면서 사진도 촬영하고 CU에 들어가 물건도 구매했다. 비록 아바타의 모습으로 돌아다녔지만 마음은 실제 한강공원을 뛰어다녔다.

제페토 월드를 만들기 전에 제페토 월드에 있는 다양한 콘셉트의 월드들을 하나씩 들어가 먼저 체험하고 소통도 해보자. 다른 사람들이 만들어 놓은 월드에서 여러 가지 체험을 하고 기능사용이 원활해지면 나만의 월드를 만들어 초대도 해보자. 나만의 월드는 재미로 만들 수도 있지만 내가 하는 일을 보다 활성화시키기 위해 전략적으로 만들어 활용할 수도 있다.

제페토가 여러 분야에서 각광을 받고 있는 이유는 아이템부터 월드 맵까지 직접 만들 수 있고, 다양한 3D 오브젝트와 무료 아이템 활용, 월드 맵 제작 시 상시 노출, 주변 사람들과 동시 접속할 경우 초대 채팅가능, 아바타로 소통가능, 3D 비주얼, 개인 맵, 아이템 제작 가능, 음성채팅 모드 지원, 2억 유저 계정 당 20개 맵 제작 등이 가능하다는 장점 때문이다.

메타버스에는 여러 플랫폼들이 있고 제페토 월드에도 다양한 월드가 있고 기본 템플릿도 주어져 있으니 비대면 시대 제페토 월드를 통해 이웃과 소통하고 비즈니스에도 활용해 보기를 추천한다. 또한 앞으로 가상공간에서 자유롭게 놀이문화로도 이용할 수 있도록 노력과 관심이 필요하다.

누구나 만들 수 있는
게더타운 완전정복

권미령

Chapter **03**

누구나 만들 수 있는 게더타운 완전정복

Prologue

코로나19 팬데믹 이후 세상이 급격히 변화하면서 우리의 삶에 있어 많은 부분이 변화됐다. 회사, 학교, 모임, 축제 등 다양한 곳에서 오프라인 활동에 제한이 생기면서 줌(ZOOM), 구글미트(Google MEET), 웹엑스(WEBEX) 등 화상회의 플랫폼을 이용하게 되면서 잠시 멈췄던 부분이 각자 위치에서 비대면에 적응하면서 익숙해져가고 있다. 하지만 화상회의나 수업은 단순히 얼굴을 보며 진행이 되고 자료 공유만 되다보니 오프라인에서 이뤄지던 부분들이 화상회의 툴로 구현되기에는 한계가 있다.

최근에 메타버스(Metaverse)가 등장하면서 다양한 플랫폼이 생겨나게 되면서 현실과 가까운 가상공간이 구현되는 '게더타운(Gather.town)'이 떠오르고 있다. 게더타운은 2D나 8bit기반으로 친근감 있고 귀여운 캐릭터와 공간을 만나볼 수 있다. 자신의 캐릭터를 꾸며서 가상공간에서 활동하며 화상으로 이야기도 나누고 자료공유도 하며 소통하는 공간인 메타버스 플랫폼이다.

메타버스 가상공간을 통해 사무실에서 팀원들과 일하고, 학교에서 친구를 만나고, 수업을 들을 수 있다. 또한 박물관에서 전시를 감상하고, 영화관에서 영화를 보고, 공원에서 사람들을 만나 시간을 보낼 수 있는 공간. 콘서트 공연을 즐기고, 결혼식이나 생일파티, 가족모임 등이 탄생하며 메타버스 시대에 게더타운이 활용되고 있다. 건축이나 디자인 관련 전공을 하지 않더라도 공간이 갖는 의미와 목적에 맞게 구상을 한다면 누구든지 게더타운 가상공간을 제작할 수 있다. 지금부터 여러 방면에서 활용되고 있는 메타버스 플랫폼인 게더타운에 대해 살펴보면서 스페이스를 만들기 위한 기능과 사용법에 대해 알아보도록 하겠다.

1. 게더타운(Gather.town)

게더타운(GatherTown)은 미국 스타트업(Start-up) 회사인 게더(Gather)를 설립한 공동창업자 필립 왕과 쿠마일 재퍼, 사이러스 타브리지가 만들었다. 오프라인에서 만나는 것처럼 온라인에서 자신의 캐릭터를 통해 의사소통 및 상호작용을 할 수 있게 해주는 가상공간 화상 채팅 플랫폼인 것이다.

[그림1] 화상채팅 플랫폼인 게더타운

2. 게더타운의 특징

1) 오프라인처럼 자연스러운 대화

기존의 화상회의는 정해진 시간, 호스트가 초대한 주소에 아이디, 비밀번호를 넣어야만 입장이 되고 화면을 통해 얼굴을 공개하며 진행할 수 있다. 반면, 게더타운 가상공간에서는 내 캐릭터가 근처에 있는 사람에게 다가가면 오프라인처럼 마이크나 화면을 공개해 대화를 할 수 있고 멀어지면 자연스럽게 대화가 끊어진다. 여러 명이 있더라도 특정 공간에서는 그 속에 있는 사람들끼리만 이야기를 나눌 수도 있다.

2) 다양한 애플리케이션 연동

게더타운 공간에서는 오브젝트를 이용해 영상이나 파일, 패들렛 등 애플리케이션을 연동할 수 있어 기존 화상회의에서는 할 수 없었던 상호작용을 할 수 있다.

3) 개성 있는 자신만의 가상공간디자인

2D 도트 그래픽을 사용하는 게더타운 템플릿 디자인을 이용해 오브젝트를 활용하며 개성 있게 꾸밀 수 있다. 미리캔버스나 윈도우 그림판, 무료 픽셀아트 소프트웨어, 디자인 웹 애플리케이션을 통해 배경 이미지를 업로드 해 자신만의 멋진 공간디자인도 할 수 있다.

4) 무료버전에서 무료이용 가능

게더타운은 한 공간에 25명까지 무료로 이용할 수 있다. 하지만 25명 초과가 된다면 유료버전을 사용해야 한다. 2시간 이용 시 1인당 $2 추가, 하루 이용 시 1인당 $3 추가, 한 달 이용 시 1인당 $7 추가된다. 주의할 점은 26명 접속 시 1명의 이용료만 추가하는 것이 아니라 26명에 대한 이용시간을 지급해야 한다. 많은 인원이 이용할 경우 공간을 여러 개 만들어 인원을 분산해서 사용하면 무료로 사용할 수 있다.

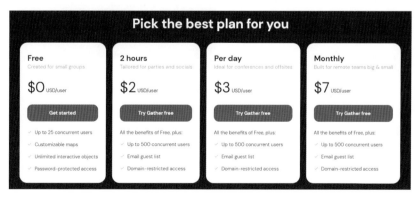

[그림2] 게더타운 무료버전 및 유료버전

3. 게더타운 접속 및 회원 가입하기

게더타운은 현재 크롬과 파이어폭스에 최적화 돼 있고 데스크톱 애플리케이션은 베타버전으로 제공되고 있어 PC 크롬 브라우저를 사용하는 것이 가장 좋은 접속 방법이다.

행사나 모임 참여를 위해 초대 링크를 받은 참여자는 회원가입을 하지 않고 이용할 수도 있다. 모바일로 접속할 경우 앱 설치 없이, 반드시 크롬 웹브라우저로 접속해야 이용가능하다. 모바일에서는 모든 기능을 이용할 수 없기 때문에 PC환경에서 사용하는 것이 좋다.

1) 게더타운 회원가입하기

게더타운 홈페이지(https://gather.town)에서 상단 'Log in' 클릭해 회원가입을 할 수 있다.

[그림3] 게더타운 회원가입

구글 계정으로 가입 할 경우, 'Sing in with Google'을 클릭해 이메일과 비밀번호를 입력하면 쉽게 가입할 수 있다.

[그림4] 구글 계정으로 회원가입하기

이메일로 회원가입 할 경우, 가입 이메일로 받은 6자리 코드번호를 입력해야 완료된다. 몇 분이 지나도 메일이 안 오면 스팸 메일함을 확인해 보기 바란다. 이메일로 가입했을 경우에는 로그인을 할 때마다 6자리 코드를 메일로 확인해 입력해야 하는 번거로움이 있다.

[그림5] 이메일로 회원가입 할 경우 이메일로 받은 6자리 코드번호 입력

2) 아바타 설정하기

회원가입이 완료되면 아바타 꾸미기를 할 수 있는 설정부분이 나오게 된다. Base(피부, 머리카락, 수염), Clothing(상의, 하의, 신발), Accessories(모자, 안경, 여러 가지), Special(특별 캐릭터) 등 내 개성에 맞게 변경할 수 있다.

❶ 머리부터 발끝까지 스타일과 원하는 색상으로 아바타를 꾸민 후 ❷ 'Next Step'을 클릭한다. ❸ 활동할 아바타 이름을 입력하고 ❹ 'Finish'를 클릭한다. 아바타 설정이 완료되면 오른쪽 위 설정 이름으로 로그인된 것을 확인할 수 있다. 아바타 꾸미기와 이름은 스페이스에 접속해서도 변경이 가능하다.

[그림6] 아바타 꾸미기 및 이름 설정하기

4. 게더타운 스페이스 만들기 및 입장하기

게더타운 스페이스는 메타버스의 공간이다. 새 스페이스를 만들게 되면 그 공간에 대한 URL이 생기게 된다. 스페이스는 빈 공간 템플릿 'Blank'에서 직접 만드는 방법과 게더타운에 만들어 놓은 템플릿을 활용해 만드는 방법으로 2가지 방법을 이용해 만들어 볼 수 있다.

1) 템플릿을 활용해 새 스페이스 만들기

게더타운을 접속 한 경우가 없다면 회원가입 완료 후 로그인하면 스페이스가 비어 있는 상태로 보인다. 게더타운 로그인 후 ❶ 왼쪽 상단 'My Spaces'를 선택 ❷ 오른쪽 상단 'Create Space'를 클릭한다.

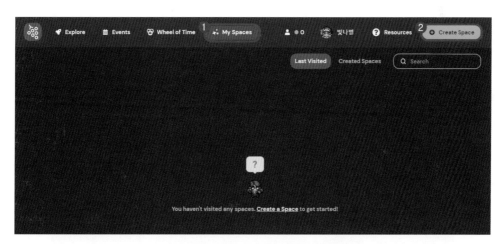

[그림7] 게더타운 새 스페이스 만들기

목적에 맞는 3가지 타입을 공간을 선택해서 진행 할 수 있지만 모든 템플릿을 확인하고 선택하려면 'Advanced setup for experts'을 클릭한다.

Chapter 3. 누구나 만들 수 있는 게더타운 완전정복 299

[그림8] 목적에 맞는 3가지 타입의 공간을 선택

기본 템플릿 종류에는 Office 26개, Seasonal 8개, Experience 10개, Social 44개, Conference 4개, Education 6개, Blank 3개가 있다.

❶ 기존 템플릿에서 카테고리나 검색해서 선택하면 ❷ 해당 템플릿이 목록에 나타난다. ❸ 필터를 사용해 수용할 인원이나 실내·외에 대한 부분을 선택한 후 'Apply filter'를 클릭한다.

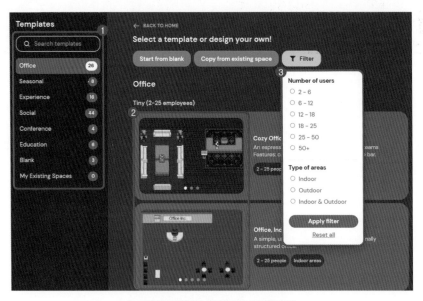

[그림9] 템플릿 종류 및 선택방법

❶ 화살표를 클릭하며 미리보기로 살펴 볼 수 있다. ❷ 수용인원 설명으로 '25-50people'으로 최대 50명까지 가능하다. ❸ 'Indoor&Outdoor areas'는 실내와 실외로 구성돼 있다는 뜻이다. ❹ 이름 설정은 영문만 가능하고, 스페이스를 만든 후에는 이름을 변경할 수 없다. ❺ 스페이스를 만들 때 비밀번호를 설정할 수 있는데 아이콘을 클릭해 활성화(회색→초록색)하면 된다. ❻ 스페이스에 비밀번호를 지정할 경우 설정할 비밀번호를 입력한다.

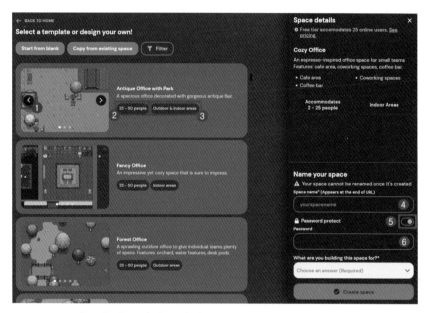

[그림10] 스페이스 선택 후 방 이름 및 비밀번호 설정

스페이스 개설시 ❶ 'Remote Office, Event, Social Experience, Education, Other' 중에서 목적에 맞게 선택한다. ❷ 'Create space'를 클릭하면 새 스페이스로 이동한다.

[그림11] 스페이스 개설 목적

2) 스페이스 입장하기

스페이스 이름 설정이 끝나면 해당 스페이스로 접속화면이 나타난다.

❶ 아바타 바꾸기 ❷ 장비(카메라, 마이크, 스피커) 설정 ❸ 마이크, 비디오 클릭해서 ON/OFF를 설정한다. 만약 줌과 같은 다른 온라인 플랫폼에서 마이크와 비디오가 켜져 있는 경우 동시에 열리지 않기 때문에 이 부분을 확인하면 된다. ❹ 상태 확인 후 스페이스 입장하려면 'Join the Gathering'를 클릭한다.

[그림12] 입장하기 전 비디오와 마이크 설정

3) 스페이스 튜토리얼

스페이스에 처음 접속하는 경우, 기초기능을 배울 수 있는 튜토리얼 스페이스가 나타난다.

❶ 'Moving around' 아바타 움직이는 방법을 알려준다. ❷ 'Muting and unmuting' 화면 오른쪽 아래 비디오 창에서 마이크 사용법을 알려준다. ❸ 'Interacting with objects' 오브젝트 상호작용을 위해 키보드의 'X'를 누르면 된다. ❹ 튜토리얼 기능을 확인했다면 'Skip Tutorial'을 클릭한다.

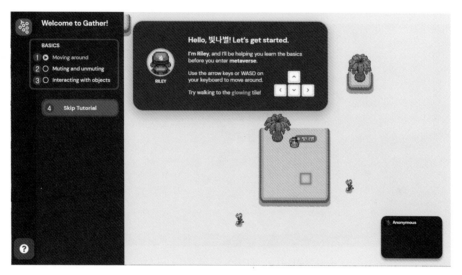

[그림13] 튜토리얼 화면

1) 스페이스 화면구성

❶ 로고 메뉴를 클릭하면 다양한 메뉴를 확인할 수 있다. 'Home'은 홈페이지가 아니라 본인의 스페이스 목록화면으로 이동하게 된다. ❷ 컨트롤 패널에는 비디오창, 아바타 꾸미기 상태 설정, 비디오 및 스피커 ON/OFF, 화면공유, 이모티콘, 미니맵 기능이 있다. ❸ 아이콘 메뉴에는 빌드, 캘린더, 채팅, 참가자 기능이 있다. ❹ 아이콘 메뉴에 대한 패널이 나타난다.

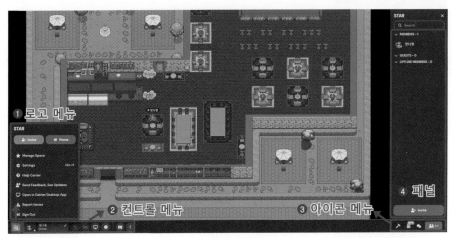

[그림14] 스페이스 기본 화면 구성

2) 아바타 이동하기

아바타를 움직일 때는 ❶ 키보드의 화살표(↑, ←, ↓, →)나 키보드 'W, A, S, D' 키를 사용하면 위, 왼쪽, 아래, 오른쪽으로 움직일 수 있다. 특정 위치로 이동할 때는 해당 위치에서 마우스 커서를 두고 더블 클릭하거나 ❷ 마우스 오른쪽 버튼을 눌러 'Move here'를 선택하면 해당 위치로 이동한다.

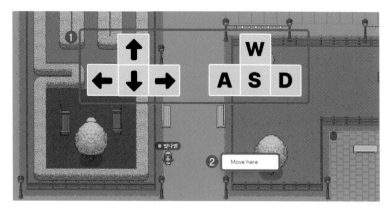

[그림15] 아바타 이동하기

3) 아바타 반응 단축키

(1) X키

상호작용이 가능한 오브젝트 근처에 가면 오브젝트에 노란색 테두리가 생기고 'Press X to interact'라는 문구가 생긴다. 키보드에서 'X'키를 누르면 오브젝트에 연결된 애플리케이션이 작동한다.

(2) G키

아바타가 이동할 때 다른 캐릭터로 막혀서 이동하지 못할 경우 고스트 모드로 키보드 'G'키를 누르면 아바타가 반투명 되면서 지나갈 수 있다.

(3) Z키

아바타가 춤을 추려면 키보드 'Z'키를 누르면 되고 멈추려면 아바타 이동키를 누르면 된다.

(4) F키

아바타가 공중에 색종이를 뿌릴 수 있다. 베타버전으로 스페이스에서 제한된 수의 사용자만 사용할 수 있다.

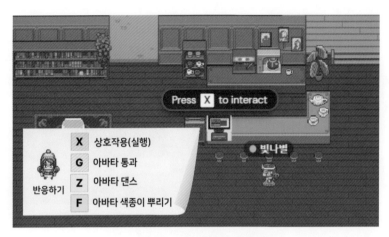

[그림16] 아바타 반응 단축키

4) 이름 및 상태 설정하기

❶ 아바타 이름을 변경하려면 'Edit'를 클릭 ❷ 내 상태에 대한 메시지를 입력해 표시 가능 ❸ 캐릭터 변경 및 아바타 꾸미기 ❹ 정숙 모드(단축키:Ctrl+U)를 클릭할 경우 바로 옆 사람만 들을 수 있고 Private Area에서는 활성화 되지 않는다. ❺ 스페이스에서 길을 잃었을 경우 'Respawn'을 클릭해서 처음 입장한 곳으로 이동한다.

[그림17] 이름 및 상태 설정하기

5) 미니맵

스페이스가 한 화면에 다 보이지 않을 경우 미니맵을 통해 공간의 구조를 살펴볼 수 있다. 컨트롤 메뉴에서 더보기(See more) 클릭해서 미니맵을 클릭해 확인한다. 하지만 여러 개의 공간이 있을 경우 해당 공간으로 이동해야 볼 수 있다.

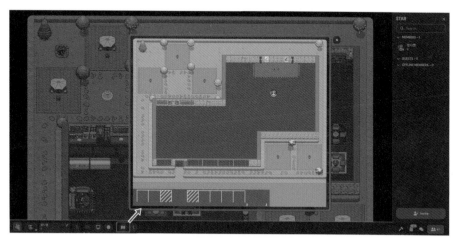

[그림18] 미니맵

6) 화면공유

참가자에게 내 PC의 화면을 Zoom처럼 공유할 수 있다.

❶ 화면공유 클릭 ❷ 공유할 화면이나 파일이 바탕화면에 열려 있을 경우에 선택한 화면을 클릭하면 파란색 테두리가 생긴다. 파일을 공유할 경우에는 '창'에서 선택해야 볼 수 있다. 다른 사이트를 공유할 경우는 'Chrome 탭'을 선택하면 된다. ❸ 오디오를 공유할 경우 '시스템 오디오 공유'를 반드시 체크한다. ❹ '공유'를 클릭하면 참여자에게 내 화면의 콘텐츠가 공유된다.

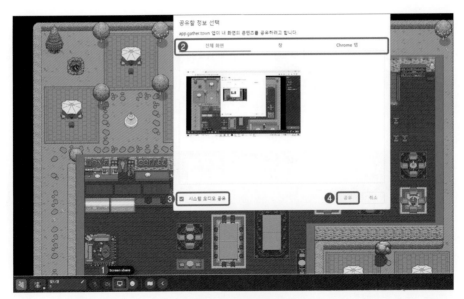

[그림19] 화면공유

7) 아바타 이모티콘 사용하기

하단 이모티콘을 클릭하면 1번 박수, 2번 하트, 3번 폭죽, 4번 엄지척, 5번 물음표, 6번 손
들기가 아바타 머리 위에 표시된다. '0번 ×(Clear)'는 이모티콘 중지 기능이다. 'Edit'는 이
모티콘 맞춤설정으로 자주 사용하는 이모티콘으로 변경할 수 있다. 단, 6번 손들기는 다른
번호와 달리 한번 누르면 다시 누르기 전에 손을 내릴 수 없다. 손을 내리고자 한다면 6번
을 다시 한 번 더 눌러준다.

[그림20] 아바타 이모티콘 사용하기

6. 게더타운 초대 및 소통하기

1) 다른 사람 초대하기

게더타운에 다른 사람을 초대하는 방법에는 3가지가 있다. 스페이스에 비밀번호가 적용돼 있다면 초대 링크나 이메일에 비밀번호 정보가 포함돼 있지 않아 따로 알려줘야 한다.

첫째, 스페이스 이동 후 초대 팝업창 ❶ 'Copy Link'로 다른 사람에게 전달하거나 ❷ 이메일을 입력해서 초대 메일을 보낸다.

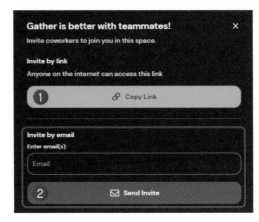

[그림21] 팝업창을 통해 다른 사람 초대하는 방법

둘째, 브라우저 주소창의 URL을 복사해서 전달한다. URL의 문자열이 수시로 변경돼 상황에 따라 접속이 안 되는 경우가 있어 추천하는 방법은 아니다.

셋째, ❶ 참가자버튼 클릭 ❷ 'Invite' 버튼 클릭 ❸ 'Guests' 클릭 ❹ 초대링크의 유효기간 설정 ❺ 'Copy Link'를 클릭해서 복사된 초대링크를 전달해 초대한다.

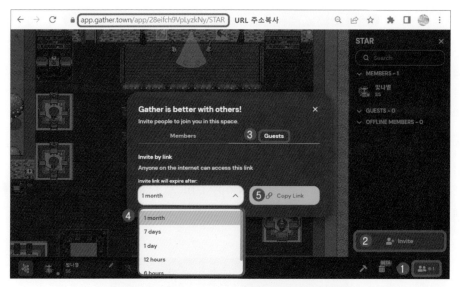

[그림22] 브라우저 주소 창 및 'Invite' 버튼을 이용해 다른 사람을 초대하는 방법

2) 다른 사람과 소통하기

(1) 여러 사람과 대화하기

게더타운에서 참가자와 3가지 방법으로 대화나 채팅으로 소통을 할 수 있다.

① 가까이 다가가기

대화를 하기 위해서는 아바타에게 가까이 다가가면 된다. 4~5칸에서는 반투명으로 비디오가 나타나고, 3칸 이내로 아바타가 가까워지면 비디오가 제대로 보인다.

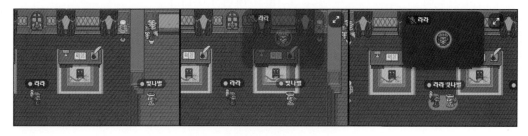

[그림23] 가까이 다가가서 대화하기

② 버블 기능 사용하기

귓속말을 하는 것처럼 상대방에게 아주 작은 소리로 대화가 가능하다. 이 기능을 사용하기 위해서는 상대방 아바타에게 가까이 다가가야 한다. 상대방의 아바타를 클릭한 후 오른쪽 마우스를 클릭해 'Start bubble'을 선택한다. 버블 기능을 사용하면 바닥에 색이 생기고 마이크, 비디오가 활성화되면서 비디오 창을 통해 화상대화가 가능해진다. 버블 기능을 해지할 경우 화면 아래쪽에서 'Leave Bubble'을 클릭하거나 아바타를 다른 곳으로 이동하면 된다.

 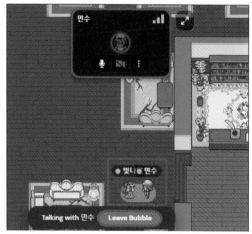

[그림24] 버블 기능 사용하기 및 해지하기

③ 개인 공간(Private Areas)에서 대화하기

개인 공간에서는 그 공간에 있는 사람들끼리만 대화가 가능하다. 소그룹 회의를 하거나 면접, 개인면담을 위한 공간에 사용하기에 유용하다. ❶ 개인공간에 들어가면 하단에 'You have entered a private space'라는 문구가 나오고 ❷ 주변 공간은 어두워지게 된다.

[그림25] 개인 공간에서 대화하기

(2) 채팅으로 소통하기

다른 사람과 채팅할 때는 3가지 방법이 있다.

첫째, ❶ 채팅아이콘 클릭 ❷ 채팅 패널에서 'TO'를 클릭 'Everyone'은 채팅 창에 있는 모두, 'Nearby'는 근처에 있는 사람, 특정한 사람을 선택해서 메시지를 보낼 수 있다.

둘째, ❸ 특정 캐릭터에 마우스 커서를 대고 마우스 오른쪽 버튼 클릭 ❹ 'Send chat'을 선택하면 자동으로 채팅창으로 이동돼 메시지를 입력할 수 있다.

셋째, ❺ 참가자 아이콘 클릭 ❻ 메시지를 보낼 상대방을 클릭 ❼ 'Send Message'를 선택 하면 채팅패널로 이동해 메시지를 보낼 수 있다.

[그림26] 다른 사람과 채팅하는 3가지 방법

(3) 스페이스 참가자 찾기

특정 참가자를 찾거나 특정 장소, 다른 룸으로 가고 싶을 때 3가지 찾는 방법이 있다.

첫째, 'Locate on map' 기능이다.

❶ 참가자 패널에서 찾을 상대방을 클릭 ❷ 'Locate on map'을 선택 ❸ 검은색 안내선이 생겨 해당 참가자의 위치를 알 수 있고 그 길을 따라가면 만날 수 있다. ❹ 안내선을 해제할 때는 'Stop locating'을 클릭하면 된다.

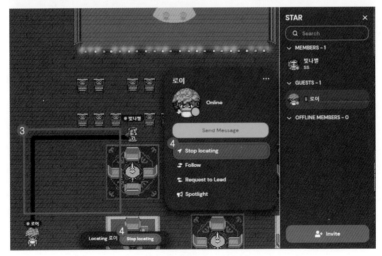

[그림27] Locate on map 기능

둘째, 'Follow' 기능이다.

❶ 참가자 패널에서 찾을 상대방을 클릭 ❷ 'Follow'를 선택하면 아바타가 자동으로 상대방이 있는 곳까지 이동한다. ❸ 해제할 때는 'Stop following'을 클릭하거나, 아바타를 다른 곳으로 이동하면 된다.

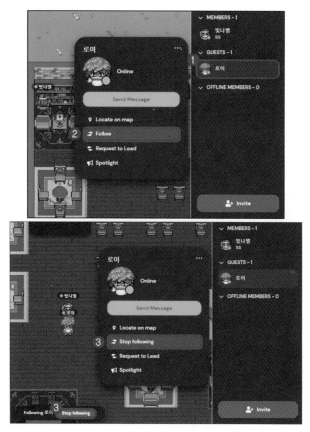

[그림28] Follow 기능

셋째, 'Move here' 기능이다.

찾는 아바타에서 오른쪽 마우스를 클릭한 후 'Move here'를 선택하면 아바타가 자동으로 상대방이 있는 곳까지 이동한다.

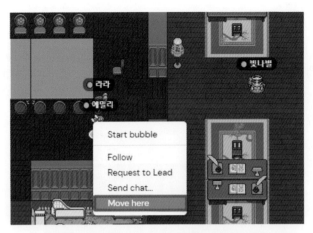

[그림29] Move here 기능으로 참가자 찾기

(4) 참가자 차단하기

스페이스 호스트는 참가자 패널에서 차단할 참가자 클릭 ❶ 점(…)을 클릭 ❷ 3가지 기능에서 선택해 참가자를 차단할 수 있다 .

① 'Block'은 지정한 사람과 화상회의를 차단한다. 이 기능은 일반 사용자도 사용할 수 있다.

② 'Kick from space'는 지정한 사람을 스페이스 밖으로 쫓아낼 수 있다. 참여자가 원하면 다시 들어올 수 있다.

③ 'Ban from space'는 지정한 사람을 밖으로 쫓아낼 수 있는데 IP주소를 차단하는 기능으로 같은 IP주소를 쓰는 사람까지 차단하고 다시는 못 들어오게 된다. 이 기능을 사용할 경우 꼭 필요한 경우에만 사용하는 것이 좋다.

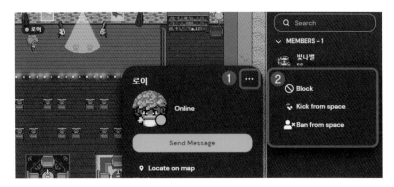

[그림30] 참가자 차단하기

(5) 내 상태 메시지 만들기

회의나 수업 중에 잠시 자리를 비우게 될 경우 내 상태를 메시지로 보여줄 수 있다.

❶ 하단 아바타 이름을 클릭 ❷ 내 상태에 대한 메시지를 입력하고 엔터키를 누른다. ❸ 이모티콘 표시도 가능하다. ❹ 참가자 상태 패널에서 입력한 내 상태 메시지가 표시된다.

[그림31] 내 상태 메시지 만들기

1) 맵 메이커 접속하기

맵 메이커를 접속하기 위해서는 게더타운 맵, 스페이스 화면, 스페이스 대시보드에서 가능하다. 가장 많이 사용하는 방법인 스페이스 화면에서 접속하는 방법을 알아보도록 하겠다.

❶ 망치모양 클릭 ❷ 'Build' 선택 ❸ 'Edit in Mapmaker'클릭 맵 메이커 화면으로 이동한다.

[그림32] 스페이스 화면에서 맵 메이커 접속하기

2) 맵 메이커 화면구성

❶ 메뉴 패널 ❷ 도구 패널 ❸ 속성 패널 ❹ 룸 패널 ❺ 오브젝트 목록 패널 ❻ 캔버스로 구성돼 있다. 새로운 공간을 추가하면서 꾸며나갈 수 있고 공간 리모델링도 가능하다.

[그림33] 맵 메이커 화면구성

3) 맵 메이커 기능

(1) 메뉴 패널

메뉴 패널에는 옵션 아이콘(≡), Objects, Tile Effects, Walls & Floors, Save 메뉴가 있다.

옵션 아이콘(≡)을 클릭해 보면 5가지 메뉴가 있다.

❶ Go to Space – 지금 작업 하고 있는 스페이스를 참가자 모드로 새 탭에서 열게 된다.

❷ Manage Space – 지금 작업하고 있는 스페이스의 대시보드 페이지를 새 탭에서 열게 된다.

❸ Help Center – 맵 만드는 방법을 설명한 문서를 새 탭에서 열게 된다.

❹ Background & Foreground – 배경 이미지나 전경 이미지를 업로드하거나 다운로드 한다.

❺ Extension Settings – Door, Password Door, Fiendly Plant, Timed Objects, Applause, Deca Art, Vote With Your Feet, World Clock, Pets, GoKarts 확장프로 그램을 사용할 수 있다.

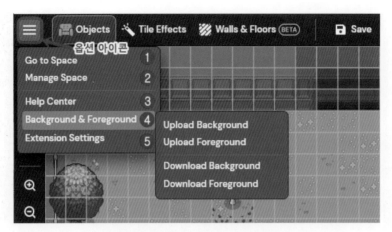

[그림34] 맵 메이커 옵션 아이콘 메뉴

(2) 도구 패널

화면 좌측의 도구 패널에는 8가지 기능 아이콘이 있고 단축키를 사용하면 맵 제작 시 속도가 빨라지게 된다.

❶ Select(V) – 타일이나 오브젝트를 선택할 때 사용하는 화살표 모드이다.

❷ Stamp(B) – 타일, 벽, 바닥, 오브젝트를 삽입할 때 사용하는 도장 모드이다.

❸ Eraser(E) – 타일, 벽, 바닥, 오브젝트를 삭제할 때 사용하는 지우개 모드이다.

❹ Hand(H) – 캔버스 화면을 이동할 때 사용하는 손 모드이다.

❺ Zoom in(Ctrl+마우스 휠 밀기) – 캔버스 화면 확대하기이다.

❻ Zoom out(Ctrl+마우스 휠 당기기) – 캔버스 화면 축소하기이다.

❼ Undo(Ctrl+Z) – 작업한 최근 순서대로 최소화하기이다.

❽ Redo(Ctrl+Y) – 작업한 최근 순서대로 복구하기이다.

[그림35] 도구 패널

(3) 속성 패널

① Objects 메뉴 패널에는 2가지의 속성 패널이 보인다.

❶ 'Objects' 메뉴 선택 ❷ 'Objects' 패널' 선택 ❸ 'More Objects'를 클릭해 공간을 꾸밀 수 있는 오브젝트를 추가하는 대화상자를 열거나 ❹ 최근에 사용한 오브젝트를 볼 수 있다. ❺ 'Object details 패널'을 선택하면 ❻ 오브젝트 속성과 고급 옵션을 보여준다.

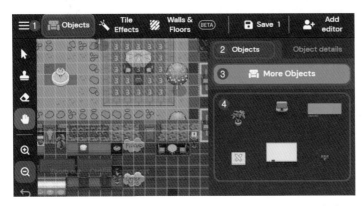

[그림36] Objects 메뉴 패널

② Tile Effects 속성 패널

스페이스를 구성하는데 중요한 Impassable, Spawn, Portal, Private Area, Spotlight 5가지 기능이 있다.

가. Impassable 기능

아바타가 통과할 수 없는 타일 기능으로 벽이나 책상, 물건 등에 많이 적용한다.

❶ 메뉴 패널에서 'Tile Effects'를 선택 ❷ 'Impassable'을 클릭 ❸ 도장 클릭 ❹ 통과할 수 없는 타일에 클릭하면 빨간색으로 색칠된다. ❺ 적용이 끝났다면 'Save'를 클릭한다. 저장 후 적용된 부분은 분홍색으로 바뀌어 표시된다.

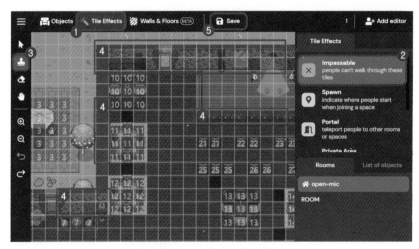

[그림37] Impassable 기능 적용방법

나. Spawn 기능

참가자가 게더타운 스페이스에 접속하면 아바타가 입장하는 장소가 있어야 한다. Spawn 기능으로 아바타 도착 장소를 지정할 수 있다.

'Tile Effects' 선택 ❶ 'Spawn'을 클릭 ❷ 도장을 선택해 적절한 위치의 타일을 선택하면 초록색이 색칠된다. ❸ 적용이 끝났다면 'Save'를 클릭한다. ❹ 'Spawn Tile ID'는 특정 참가자를 특정 위치에 배치하는 기능으로 지정하지 않아도 무방하다.

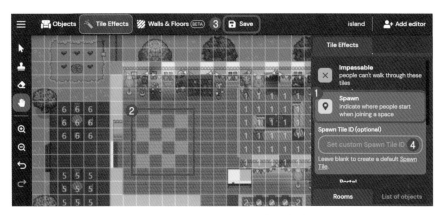

[그림38] Spawn 기능 적용방법

다. Portal 기능

아바타가 다른 공간이나 룸으로 순간 이동을 할 때 사용하는 기능이다. 포털 타일 효과는 'A지점(출발지)선택 → B지점(목적지)선택 → 저장' 순서로 지정 할 수 있다. 따라서 포털 입구에 여러 개의 포털 타일을 적용하려면 'A지점(출발지)선택 → B지점(목적지)선택 → 저장' 과정을 설치 타일 개수만큼 반복해서 적용해야 한다.

다른 공간으로 포털 적용방법은 'Tile Effects'를 선택 ❶ 'Portal'을 클릭 ❷ 도장 선택 ❸ 참가자가 포털 입구를 쉽게 찾을 수 있는 오브젝트나 명칭을 표시하고 A지점(출발지) 위치 타일을 선택하면 파란색으로 색칠된다.

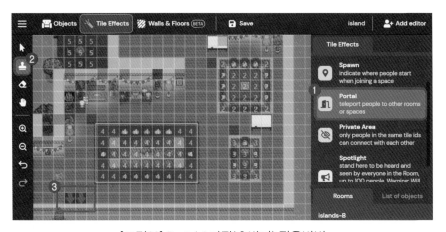

[그림39] Portal A지점(출발지) 적용방법

포털 타일을 지정해주면 'Pick portal type' 포털의 2가지 유형 선택 창에서 B지점(목적지)을 선택한다. ❹ 'Portal to a room'으로 스페이스에 구성해 놓은 룸으로 연결 ❺ 'Portal to another space'로 다른 스페이스를 선택해 연결하는 방법이다. 이때는 연결할 스페이스에 입장했을 때 나오는 브라우저 주소창의 URL을 입력해 설정해 주면 된다.

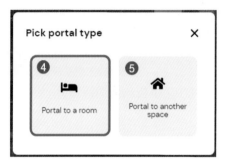

[그림40] Portal B지점(목적지) 선택

B지점(목적지)을 ❹ 'Portal to a room'으로 선택하게 될 경우 'Pick room to portal to 패널'이 나타나서 룸 목록에서 ❻ 룸을 선택할 수 있다. B지점(목적지)의 포털 선택이 끝났으면 반드시 'Save'를 클릭한다. 추가적으로 출발지에 2~3개의 포털을 연결해 줄 경우 똑같은 방법으로 'A지점 선택 → B지점 선택 → 저장' 순서로 진행해주면 된다.

현재 룸에서 A지점(출발지)을 선택하고 같은 룸의 B지점(목적지)을 선택해서 순간이동 포털 기능 설정도 가능하다.

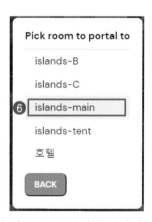

[그림41] Portal B지점(목적지) 룸 선택

라. Private Area 기능

개인공간으로 설정 타일공간에 참가한 사람들만 대화를 할 수 있기 때문에 회의장이나 소모임 장소로 지정할 때 사용하는 기능이다.

'Tile Effects'를 선택 ❶ 'Private Area'를 클릭 ❷ 'Area ID'에는 맵에서 중복되지 않는 숫자를 입력해 여러 개의 개인공간을 구성할 수 있다. ❸ 도장으로 지정할 타일을 선택하면 보라색으로 색칠된다. ❹ 적용이 끝났다면 'Save'를 클릭한다.

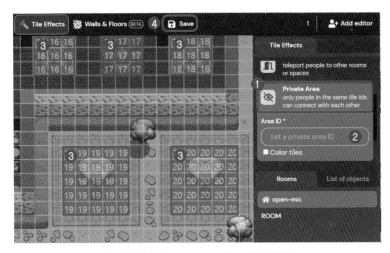

[그림42] Private Area 기능 적용방법

마. Spotlight 기능

'Spotlight'에서는 현재 있는 룸의 모든 참가자들이 들을 수 있도록 방송할 수 있다. 이 기능을 사용하면 다른 사람들의 마이크는 자동으로 꺼지게 되고, 비디오 순서는 맨 앞으로 이동해 강의나 안내를 할 때 사용하기 좋은 기능이다.

'Tile Effects'를 선택 ❶ 'Spotlight'를 클릭 ❷ 도장으로 지정할 타일을 선택하면 주황색으로 색칠된다. 안내자가 위치를 찾기 쉽게 Spotlight zone 표시를 해줄 오브젝트를 표시해주면 좋다. ❸ 적용이 끝났다면 'Save'를 클릭한다.

[그림43] Spotlight 기능 적용방법

③ Wall & Floors 패널

스페이스의 벽과 바닥을 직접 꾸밀 수 있는데 집필일 기준 베타버전이어서 기존 템플릿에서 'Wall & Floors'를 선택하면 기존 템플릿과 업로드 배경이 호환되지 않아 현재 업로드된 템플릿이나 배경이 삭제된다는 베타 경고문 팝업창이 표시된다. 'YES'를 클릭하면 벽과 바닥이 사라지기 때문에 확인하고 진행해야 하는 부분이다.

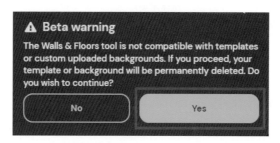

[그림44] Wall & Floor 베타버전 경고문

새로운 벽을 만들기를 위해서 ❶ 'Walls'를 클릭 ❷ 도장은 벽을 설치할 때 사용 ❸ 지우개는 벽을 지울 때 사용 ❹ 6가지 종류에서 설치할 벽 디자인을 선택해 맵에 드래그하면서 클릭해준다. ❺ 설치가 완료되면 'Done'을 클릭한다. 새로운 바닥도 'Floors'를 선택해 31가지 종류에서 선택해서 동일한 방법으로 진행하면 된다.

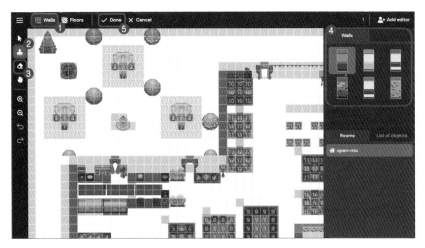

[그림45] Wall 설치하기

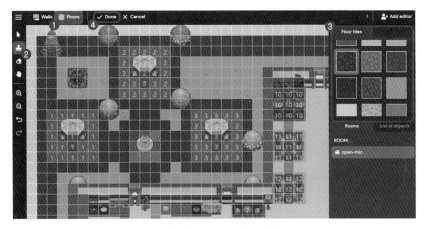

[그림46] Floors 설치하기

(4) 룸 패널

룸 패널은 '룸 목록(Rooms)'과 '새 룸 만들기 버튼(Create a new room)'으로 구성돼 있다. 'Rooms'을 클릭 후 맵 메이커의 다른 스페이스로 이동해 수정 및 설치 할 수 있다.

① 새 룸 만들기(Create a new room)

❶ 'Rooms'를 클릭 ❷ 'Create a new room'을 선택 ❸ 추가하는 룸의 이름(한글/영문 가능)을 입력하고 엔터키를 누른다.

② 메인 룸 변경하기

처음 입장하는 메인 룸을 다른 룸으로 변경하는 경우, ❹ 변경하는 룸 클릭 후 오른쪽 점(⋮)을 클릭 ❺ 'Set as primary'를 선택하면 ❻ '집' 모양의 위치가 지정한 룸으로 변경되면서 설정이 변경된다.

③ 룸 삭제하는 방법

❸ 삭제할 룸 클릭 ❹ 오른쪽 점(⋮) 클릭 ❼ 'Delete' 클릭하면 경고 팝업창이 표시된다. 'You will permanently lose this room' 확인 후 'Delete room' 클릭하면 룸이 삭제된다.

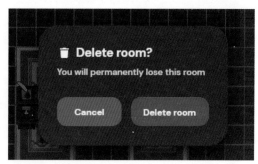

[그림47] 새 룸 만들기 및 룸 삭제하기

(5) 오브젝트 목록 패널

List of objects 패널은 맵에서 선택한 오브젝트와 타일 종류에 대해 보여준다. ❶ 점(⋮)을 클릭하면 ❷ 오브젝트의 순서와 층을 바꿀 수 있다.

- Bring forward – 오브젝트를 맨 앞으로 이동한다.
- Send to back – 오브젝트를 맨 뒤로 이동한다.
- Move up – 오브젝트를 한 층 앞으로 이동한다.
- Move down – 오브젝트를 한 층 뒤로 이동한다.

- Duplicate – 오브젝트를 복제한다.
- Delete – 오브젝트를 삭제한다.

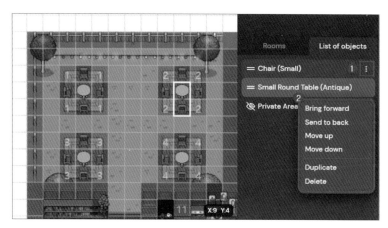

[그림48] List of objects 패널

4) 빌더 추가하기

여러 사람들과 함께 스페이스를 만들기 위해서는 빌더를 추가해야 된다. 추가할 빌더는 게더타운 회원가입 이메일이 있어야 가능하다.

❶ 오른쪽 상단 'Add editor' 클릭 ❷ 추가할 빌더의 이메일 넣기 ❸ 'Add'를 선택하면 추가할 빌더에게 초대 메일이 전송된다. 추가할 빌더는 초대 이메일을 확인 후 진행해주면 된다.

[그림49] Add editor 추가하기

스페이스를 꾸밀 수 있는 오브젝트는 참가자와 상호작용할 수 있는 기능을 제공한다. 웹 사이트, 유튜브나 비디오 재생, 이미지, 메모를 게더타운 스페이스 공간에서 오브젝트 상호 작용을 보여주면서 다양한 활동을 통해 소통해 볼 수 있다.

1) 오브젝트로 스페이스 꾸미기

❶ 메뉴 패널에서 'Objects'를 선택 ❷ 도구 패널에서 도장 선택 ❸ 'More Objects'를 클릭 ❹ 오브젝트 카테고리에서 선택하거나 ❺ 'Search objects'에서 검색해서 ❻ 원하는 오브젝트를 선택할 수 있다. 선택한 오브젝트는 초록색 테두리가 표시되고 ❼ 오브젝트의 상세정보에서 웹 사이트, 이미지, 비디오, 외부 화상회의, 노트에 대한 상호작용을 연결할 수 있다.

- No interaction – 상호작용 없다.
- Embedded website – 웹 사이트나 클라이드에 있는 문서, 이미지 등 연결한다.
- Embedded image – PC 이미지 업로드 한다.
- Embedded video – 유튜브, 비디오 공유 사이트 연결한다.
- External call – Zoom이나 외부 화상회의 툴을 연결한다.
- Note object – 포스트잇에 보여줄 메시지를 입력한다.

❽ 완료가 됐다면 'Select'를 선택해 맵에서 적절한 위치에 배치하면 된다.

[그림50] 오브젝트로 스페이스 꾸미기

2) 오브젝트 상호작용 기능

(1) Embedded website 기능

상호작용을 통해 특정 웹 사이트나 웹 페이지를 게더타운에서 보여줄 수 있다.

❶ 배치할 오브젝트를 선택 ❷ 'Embedded website'에서 웹 사이트나 영상의 URL을 넣어 준다. ❸ 아바타가 상호작용 오브젝트에 어느 정도 다가왔을 때 연결이 될 것인지 거리를 'Activation distance'에 숫자로 적어준다. 기본적으로 '3'을 사용한다.

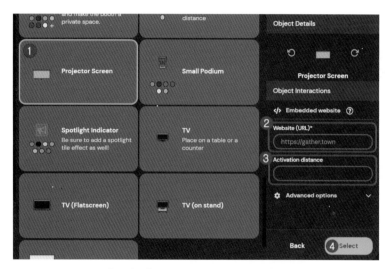

[그림51] Embedded website 기능

(2) Embedded image 기능

아바타가 'Embedded image' 상호작용을 설정한 오브젝트에 가까이 가게 되면 ❶ 화면 가운데 'Preview image'에 업로드 한 이미지가 보인다. 미리보기 크기는 450×100 픽셀이다. ❷ 'image'에 업로드 했다면 아바타가 오브젝트에 상호작용으로 키보드의 'X'를 누르면 이미지가 확대돼 보인다. 이미지 크기는 1000×600 픽셀 이상, 3MB 이하만 업로드 할 수 있다.

[그림52] Embedded image 기능

(3) Embedded video 기능

유튜브나 비디오 영상을 게더타운 공간에서 보여줄 수 있는 기능이다. 영상 주소를 'Video'에 입력한다. 유튜브 영상의 경우 퍼가기를 허용하지 않거나 비공개 상태로 전환하게 되면 영상재생이 안 되는 부분이 있어 업로드하기 전에 꼭 확인해야 할 사항이다. 스페이스에서 비디오 인터렉션이 있는 오브젝트에 아바타가 가까이 가면 하단에 비디오 미리보기로 재생된다. 비디오를 클릭하거나 상호작용 키보드 'X'를 누르면 영상을 확대해서 크게 볼 수 있다.

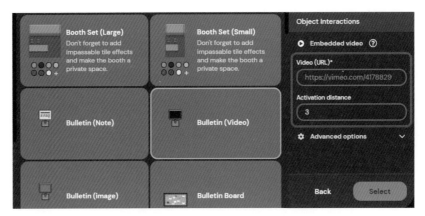

[그림53] Embedded video 기능

(4) External call 기능

Zoom이나 외부 화상회의 툴을 연결할 때 사용한다. 'Call(URL)'에 Zoom 회의실 주소 등을 입력한다. 상호작용 오브젝트를 확인할 경우 스페이스에서 줌 화상회의가 열리는 것이 아니라 줌 주소만 안내해 준다.

[그림54] External call 기능

(5) Note object 기능

포스트잇에 입력한 메시지를 보여줄 때 사용한다. 'Message'에 내용을 입력할 경우 입력칸이 한 줄이어서 키보드의 Enter키를 눌러 줄 바꿈을 할 수 없다. 줄을 바꿀 경우 키보드 자판에서 ₩키를 입력해서 역슬래시(\)를 표시한다.

줄 바꿈을 하려면 \r 또는 \n을 입력, 빈 줄을 추가할 경우 \r\r 또는 \n\n 을 입력한다.(예: 안녕하세요\r게더타운에 오신 것을 환영합니다\r\rhttp://gather.town)

'Note object'에 입력된 링크주소는 자동으로 걸려 클릭하면 바로 연결된다.

[그림55] Note object 기능 및 상호작용 확인

(6) Text object 기능

❶ 'Insert Text'를 선택 ❷ 텍스트 입력 ❸ 타일 한 칸은 32픽셀로 적당한 폰트사이즈 입력한다. ❹ 가장 왼쪽 첫 번째 타일의 왼쪽 위에서부터 떨어진 위치에서 시작하게 지정할 수 있다. ❺ 'Create and select'를 클릭하면 적용된다.

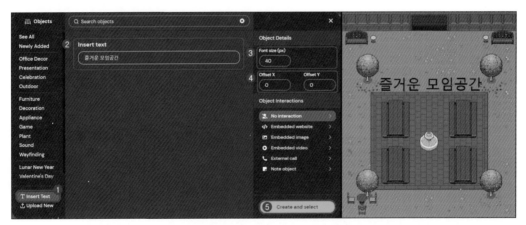

[그림56] Text object 기능 및 적용

(7) Image Upload 기능

PC에 있는 이미지를 오브젝트처럼 사용할 수 있게 이미지를 업로드 한다.

❶ 'Upload New'를 선택 ❷ 이미지 파일 업로드 ❸ 'Object Details'에 오브젝트 이름 입력 ❹ 'Create and select'를 클릭하면 된다.

[그림57] Image Upload 기능 및 적용

3) 베타버전의 확장 오브젝트

게더타운 스페이스에 재미요소를 넣어주기 위한 확장 오브젝트로 비밀의 문이나 물을 주면 자라는 식물, 오브젝트가 특정 시각에 다른 이미지로 바뀌는 설정을 해볼 수 있다. 하지만 베타기능으로 불안정하므로 꼭 필요한 경우에만 사용하고 베타기능이 정식기능으로 된 후 확장 오브젝트를 사용하는 것을 추천한다. 베타버전의 확장 오브젝트 기능을 미리 써 보려면 스페이스 대시보드에서 설정할 수 있다.

스페이스 대시보드 페이지로 이동하려면 ❶ 로고 메뉴 클릭 ❷ 톱니바퀴 모양의 환경설정 클릭 ❸ 'Space'의 메뉴 선택 ❹ 'Advanced'를 선택 ❺ 'Space Dashboard'를 클릭하면 대시보드 페이지로 이동한다.

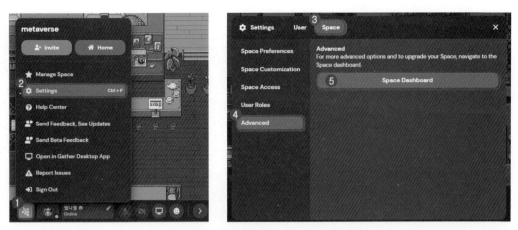

[그림58] 스페이스 대시보드 페이지로 이동하기

스페이스 대시보드에서 ❶ 'Space Preferences'를 선택 ❷ 'Beta features' 아이콘을 클릭
해 활성화(회색→초록색) 시켜준다.

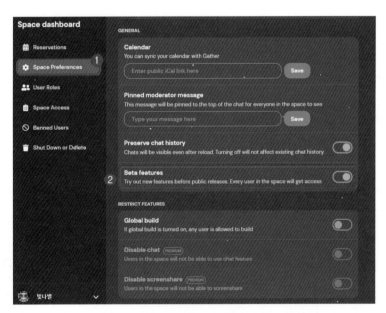

[그림59] Space Preferences 베타 기능 활성화

베타버전의 확장 오브젝트 기능을 활성화 시키는 방법은 맵 메이커에서 ❶ 옵션아이콘 (≡) 클릭 ❷ 메뉴에서 'Extension Settings' 선택 ❸ 'Extensions 패널'에서 활성화 시켜 줄 오브젝트 선택 ❹ 'Activate Extension' 클릭해 활성화 시킨 후 ❺ 'Apply changes' 클릭한다.

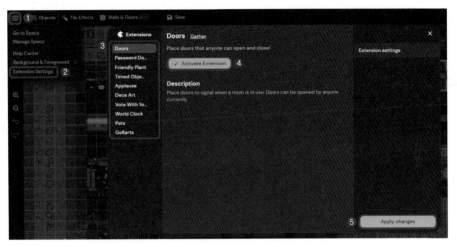

[그림60] Extensions 패널에서 베타 기능 오브젝트 활성화

- Doors – 누구나 열고 닫을 수 있는 문이다.
- Password Doors – 비밀번호를 설정한 후 비밀번호를 입력해야 열리는 문이다.
- Friendly Plant – 매 시간마다 물을 주면 자라는 식물이다.
- Timed Objects – 하루 중 특정 시각에 다른 이미지로 변경되는 오브젝트이다.
- Applause – 춤을 추고 색종이 조각을 쏘면 박수갈채를 받을 수 있는 기능이다.
- Deco Art – 게더타운 공간에 예술작품을 걸 수 있는 아트갤러리이다.
- Vote With Your Feet – 게더타운 공간에서 투표할 수 있는 기능이다.
- World Clock – 세계 시계로 내가 어디에 살고 있는지 보여줄 수 있다.
- Pets – 게더타운 공간에 애완동물을 추가할 수 있는 기능이다.
- GoKarts – 고카트 스테이션을 배치할 수 있는 기능이다.

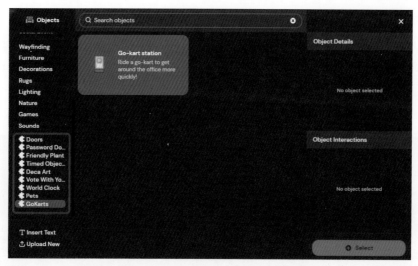

[그림61] 확장 기능 활성화에 따른 확장 오브젝트 추가

Epilogue

　메타버스 플랫폼인 게더타운의 기능과 사용법, 만드는 방법을 누구나 쉽게 알 수 있도록 소개하며 함께 알아보았다. 게더타운은 영어로 제작돼 있어 어려움이 있다. 그러나 필자가 서술한 본문을 보면 누구나 만들 수 있는 게더타운 완전정복으로 기존 템플릿을 활용해 맵 제작을 해보면 쉽게 이해할 수 있을 것이다.

　끝이 보이지 않는 코로나19로 인해 비대면 교육과 행사, 회의, 모임 등 많은 곳에서 계속적으로 게더타운에 2.5D, 3D를 접목하며 공간을 디자인해 활용할 것으로 보인다. 게더타운 플랫폼에 참여하는 것에서 끝내지 말고 사용법을 보며 만드는 방법을 따라하면서 연습을 통해 멋진 소통의 공간을 만들어 보면 좋겠다. 목적에 맞춰 고민하고 만들어 본다면 공간의 창조자가 된 것 같은 뿌듯함도 경험 할 수 있을 것이다.

　게더타운의 다양한 오브젝트를 이용해 재미있는 게임이나 이벤트존 구성, 다양한 아이디어로 스페이스 공간에 맞는 정보를 구성해 보면 좋을 것 같다. 초청을 받은 참가자는 회원 가입을 하지 않아도 방문해 이용해 볼 수 있고, 화상으로 상대방을 보며 대화를 할 수 있기 때문에 많은 관심을 갖고 게더타운을 적극적으로 배워보며 사람과 소통하는 공간으로 활용 했으면 좋겠다.

또한 게더타운은 요즘과 같은 팬데믹 상황으로 경제적인 어려움을 겪고 있을 때 다양한 곳에서 제작의뢰를 받을 수 있으며 고액의 수익이 예상되는 만큼 충분히 매력적인 작업이 아닐 수 없다. 팬데믹으로 인해 경제가 악화됐으나 팬데믹으로 오프라인의 모든 활동이 거의 온라인으로 전환되면서 오히려 메타버스 가상공간 디자이너들은 활발한 경제활동이 기대되는 직업으로 떠오르고 있다.

너와 내가 만나는 메타버스
새로운 세상 속으로
이프랜드(ifland)와 함께

강경희

Chapter  04

너와 내가 만나는 메타버스 새로운 세상 속으로
이프랜드(ifland)와 함께

Prologue

미래에 이루어질 세상이었다. 그것이 코로나19로 인해 더 빨리 당겨졌을 뿐이다. 갑작스런 코로나로 행동의 제약을 받으면서 우린 잠시 혼란을 겪었다. 무엇을 해야 할지, 무엇을 준비해야하는지도 생각지 못한 상황이 생긴 것이다. 모든 기업들은 회사를 이끌어가기 위해 재택근무라는 것을 택하게 됐다. 학교는 온라인수업이라는 것을 시행하기 시작했다.

그때 나타난 것이 Zoom이었다. 여기저기서 줌으로 회의를 하고, 학생들은 수업을 하기 시작했다. 그렇게 적응해가는 사이 Zoom의 화상은 조금 불편해지기 시작했다. 얼굴만 쳐다보고 수업을 하거나 회의를 하기엔 집중도도 떨어지고 부담스러워졌다. 이럴 때 우리에게 다가온 단어가 '메타버스'이다. 다들 게임하는 가상세계로만 여겨 왔던 것들이 서서히 생활에 들어오기 시작했다. 그러면서 메타버스 디지털 가상세계에 대해 관심을 갖고 점점 사회, 문화, 경제활동에 까지 다방면으로 발전되기 시작했고 가상과 현실을 연결하는 플랫폼들이 각광을 받기 시작했다.

참으로 많은 플랫폼들이 나타나기 시작했고 지금도 만들어 가고 있다. 필자는 행사, 축제, 홍보에 최적화된 이프랜드(ifland)를 즐겨보려 한다. 이프랜드는 SKT에서 개발한 메타버스 SNS플랫폼으로 아바타를 만들고 가상공간에서 다른 사람들과 교류할 수 있으며 이프랜드에 관심을 갖기 시작했고 점점 즐기기 시작했다. 이 책을 접하는 모든 이들이 즐겼으면 하는 바람이다.

2021년 7월 26일자 SKT에서 SKT의 차세대 메타버스플랫폼 '이프랜드'의 남다른 이유 4가지를 뉴스 룸에 기재했는데 이프랜드를 가장 잘 설명하는 해주는 듯 해 인용했다.

대한민국 메타버스 산업을 이끌고 있는 SK텔레콤이 새로운 메타버스 플랫폼 '이프랜드 (ifland)'를 선보인다. SKT는 누적 가입자 300만 명이 넘은 SKT의 기존 메타버스 플랫폼 '점프 버추얼 밋업(Jump Virtual Meetup)'을 운영해온 노하우를 바탕으로, 사용 편의성을 높이고, MZ 세대의 니즈에 맞춘 서비스 기능을 대폭 강화한 새로운 메타버스 플랫폼을 출시했다. MZ 세대의 대세 메타버스 소셜 플랫폼이 될 '이프랜드'를 소개한다.

'이프랜드'가 만드는 새로운 가능성으로 가득한 초현실적 미래 세상
'너와 내가 만나는 메타버스, 새로운 세상 속으로 ifland'

이프랜드(ifland)는 메타버스가 가진 초현실적인 개념을 직관적이고 감성적인 이미지로 표현한 브랜드이다. '누구든 되고 싶고, 하고 싶고, 만나고 싶고, 가고 싶은 수많은 가능성 (if)들이 현실이 되는 공간(land)'이라는 의미를 담고 있다. 이프랜드에서는 누구나 쉽게 새로운 친구를 사귈 수 있고, 모든 것이 이뤄지는 메타버스 세상을 경험할 수 있다.

실제와 닮아가는 메타버스는 또 다른 현실이다. 메타버스 안의 아바타는 현실의 나와 분리된 자아가 아닌 나 자신이다. 그 안에서 서로 상호작용하며 관계를 맺고, 취미생활을 하고, 나만의 콘텐츠를 만들고, 일을 하는 등 다양한 현실 활동이 실제로 일어난다. 이렇듯 상상했던 것들이 현실이 되는 세계가 '이프랜드'이다.

'이프랜드' 사용성은 높이고 프로세스는 간소화
전진수 메타버스 CO장은 이프랜드 출시를 준비하면서 "처음 접하는 사람도 쉽고 간편하게 메타버스 세상을 즐길 수 있도록 사용성을 높이는데 가장 주안점을 두었다"라고 밝혔다. 주요 특징을 살펴보면 이렇다.

Point 1. 직관적이고 쉬운 'UI'

'이프랜드' 앱을 실행하면 바로 나타나는 '홈' 화면. '홈'은 '이프랜드'의 주요 기능이 다 모여 있어 직관적이고 조작이 쉽다. 상단에는 나의 아바타와 프로필이, 하단에는 내 이용 패턴을 기반으로 추천된 메타버스 룸들이 리스트 업 된다. 개설 예정인 룸을 미리 관심 등록을 해두면 10분 전에 참여 알림을 받을 수 있어 놓치지 않고 접속할 수 있다. 개설된 룸들은 나의 관심 영역에 맞춰 분류하고 검색하는 것도 가능하다.

Point 2. 800여종 코스튬으로 꾸미는 내 '아바타'

방송가에서 시작된 부캐(원래 캐릭터가 아닌 또 다른 캐릭터, 부 캐릭터의 준말) 열풍. 연예인이 아니어도, 이제 일상 속에서 본캐(본캐릭터) 대신 부캐를 만드는 것이 자연스러운 현상이 됐다. 이프랜드에서는 나를 닮은, 나와는 완전히 다른, 또는 나의 개성을 표현하는 부캐를 만들 수 있다. 성별, 헤어스타일 등은 물론 아바타의 키와 체형까지 총 800여 종의 코스튬(외형, 의상 등)을 통해 나만의 아바타를 만들고, 다른 아바타들과 소통할 수 있다.

Point 3. 더 강화된 '소셜 기능'으로 친구와 언제든 소통

이프랜드는 SNS 같은 소셜 기능이 다양하다. 내 사진과 소개 글로 나를 표현하고, 내 관심사나 취미를 간략히 남길 수 있는 '프로필' 기능이 있다. 메타버스 룸에서 친구들의 프로필을 쉽게 확인할 수 있고, 관심 있는 아바타는 팔로우(follow)가 가능하다.

메타버스 안에서 서로의 생각과 표현을 더 자유롭고, 풍부하게 전달할 수 있도록 감정 표현 모션도 66종을 추가했다. 놀람을 표현하거나 신나게 춤을 출 수도 있고, 하트와 박수로 재미있게 소통할 수 있다. 감정 표현 모션은 지속적으로 추가될 예정이다.

Point 4. 룸 개설은 3초면 끝! 18종의 테마 공간, 131명까지 입장 가능

메타버스 룸 개설 방식도 어렵지 않다. 이프랜드 앱 하단에는 방 개설 버튼이 상시 활성화된다. 제목만 입력하면 개설된다. 룸을 개설하면 '룸 링크'가 생성된다. SNS나 메신저를 통해 초대가 쉽게 가능하다. 우리만의 비밀 방을 만들어 모임과 행사를 진행할 수 있다.

이프랜드에는 대형 콘퍼런스 홀, 야외무대, 루프 탑, 학교 대운동장 등 18종의 룸 테마 공간이 준비돼 있다. 앞으로 룸 공간은 18종에서 더욱 다양한 테마로 확대 예정이다. 테마 별로 날씨, 시간대, 바닥, 벽지 등 배경을 추가로 선택할 수 있어 같은 테마 룸이라도 이용자의 취향에 따라 다양한 콘셉트를 연출할 수 있는 현실감도 더했다.

또한, SKT는 회의, 발표, 미팅 등 메타버스의 활용성이 다양해지는 사회 흐름을 반영해 이프랜드 안에서 원하는 자료를 문서(PDF), 영상(MP4) 등 다양한 방식으로 공유하는 환경을 구축했다.

하나의 룸에 현재 131명까지 참여가 가능하고, 추후 131명에서 수 백여 명이 참여하는 대형 콘퍼런스 등도 무리 없이 진행될 수 있도록 확대할 계획이다. 버추얼 커뮤니티, 소셜 기능 강화 등 더 진화된 체험 형 메타버스 콘텐츠 만들 예정이다. SKT는 앞으로, MZ 세대들의 취향과 관심을 고려해 국내외 주요 포럼과 강연, 페스티벌, 콘서트, 팬 미팅 등 대규모 행사를 이프랜드 안에서 개최할 계획이다.

'심야 영화 상영회', '대학생 마케팅 스쿨', '명상 힐링', 'OX 퀴즈 룸' 등 메타버스 안에서 직접 참여하고, 즐기는 '체험 형 콘텐츠'를 정기적으로 운영한다. SKT는 메타버스를 기반으로 한 'if루언서 육성 프로그램'도 기획 중이다. 이용자들이 메타버스를 통해 새로운 커리어(Career)를 개척해 나가는 기회가 될 것으로 기대가 된다. 또 새로운 방식의 마케팅이나 소통을 원하는 비즈니스 파트너들이 메타버스 안에서 소통할 수 있는 환경을 구축할 예정이다.

이프랜드는 안드로이드 OS 기반으로 먼저 공개하고, 추후 iOS, VR 디바이스 오큘러스 퀘스트 OS까지 서비스를 확대한다. 지금 이프랜드로 떠나 메타버스 세상을 경험해보시기 바란다.

[출처: SK텔레콤 뉴스룸]

1. 이프랜드의 소개

 이프랜드는 모임과 강연에 특성화된 메타버스플랫폼으로 기업, 기관, 학교, 대학교 등에서 교육, 행사 등 다양한 공간 구축을 하고 있다. 이프랜드는 최대 131명까지 무료로 접속이 가능하며 화면공유를 통해 강연 및 온라인 행사진행이 가능한 플랫폼이다.

 이프랜드의 장점은 모바일 전용으로 나온 플랫폼으로 간편하다. 또한 간단한 터치 몇 번으로 공간이 만들어지고 참여인원도 링크를 한번 클릭하면 모두 참여 가능함으로 접근성이 좋다. 메타버스 플랫폼 안에서 파일을 보내거나 받거나 PT를 같이 보는 등 간단한 업무도 가능하고 이프랜드 안에서 자료를 교환할 수 있어 효율성 또한 좋다.

 호스트가 갖고 있는 다양한 권한들로 참여자들을 어느 정도는 컨트롤이 가능하고 화면공유가 가능하기 때문에 강연이나 행사진행도 가능해 이프랜드는 기능적인면도 떨어지지 않는 편이다. 물론 모든 것들이 그렇듯 장점만 있지는 않다. 모바일 전용이다 보니 디지털기기에 아직 미숙한 층들이나 작은 화면에 익숙하지 않는 연령대는 조금 어려움을 느낄 수 있다.

 전체음성만 가능하고 개인채팅 기능도 안 되기 때문에 개인소통이 불가하다는 것도 불편함이 있다. 또한 만들어진 템플릿을 통해서만 참여가 가능하다는 것은 다양한 방면으로 활용하길 원하는 층들은 다소 부족함을 느낄 수 있을 것도 같다. 이프랜드에 대한 상세한 내용을 표로 정리 해보고 지나가자.

분 류	세 부 내 용
기 기	모바일 전용
인 원	무료 131명(31명 아바타 / 100명 투명모드(오디오모드))
난이도	공간제작(쉬움), 공간참여(쉬움)
시 간	제한없음
화면공유	PDF, MP4, MOV
계 정	게스트, 호스트 모두 계정 필요(SKT / 애플 / 페이스북 / 구글)
활용도	비대면 세미나 / 웨비나 / 강연 / 상영회 (재택근무 / 강의는 어려움)
비 용	무료(참여 및 템플릿 맵제작), 유료(아바타, 홍보물. 이모지(다양한감정표현), 공간구축)

[표1] 이프랜드 설명

2. 이프랜드 즐기기 전 사전에 알아야할 사항

참여기기는 모바일로 참여할 수 있으며 음질향상 및 하울링을 방지하기 위해 마이크 기능이 있는 이어폰을 추천한다. 왜냐면 참여하다 보면 가로로 보면서 검지나 혹은 손바닥으로 마이크 있는 부분을 만지게 되면 다소 소음이 날수 있기 때문이다. 또한 안정적인 네트워크와 호환이 가능한 폰인지를 체크해야한다. 구글플레이 또는 앱스토어에서 이프랜드를 설치하는데 호환이 되지 않는 기종 또는 다운로드가 불가한 스마트폰 기종이 있기 때문이다.

[그림1] 이프랜드 설치 가능한 기종 및 사양

3. 이프랜드 시작하기

1) 이프랜드 다운받아 설치하기

안드로이드의 플레이스토어에 들어가 이프랜드를 검색한 후 설치한다. 만약 나타나지 않거나 검색은 되는데 설치가 안 된다면 이프랜드 와는 맞지 않는 기종이다. 아이폰은 앱스토어에서 이프랜드를 검색한 후 설치한다.

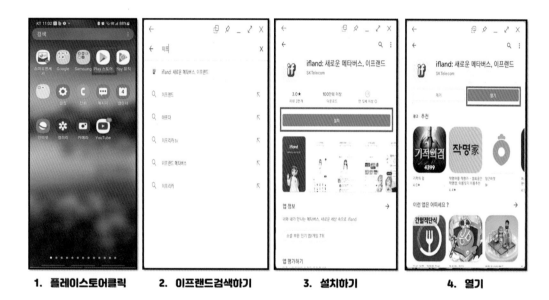

1. 플레이스토어클릭   2. 이프랜드검색하기   3. 설치하기   4. 열기

[그림2] 이프랜드 검색 및 설치

2) 설치 시 권한 허용

이프랜드 앱 접근권한을 모두 허용해줘야 한다. 만약 광고인줄알고 허용하지 않았다면 휴대폰상단에 톱니바퀴를 눌러 아래로 내리고 애플리케이션을 클릭하면 이프랜드가 보이고 이프랜드를 눌러준 후 권한에 마이크, 저장 공간, 전화거부 된 권한 공간에 있는 것을 모두 선택해 허용하기를 눌러준 후 시작한다.

>> 위의 경우 모두 '허용 ' 을 눌러 주어야 합니다.

[그림3] 권한허용

3) 로그인하기

① 구글, 페이스북, SKT, 애플계정으로 가입을 하면 로그인이 된다.

② 서비스 이용 안내를 읽어보고 전체 동의하기를 읽어보고 동의하고 시작하기를 한다.

③ 나만의 이프미(아바타)를 선택한 후 닉네임을 입력하고 이프미를 꾸미거나 시작하기
를 눌러준다.

④ 이프미 꾸미기는 무료이므로 다양하게 꾸며볼 수 있다.

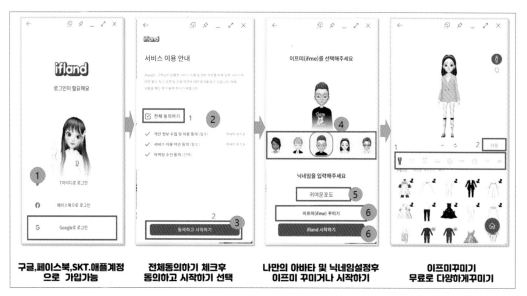

[그림4] 로그인 및 꾸미기

⑤ 하나씩 눌러보면 되지만 전체를 한번 훑어보는 개념으로 한번 쭉 살펴보자.

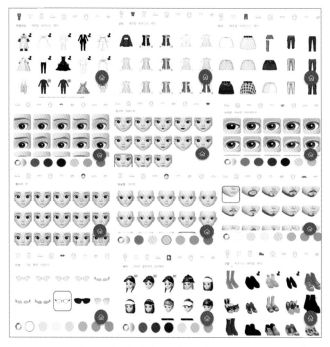

[그림5] 아바타 꾸밀 수 있는 도구

4) 홈 인터페이스 설명

① 닉네임 바꾸기 : 필요에 따라 다양하게 변경가능하다.

② 나를 표현하기 : 홍보의 글로 나를 가장 잘 알릴 수 있는 문구를 적는다.(최대14줄)

③ 해시태그 선택 : 아직은 선택만 해 다양한 해시태그를 만들 수 없다.

④ 가상세계에서 현실세계의 나를 알릴 수 있는 공간이다.(최대 2개의 SNS 가능)

⑤ 이프랜드의 사진기 기능을 이용해 사진 찍은 것을 게시한다.

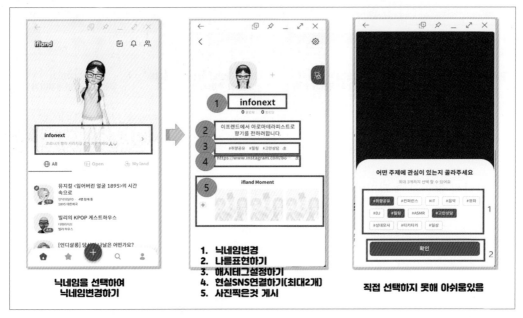

[그림6] 자신의 아바타 설명하기

5) 메인 기능 살펴보기

메인은 상단, 중간, 하단에 각각의 기능들이 있다.

(1) 상단 3가지 기능

이프랜드 모임일정, 랜드에 대한 정보, 나와 관련된 이웃의 정보이다.

① 달력 모양

이달의 주요 이프랜드 모임은 날짜별로 모임에 들어갈 수 있는 랜드를 알려준다. 일정을 확인해 관심이 있는 것만 선택해 들어가는 유용한 기능이다. 단지 알람기능이 없는 것이 조금 아쉽긴 하다.

② 종 모양

상단의 톱니바퀴모양으로 이프랜드에 관련한 환경을 설정하는 곳이다. 랜드를 관리하는 곳으로 이웃의 랜드를 만든 정보를 볼 수 있다. 메뉴는 전체, land, 친구관리, 시스템 등이 있다.

③ 사람 모양

팔로워와 팔로잉 된 현황을 볼 수 있다. 팔로우란 친구추가를 하는 것을 말한다. 내가 먼저 팔로우를 하게 되면 팔로잉에 숫자가 증가한다. 이런 경우를 '선팔'이라고 한다. 내가 팔로우를 하고나서 상대방도 나를 팔로우하게 되면 이것을 '맞팔'이라고 하고, 팔로워가 마음에 들지 않아서 취소를 하게 되면 이를 '언팔'이라고 한다. 상대방이 나를 먼저 팔로우 하게 되면 팔로워에 숫자가 증가한다. 즉 나를 친구로 추가한 사람을 의미한다. 팔로워는 내가 올린 랜드를 받을 수 있다. 즉 '팔로워'는 나를 친구로 추가한 사람을 말하며 '팔로잉'은 내가 친구로 추가한 사람이라고 말한다.

| 메인화면에서 우측상단
1번에 대한 설명 | 이프랜드 모임일정표시
알람기능은 없음 | 종모양선택 - 랜드관리창
바퀴모양선택 - 환경설정 | 사람모양선택
팔로워 /팔로잉확인 |

[그림7] 이프랜드 메인 기능 살펴보기

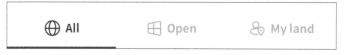

[그림8] 상단 기능

(2) 중간 부분 기능

All, Open, My land는 무엇을 의미하는지 알아보자.

① All

전체 랜드를 보여주는데 상단의 추천은 주로 기업과 협업을 했었던 콘텐츠들이 많다.

② Open

비번이 없이 모두에게 공개된 랜드를 보여준다.

③ My land

내가 직접 만들거나 알림 등록한 land 등이 나타난다.

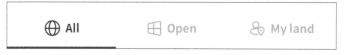

[그림9] 중간 부분 기능

(3) 하단 기능

총 5개의 기능이 있다. 이중 가장 중요한 것이 바로 랜드를 만들 수 있는 '+'가 있다는 것이다.

① 메인화면 옆의 별모양

주로 기업과 협업인 콘텐츠를 보여준다. 주로 축제나 행사 등이다.

② 돋보기 모양

다들 알다시피 랜드로나 닉네임을 검색해 찾을 수 있다.

③ 사람모양

처음 이프미를 클릭한 것과 같이 나에 대한 상황을 변경할 수 있다.

④ + 방 만들기

하단에서 가장 중요한 것이 바로 방(랜드) 만들기이다.

[그림10] 하단 기능

[그림11] 방 만들기

6) 나만의 방(랜드) 만들기

이제부터 중요한 나만의 랜드를 만들어 보자.

① +버튼을 누르면 랜드 만들기 창이 열리고 제일먼저 '제목을 작성해 주세요'라고 나 온다.

② 본인이 원하는 랜드를 먼저 선택한 다음 랜드를 열려고 하는 주제를 갖고 제목을 넣으 면 좋을듯하다.

③ 다음은 시간을 선택한다. 바로 시작할 것인지 아님 미리 예약을 선택해 원하는 날짜와 시간을 설정해둘 것인지를 선택하면 된다.

④ 태그는 다양하게 본인이 선택할 수 있는 것이 아니라 이프랜드에서 제공하는 태그를 선택해 골라야 한다. 취향공유, 콘퍼런스, IT, 음악, 영화, DJ, 힐링, ASMR, 고민상담, 성대모사, 티키타카, 일상이다. 앞으로 고객들의 의견을 더 듣게 된다면 태그를 모든 사이트처럼 적을 수 있도록 하지 않을까 싶다.

⑤ 태그를 결정했다면 이번에 공개할 것인지 비공개 할 것인지를 선택하자 비공개로 할 경우는 비번을 적을 수 있도록 돼 있으며 비번을 입력하지 않으면 못 들어가도록 돼있 다. 하지만 초대를 받아 링크를 타고 들어온다면 비번이 필요가 없다.

⑥ 여기까지 했으면 맨 하단의 저장을 누르면 설정했던 내용에 따라 [그림12]의 세 번째 이미지와 같이 새로운 나만의 방이 생성된다.

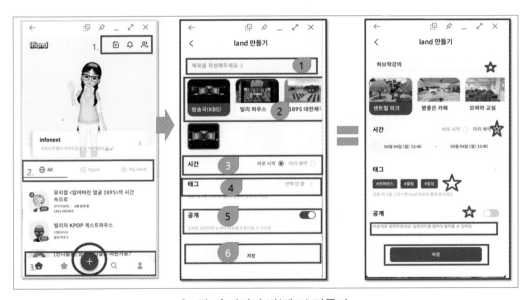

[그림12] 나만의 방(랜드) 만들기

[그림13] 설정된 방의 모습

4. 나만의 이프랜드에서 즐기기

방이 다 만들어 저장을 누르면 이제 부터는 가로화면으로 자동으로 바뀌며 입장할 수 있도록 행성을 돌다 준비가 됐으면 이프랜드 로고가 뜨고 창이 열린다.

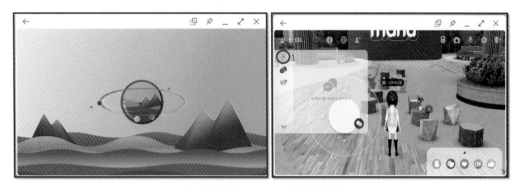

[그림14] 마이 랜드에 입장하기

입장을 하면 제일먼저 대화창이 나타나는데 좀 불편하기 때문에 X표시를 눌러 대화창을 끄고 시작하는 것이 편리하다. 이프미(아바타)를 움직이는 것은 좌측하단에 동그란 원 모양의 '조이스틱'을 갖고 상하좌우로 움직이면 된다.

그리고 전체 화면을 움직이는 것은 손가락으로 스마트폰을 누른 후 돌리면 360도로 돌며 전체를 볼 수 있으며 이프미(아바타를) 두 손가락으로 벌리고, 오므리고 해서 확대하고, 축소하고가 가능하다. 이제 랜드 안에서 기능을 하나씩 살피면서 랜드를 즐겨보자.

[그림15] 메인 화면

1) 좌측 상단 5가지 기능

다음은 [그림15]에서 좌측 상단의 ①번 박스에 해당하는 기능을 알아보고자 한다.

(1) 참가자 리스트

1/131즉 참석 가능한 인원수는 131명인데 이중 31명은 이프미(아바타)로 참석이 가능하며 나머지 100명은 음성으로 참석가능하다. 1/131의 뜻은 131명 참석 가능한데 1명이 들어왔다는 것이다. 인원수를 선택하면 참여한 모든 사람들을 볼 수 있다. 이곳에서 호스트가 전체마이크를 끌 수도 있다.

(2) 대화창

대화창은 모두에게 오픈된 대화를 할 수 있다.

(3) land 정보

동그라미안의 느낌표 있는 표시를 클릭하면 land 정보가 나온다. 랜드 정보는 공유도 가능하고 주소복사도 가능하다. 공유를 통해서 '랜드에 초대합니다'라는 초대장을 보낼 수 있다. 초대는 카카오톡, 문자, 줌, 인스타, 카페, 블로그, 페이스북, 메모장 모두 가능하다.

(4) 다른 land 탐색

지구본 모양은 다른 land를 탐색하는 것이다. 랜드를 클릭하면 '앗! 현재 진행 중인 land의 호스트에요. land를 종료하고 이동하시겠어요?'라고 나타난다. 이동하려면 '예'를 누르면 된다.

(5) 초대

마지막으로 사람을 클릭하면 역시 초대를 하는 초대 방이다. 이제 사람을 초대했다면 이제 호스트로써 운영을 해보자.

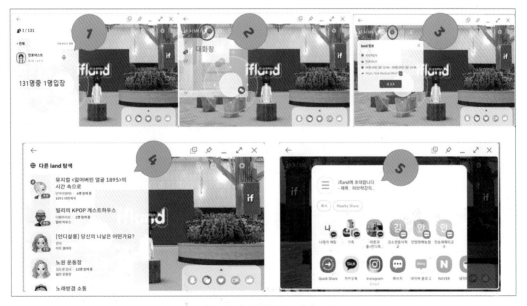

[그림16] 좌측 상단 5가지 기능

2) 우측 상단 주요기능

다음은 우측 상단의 주요기능이다. 중요하니 잘 기억해 두자.

(1) 리모컨 기능

[그림17]에서 리모컨 모양의 버튼을 터치하면 이미지 및 동영상 등 자료를 공유할 수 있다. [그림18]처럼 우측 하단의 자료 공유를 누르고 공유할 자료를 선택한 다음 확인을 눌러 자료를 올린다. 이프랜드 공유 자료 팁(PDF) 하나를 말하자면 화면의 비율을 16:9 비율로 해야 풀로 찬다. 만약 4:3 비율이라면 양쪽 끝이 검정색으로 보인다. 따라서 꼭 영상을 찍을 때 16:9 비율로 촬영하는 것이 좋다.

[그림17] 우측 상단 주요기능

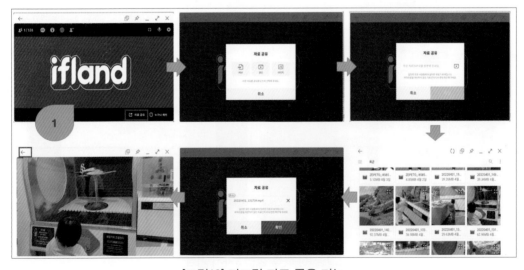

[그림18] 리모컨 자료 공유 기능

[그림19]의 자료 공유 옆의 '누구나 제어'가 있고 이것을 누르면 '내가 제어'로 바뀐다. '누구나 제어'일 때는 자료를 올릴 수 있는데 '내가 제어'를 누르면 자료를 올릴 수 있는 부분이 없어진다. 영상을 올릴 때는 해상도가 FHD는 가능하지만 4K는 불가능하다. H264코덱을 사용한 영상이어야 공유할 수 있다.

[그림19] 자료공유 화면

(2) 카메라 기능

[그림20]에서 2번 카메라(셀카)는 사진 찍기 기능으로 카메라 모양을 터치하면 셀카로 자신의 이프미(아바타)가 찍혀 바로 갤러리에 저장된다. 셀카 찍을 때 Tip을 드린다면 하단의 감정표현 이모티콘을 이용한다던지 엄지와 검지를 이용해 이프미(아바타)를 확대해 찍어 보는 것도 좋을 듯하다.

(3) 마이크 기능

[그림20]에서 3번 마이크는 음성채팅 마이크를 켜고 끄고(ON/OFF) 조절이 가능하다.

(4) 설정 기능

[그림20]에서 4번 톱니바퀴는 환경설정을 하는 기능이다. 설정버튼은 주의할 것이 많다. 환경설정은 중요하기에 하나하나 꼼꼼히 알아보도록 한다.

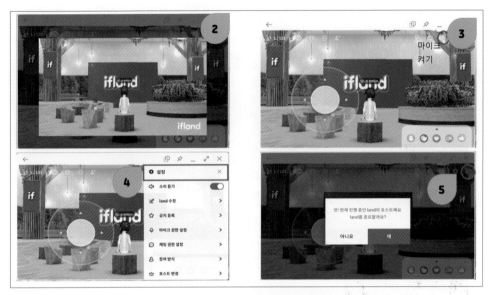

[그림20] 카메라, 마이크, 설정, 나가기 기능

- 소리듣기 : 말하는 것을 참가자들이 아예 음소거를 하는 것이다.(오디오와 연결을 끊어버리는 것이다.)
- 랜드 수정 : 시간, 태그, 공개 등을 다시 한 번 더 수정할 수 있다.
- 마이크 권한 설정 : [그림21]은 마이크 권한 설정 기능으로 호스트만과 전체 중에서 선택할 수 있다. 전체가 너무 시끄러워 집중이 어려울 때 호스트만을 사용한다.

[그림21] 마이크 권한 설정

• 채팅 권한 설정 : [그림22]는 채팅 권한 설정 기능으로 마이크 권한설정과 동일하게 호스트만과 전체 중에서 설정할 수 있다.

[그림22] 채팅 권한 설정 기능

• 공지 등록 : [그림23]은 공지를 작성해 저장을 누르면 확인은 좌측상단 '!(랜드 정보)'에서 확인가능하다. 공지기능은 좀 불편하다. 공지등록에 내용을 적고 저장을 누르면 공지는 랜드정보를 보면 중간에 별표로 보이기 때문이다.

[그림23] 공지 기능

- 참여 방식 설정([그림24] 참여 방식은 운영자가 선택할 수 있다.)
  - 이프미 모드 : 아바타인 이프미도 보이고 오디오와 채팅까지 참여하는 사용자를 허용한다.
  - 오디오 모드 : 아바타인 이프미가 보이지 않고 오디오와 채팅으로 참여하는 사용자를 허용한다.

 이프미와 오디오 버튼을 모두 켜든지 이프미나 오디어 하나씩만 켜든지 할 수 있다. 두 모드를 모두 끌 수는 없다. 운영자가 두 모드를 모두 켠다면 31명까지는 이프미로 참여, 나머지는 오디오 모드로 참여해 총 131명까지 참여가 가능하다.

 Tip. 예를 들어 운영자가 5명일 경우 오디오 모드로 들어오게 하고 실제 행사 진행 중일 때 아바타 모드를 켜게 되면 아바타에서 운영자의 숫자가 빠지지 않으므로 더 많은 이프미(아바타)로 입장을 시킬 수 있다.

[그림24] 참여 방식

• 호스트 변경 설정 : [그림25]는 호스트 변경 시 공지등록 및 마이크 권한 설정 등을 할
  수 없다.

[그림25] 호스트 변경 설정

• land 종료 : 하단의 land 종료버튼은 강제종료 버튼이다. '앗! 현재 진행 중인 land의
   호스트예요. land를 종료할까요?'라고 나온다.

(5) 열린 문

   [그림20]에서 우측 상단 끝의 열린 문 모양은 호스트를 지정해야지만 나갈 수 있다. 그래
서 나타나는 질문은 '앗! 현재 진행 중인 land의 호스트예요. 호스트 변경 후에 나가시겠어
요?'라고 나온다. 그래서 교육이나 행사가 모두 끝나서 마무리됐다면 설정버튼에서 land
종료버튼을 눌러야 강제 종료된다.

3) 다양한 감정표현과 제스처

   마지막으로 감정표현(이모지) 기능을 살펴보자. 우측 하단의 ③ 이곳은 수시로 업데이트
되고 있는 중이다. 이 기능을 통해서는 다양한 행사진행도 가능하고, 집중을 시킬 수도 있
고, 게임을 할 수도 있는 등 다양한 방법으로 활용이 가능하다. 즉 발언을 할 때는 '초록손
바닥 이모지를 사용합시다' 등 약속을 통해 좀 더 통제를 할 수 있도록 한다.

[그림26] 감정 표현 기능

가위 바위 보를 갖고 서로 게임을 하는 등 온라인상으로 다양한 방법으로 프로그램을 짜서 모두에게 재미를 제공하고 상품을 주는 등의 계획을 세울 수 있다.

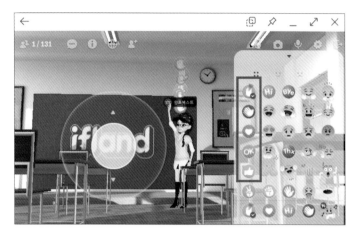

[그림27] 손들기 기능

[그림28] 가위 바위 보 게임 기능

메타버스시대가 열리면서 많은 플랫폼들이 이미 시작됐고 앞으로도 시작될 많은 것들이 있을 것 같다. 이런 세상에서 우리가 준비할 것은 무엇일까? 잠시 고민을 해본다.

이미 이프랜드에서 메타버스 레전드 걸 그룹 '이프레젠디'가 활동을 시작했고 사람이 아닌 이프미들이 사람을 대신해서 움직여 주고 있는 세상인 것이다. 과거 우리 할머니들이 영어로 된 이름을 몰라 아파트도 못 찾아가듯 우리가 나이 들어 이 세상에 속하지 못한다면, 또 다른 답답함으로 세상과 단절이 되지나 않을까 싶다.

이프랜드는 나이와 상관없이 앱만 다운받는다면 얼마든지 메타버스 세상을 접할 수 있다. 그래서 추천한다. 앞으로 많은 기업들이 이프랜드 세상을 통해 정보를 전달할 것이고 우린 그 정보들을 접할 것이다.

정보들이 이곳으로 들어온다면 이프랜드 회사는 또 많은 업데이트가 일어날 것이고 그럼 정말 다양한 방법으로 현실과 가상을 연결할 것이다. 그런 세상에 서서히 스며들어갈 준비를 해보자.